梦山书系

中国小学语文名师教学艺术研究

吴忠豪 主编

丁有宽

语文教学艺术研究

◎ 黄朝霞 著

海峡出版发行集团

THE STRAITS PUBLISHING & DISTRIBUTING GROUP

福建教育出版社

**图书在版编目（CIP）数据**

丁有宽语文教学艺术研究/黄朝霞著. 一福州：福建教育
出版社，2017.10
（中国小学语文名师教学艺术研究丛书/吴忠豪主编）
ISBN 978-7-5334-7784-4

Ⅰ．①丁…　Ⅱ．①黄…　Ⅲ．①小学语文课－教学艺术
－研究　Ⅳ．①G623.202

中国版本图书馆 CIP 数据核字（2017）第 173706 号

中国小学语文名师教学艺术研究丛书

吴忠豪　主编

Dingyoukuan Yuwen Jiaoxue Yishu Yanjiu

**丁有宽语文教学艺术研究**

黄朝霞　著

---

**出版发行**　海峡出版发行集团
　　　　　　　福建教育出版社
　　　　　　（福州市梦山路 27 号　邮编：350025　网址：www.fep.com.cn
　　　　　　编辑部电话：0591－83779615　83726908
　　　　　　发行部电话：0591－83721876　87115073　010－62027445）
**出 版 人**　江金辉
**印　　刷**　福州万达印刷有限公司
　　　　　　（福州市仓山区橘园洲工业园仓山园 19 号楼　邮编：350002）
**开　　本**　720 毫米×1000 毫米　1/16
**印　　张**　15.5
**字　　数**　237 千字
**插　　页**　2
**版　　次**　2017 年 10 月第 1 版　　2017 年 10 月第 1 次印刷
**书　　号**　ISBN 978-7-5334-7784-4
**定　　价**　35.00 元

---

如发现本书印装质量问题，请向本社出版科（电话：0591－83726019）调换。

# 总　序

　　我从 20 世纪 70 年代中期开始从事语文教育研究，是改革开放后的第一代语文教研员。近半个世纪的工作生涯，我有大量机缘直接与各地小学语文名师零距离接触，现场观摩名师的精彩示范课，并且经常有机会与名师就语文教学的问题进行面对面的研究讨论，面对面倾听名师的教诲。因研究工作需要，我不断收集和研读名师撰写的论文及经典课例，深入研究各位名师的教学风格，学习名师对语文教学改革的经验主张。长期的学习研究，极大地丰富了我对语文教学的感性经验和理论认识，有效地提升了自身的研究能力。接受名师的指导，研读名师的教学论文和经典课例，成为我专业成长的重要因素。可以这么说，当下我之所以对语文课程与教学改革能够形成一些自己的观点，能够提出一些创造性的建议，主要得益于我长期以来对几代名师教学经验和主张比较系统的研究，我的有些观点或见解就是直接从名师的教学经验和主张中提炼或概括出来的。

　　2000 年我调到上海师范大学工作，从一名教研员转变为从事语文课程与教学研究的专业理论工作者。从那时起我内心深处就产生了一种强烈的愿望，就是搜集整理上世纪活跃在小学语文教坛的一批最有影响的名师的教育教学思想和语文教学的方法和经验，编写一套"中国小学语文名师教学艺术研究"丛书。几代名师的语文教育思想和语文教学改革的主张，最真实地还原了当时小学语文课程与教学改革的实况，代表了各时期小学语文教学研究达到的高度，具有鲜明的时代特征，不仅不可多得，而且难以复制。学习并总结名师宝贵的教育教学思想和课堂教学方法，不仅可以促进教师的专业成长，而且对深化当下语文课程与教学改革极具借鉴作用。

2004 年以后，随着斯霞、霍懋征这两位语文教育成就卓著的名师相继离世，这种愿望变得越来越迫切和强烈。现在第一代名师中袁瑢先生还健在，而第二代名师均已年至耄耋，并且已经陆续离开语文讲坛，如果不能在他们有生之年抓紧研究梳理，那么这些弥足珍贵的教育教学思想和教学经验就会随着岁月的流逝而湮没，这对我国小学语文教学改革事业无疑是难以弥补的损失。就是抱着这样一种使命感和事业心，我牵头组织了全国各地高等院校一批从事小学语文课程与教学论的专业研究者，协力同心编写了这套"中国小学语文名师教学艺术研究"丛书。希望为当下及后代广大语文教师和语文教学研究工作者了解并研究我国小学语文教学演进的轨迹留下一份或能传世的宝贵资料。

20 世纪 80 年代上海教育出版社曾经出版过霍懋征的《小学语文教学经验谈》、斯霞的《我的教学生涯》、袁瑢的《袁瑢语文教学三十年》，这套丛书全面总结了三位名师在小学语文教学方面所取得的丰硕成果和宝贵经验，在小语界产生了广泛的影响。从上世纪 80 年代以来，还出版过大量的研究小学语文名师教学艺术的著作，比如戴汝潜主编，山东教育出版社出版的"全国著名特级教师教学艺术与研究"丛书（1997）；王增昌主编，人民教育出版社出版的《著名特级教师教学艺术（小学卷）》（2000 年）；崔峦、陈先云主编，人民教育出版社出版的《霍懋征、斯霞、袁瑢语文教学思想与实践》（2003 年）；河海大学出版社出版的《全国著名小学语文特级教师课堂教学艺术》（2011年）；等等。这类专著或专集，无论是他人编写还是名师自己撰写，都为传播和推广名师的教学经验和研究成果发挥了重大作用，同时也为研究语文教学演进轨迹留下了弥足珍贵的资料。既然对诸多名师的教学艺术已做过比较深入的研究，那么我们为何还要花费精力编写这套丛书？这就需要阐明本套丛书的编写宗旨。

——精选影响最大、最具代表性的杰出名师进行深入研究。新中国成立以来，小学语文教坛涌现的名师人数众多。陈国雄、崔峦主编，山东教育出版社出版的《全国小学语文特级教师课堂教学艺术集萃》（1992 年）汇集了遍布全国 25 个省市的 70 位语文名师的代表性课例；周一贯主编，杭州大学出版社出版的《中国小学语文教学名师精品录》（1997 年）精选的享誉全国的名师也有近 20 位；江苏教育出版社出版的《中国著名特级教师教学思想录（小学语文卷）》（2012 年）收录的仅苏派名师人数就达到 40 名。要对数量如此庞大的名师教学思想和教学艺术做深入全面的研究，所需的时间和精力是常人难以承受的。我的想法是，尽量让教学和研究者用最少的时间和精力，既比较全面又相对集中地了解我国小学语文教学改革的历史轨迹，认识不同时期最有代表性的名师的教学思想和教学艺术，这就需要以更专业的眼光，在众多名师中精选出特色最鲜明，能代表各时期语文教学最高水平，并为全国广大语文教师所高度认同度的名师，并提炼总结他们的教学艺术。为此，我们这套丛书遴选了各年代最杰出的 9 位名师：他们中有斯霞、霍懋征、袁瑢，这 3 位成名于上世纪五六十年代，被誉为中国小学语文教师的"三面旗帜"；还有被广大教师公认为改革开放以来我国小学语文教坛最有影响的李吉林、丁有宽、于永正、贾志敏、靳家彦、支玉恒这 6 位名师，这批名师成名于上世纪八九十年代，他们的教学和研究成果是世纪之交我国小学语文教学改革的最高成就。这 9 位名师在致力于语文课堂教学实践的同时，还努力进行语文教学实验研究，不仅形成了比较鲜明的教学风格，还有十分宝贵的语文教学理论论述包括重要的语文教学主张。比如斯霞的"分散识字"，袁瑢的"发展智力、培养自学能力"，李吉林的"情境教育"，丁有宽的"读写结合"，于永正的"五重教学"，贾志敏的作文教学论述等等。这些名师创造的教学理论和经典课例，为当下语文课程与教学改革和研究提供了极其珍贵的资源。需要指出的是，这套丛书没有遴选世纪之交崭露头角的一批新生代名师。尽管这代名师中的不少人在全国有很高的知名度，但他们的教学思想和教学艺术仍然在发展和成熟过程中。因此对这批名师教学艺术的总结和研究放在若干年以后可能更加合适。

——以专集的形式，一师一集，全面总结名师生平和成长过程，以及名师的教育教学思想、教学艺术和经典课例。9 位名师都是各时期优秀语文教师的代表，都具有鲜明的教育思想和教学风格。这些名师之所以能够从数以百万计的语文教师队伍中脱颖而出，不仅是因为他们有深厚的理论底蕴和良好的教学素养，更是因为他们对语文教育有辛勤的实践和深入的思考，有理想，有追求，更难能可贵的是他们能够把自己的对语文教育的认识体现在自己的课堂教学之中，形成自己独特的教学风格。为全面完整地再现名师专业成长过程和他们的语文教学思想，这套专集不停留于呈现名师的经典案例和案例评析，还着力于介绍总结名师生平和成长过程，特别是侧重于名师的教育教学思想、教学方法艺术的分析提炼，阐释各位名师在各个特定时期对小学语文教学改革所作出的创造性的贡献。为此我们拟定了每本专集的编写思路：第一部分，名师生平和教育事迹，介绍名师个人从教经历和生平事迹，探索名师教育思想和专业发展的轨迹，经典课例产生的背景等；第二部分，名师的语文教学思想和教学主张，结合各时期语文教育教学改革的大环境，研究梳理名师在语文教育教学方面提出的主张，总结名师对语文教育教学改革所做出的贡献；第三部分，梳理名师课堂教学艺术和教学方法，结合具体课例介绍名师课堂教育教学的主要特色；第四部分，名师经典课例评述，选择名师若干个经典教学课例（实录），结合名师教学主张和教学艺术进行深入的研究评述；名师专题访谈（实）录，对健在的各位名师做专题访谈，由名师阐述对当前语文教学现状的看法，对语文课程与教学改革的期待。第五部分，即专集的附录部分，列出名师撰写的主要著作、论文，发表的教案或教学设计，以及他人撰写的研究各位名师的代表性论文、论集等等。

——突出理论总结和学术导向，从更高的层面上进行分析评判。众所周知，由于语文课程与教学理论研究的滞后，长期以来我们对名师教学思想和教学艺术的研究大多还处于经验层面，特别是诸多对名师语文课堂的评述基本处在主观性极强的"我以为"阶段，缺少课程与教学理论层面的研究或评价。名师的教学思想和教学艺术都是在长期的语文教学实践中形成的，这些教学思想、主张或教学方法经验，在当时甚至当下都有相当的价值，对当下或今后语文课程与教学改革无疑也是具有很强的指导意义和借鉴价值。但是我们也应该认识到，名师的教学思想和所提出的教学主张也会受到时代局限，而且大多是对语文教学实践的经验化总结。如果我们不能从更高的理性层面和规律方面去认识名师个性化的教学主张或经验，甚至不加选择机械复制到自己的课堂教学实践之中，那就极有可能会产生误读、误解现象。随着新一轮课程改革的不断深入，"语文素养""人文感悟""自主探索合作""以学生发展为主""运用语言文字的实践"等新的教育理论和教学观念极大地冲击并且改变着广大小学语文教师的教学思想和行为，如何以现代教学理论为指导，按照先进的教育理念客观地审视名师的教学思想、主张和教学方法、经验，以更好地指导当下的小学语文教学改革实践，这既是个很有深度的理论问题，也是个很有操作难度的实践问题。俗话说，外行看热闹，内行看门道，我们研究名师，不能仅仅皮相地观察名师的教学艺术、教学方法，更要结合课程教学理论，结合不同历史时代的特点深入分析名师教育教学思想产生的时代原因，特别是要研究各位名师是如何正确把握语文课程的性质任务，结合不同时代语文教学理念进行语文教学改革实践的。为此我们在组织编写队伍时，首先考虑的是各高等院校中长期从事语文课程教学论研究，熟悉语文教学实践的专业人员。参与本套丛书编写的作者都接受过教育教学理论的专业训练，并且大多直接参与当下的语文教学改革，不仅具有较高的课程教学理论素养，而且对语文课程与教学改革有比较深刻的理解，同时又有比较丰富的语文教学经验。这样的编写队伍，是丛书专业水平和学术含量的保证。

——以访谈的形式，展现名师对语文教育教学规律的认识，从而进一步探索语文教学改革的方向。这是本套丛书的一大亮点。丛书选择的 9 位名师都是我国语文教师中的佼佼者，2000 年前他们一直站在语文教学改革最前沿，引领语文教学改革浪潮，是语文教学改革的先驱；2000 年以后，他们虽然陆续离开了语文讲坛，但凭着对语文教学事业的热爱，他们中的大多数还继续关心并指导着语文教学实践和改革，部分名师还坚守语文讲坛，参与课堂教学，经常上示范课。应该说，这些名师亲眼目睹了我国语文教学改革所经历的风风雨雨，最熟悉我国小学语文教学改革的历史，因此他们对语文教学规律有着深刻的独到的见解，对如何正确把握语文教学改革的方向有很大的话语权。为此，我们在编写这套丛书时专门安排了"名师访谈"这个章节，以现场访谈的形式让健在的各位名师发表对当前语文教学改革的看法或意见，对今后语文教学改革的走向表达自己的真知灼见。袁瑢先生已经 90 高龄，她坐在病榻上数次接受作者访谈，思路清晰，侃侃而谈："当代语文存在最大的问题就是语文课不像语文课，不去研究字词句篇，专门去追求形式，搞花样什么的，书放在旁边不读，要去看黑板，我觉得这个都不是在学语文了。最大的问题就是语文课不像语文课，上语文课不是教语文，这是个很大的问题。""现在教汉语拼音不准写，不准默，因为会加重负担。我说学生负担不是重在这里，其实读和写是有联系的，写一遍比读一遍更有用。"于永正老师身患重病，但仍经常发表文章，对语文教学改革提出意见、建议。于老师在访谈中旗帜鲜明地对当前语文教学现状发表自己的看法："当前语文教学中，有越位的现象，但'不到位'现象更严重。首先是写字教学不到位，能把字写得端正、规范的不多。朗读不到位，因为考试考不到。其实文章读好了，就不需要讲解了。还有不到位的是写作，小学生习作是学习用笔来说话，第一是叙述的东西能让人家看明白，第二是语言比较通顺，这两个要求并不高，但是情况也不理想，语言不通顺是大毛病。最后是读书指导不到位，质不够，量也不够，好多同学不读书，老师也不读书，如果一个人不读书，那他成长的根就没有了。"能够当面聆听到名师对自己教学思想与教学艺术的看法、对当下语文教学改革所作的客观而精辟的评价，是丛书编写者的幸运，也是我们这一代语文教师的幸运。

从现代教学理论层面对名师教学艺术做有理有据的学术性研究，是我们编写这套丛书的理想和追求，我们是这样想的，也努力身体力行。然而理想和追求是有一个过程的，学术的尊严不是想要就能有的。对我们这个团队而言，以专业眼光对名师教学思想和教学艺术进行学术研究才刚刚起步，如何做得像样，如何形成规范，都还处于起始阶段，还有很长的一段路要走。我们尽力了，但是对所取得的成果并不十分满意，甚至还有些惴惴不安。但我们还是相信这套丛书对广大语文教师和语文教学研究者学习研究名师教学艺术会有较大的帮助，对推进语文教学研究工作的学术化进程也不无助益。

我发起编写这套名师教学艺术研究丛书，得到了集美大学施茂枝教授，天津师范大学丰向日教授，湖南第一师范学院黄朝霞教授，上海师范大学丁炜副教授（博士）、李重副教授（博士），中央教育科学院王晓霞副研究员（博士），南通大学陆平副教授（博士），南京师范大学汤振刚副教授和江苏省教育学会会长、特级教师叶水涛等诸位专家的热烈响应。他们在繁忙的工作之余，认真投入丛书的编写，让我备受感动。正是这些专家的积极参与和卓有成效的工作，才保证了整套丛书的顺利出版。

我非常感谢袁瑢、于永正、贾志敏、支玉恒、靳家彦、李吉林等诸位名师，他们不仅无私地为丛书编写积极提供资料，大多数还在身体状况不甚佳的情况下多次接受编者的采访。他们的敬业精神和对语文教学事业的热爱，深深地感动着每一位参与丛书编写的作者，鞭策我们高质量地完成丛书的编写工作。

我还要感谢福建教育出版社成知辛主任和各位编辑，他们为提高这套丛书的编写质量提出了宝贵的意见和建议，为丛书的出版献出了自己的智慧和汗水。

吴忠豪

2016 年 1 月 10 日写于上海师大学思湖畔

# 目　录

# 第五章　小学语文读写结合实验教材 ·············· 135

序

# 乡村语文课程改革的一面旗帜

国务院 2015 年 6 月颁布的《乡村教师支持计划（2015—2020 年）》强调：到 2020 年全面建成小康社会，基本实现教育现代化，在中西部老少边穷岛等边远贫困地区发展乡村教育，帮助乡村孩子学习成长。丁有宽老师在半个多世纪的教学生涯里，扎根乡村第一线课堂，以对乡村教育的满腔热忱和对学生的一片赤诚之心，一辈子从事农村教育事业，矢志不渝。他以读写结合为切入点，不仅寻找到了一种适合乡村孩子语文学习的教学方法，同时也为破解我国的语文教育"死、乱、杂、华"低效现象作出巨大的贡献，为我国语文课程改革探索了一条行之有效的路径。

面向全体，偏爱差生，教书育人。20 世纪 50 年代初，踌躇满志的年轻农村教师——丁有宽走上讲台，其所在的广东省潮安县浮洋镇六联村小，地处偏僻农村，因受封闭、落后的办学条件影响，这里的孩子对学习普遍不感兴趣，成绩低下。丁老师提出"面向全体，偏爱差生，教书育人"的主张，针对不同类型的后进生，在教育教学过程中采取不同的措施：转化品学都差的学生，重在扬长避短；转化学困生，重在发展智能；转化心理障碍生，重在尊重、激励。在转化后进生过程中，抓住"节点"做工作：挖掘闪光点，扶植起步点，抓住反复点，促进飞跃点。40 多年来，他先后在 26 个班级进行教学改革的实验与研究，把 22 个后进班转变为先进班，把近 300 名后进生转变为优等生或者三好学生。"没有爱就没有教育"，是丁老师课程改革的基础、前提，正因为有了这样牢固的根基，才使他在乡村语文课改路上走得高远，也才使"为了一切孩子、为了孩子的一切、一切为了孩子"的说法成为现实。

以读带写，以写促读，读写一体。以读促写，以写带读，读中有写，写中有读，读和写融为一体，是丁有宽老师几十年来从事语文教育教学研究的主攻目标，也是其读写一体化语文教学改革的核心主张。为了探索读写结合的规律，他历经40多年的漫长岁月，先后进行了八轮教学实验，终于形成了独具一格的丁有宽读写结合教学法，成为影响中国现代语文教学进程的教学流派。这一教学主张改变了阅读教学与习作教学割裂的局面，把作文课和阅读课有机地融为一体，把运用语言训练和记叙文训练紧密结合在一起。他顺应现代语文课程改革潮流，重视语言文字的运用，他坚持以读写一体化为核心的语文教学改革，走在全国小学语文教学改革的前列，影响着全国小学语文教学改革的走向。

丁有宽读写一体化语文课程的基本思路是：读为基础，以读带写，以写促读。所谓读为基础，就是要求学生大量地进行阅读尤其是精读，扎扎实实地学好范文。在阅读时不仅要求学生领会文章写什么、怎么写，而且要求有所感。对文章的重点段落，还要逐词（重点词）、逐句、逐层领会作者的遣词、炼句、谋篇等对表情达意的作用。以读带写，就是阅读引路，在读好文章的基础上，利用教材中的范句、范段、范文，引导学生进行口头和书面表达练习。以写促读，就是通过作文或修改文章的训练，使学生进一步巩固掌握语文课说学的阅读知识和写作知识，激发阅读兴趣，扩大学生的阅读面。

丁老师既不认同读写结合的自然性（文章读多了，就自然会写），又不主张读写结合的机械性（读什么写什么），也不赞同读写结合的随意性（随意学一点就结合一点）。他认为读和写是相互联系、相互促进的。读是理解吸收，写是理解表达。有理解性的吸收，才会有理解性的表达。反之，表达能力强了，又促进理解吸收能力的提高。抓住阅读与写作的相互联系，系统地对学生进行读写训练，不仅可以提高学生的作文能力，而且可以使学生听、读、说、写各项能力得到全面发展。

相对城市学生而言，乡村孩子无论是先天素质、家庭文化背景还是所受教育环境都处于弱势，基于这样的学情，丁有宽老师从亲近孩子，激发他们的读写欲望开始，在此基础上进行读写结合实验，一篇课文突出一个重点，每一节课给学生至少15分钟写的练习时间。为了使学生不陷入知识的"迷宫"，丁老师把语文教学的重点放在教好记叙文上。他从小学语文课本中归纳出记叙文的规律性知识，分别从句子、句群、构段、文章开头、结尾、谋篇、记事、写景状物、写人九个方面总结出 50 个基本功，学生掌握了读写的新钥匙，如此日积月累，写作技能日见长进。

博采众长，独树一帜，教材引领。丁有宽老师的教育思想中倡导"树一宗，学百家"，这说明其实验及教材注重独树一帜与博采众长的有机结合。首先，作为一个开拓者，丁有宽老师创编了新中国成立以来第一套以读写结合为序列的教材。在总结读写结合基本经验和概括读写结合基本理论的基础上，建立起小学语文教材教法"读写同步，一年起步，系列训练，整体结合"的综合训练型教学体系。把作文课和阅读课融为一体，把语言（字、词、句、段、篇）训练和记叙文（事、景、物、人）训练紧密结合起来，把听、说、读、写训练形成整体性和系统化。

丁有宽老师的教材以其归纳出来的农村小学记叙文读写结合"50 个基本功"为主线，并且设计和安排了系列训练的内容和要求。各年级训练要求如下：一年级，识字法，侧重练好"四素"句；二年级，查字法，侧重练好四种基本句群；三年级，读书法，侧重练好四种基本结构段；四年级，读记法，以篇章为重点，侧重练好审题、立意、选材、组材、修改、观察等六种能力；五年级，对应法（读写七条对应规律），以培养学生自学自得、自作自改的能力为重点，强化综合训练，从而达到全面提高语文能力的目的。

同时，教材突出巧练：第一，建立多功能的弹性作业结构——基本式（知识技能层次）、提高式（创造层次）、自选式（判断比较选做层次）、延伸式（迁移层次）；第二，建立多渠道的强化刺激，实现螺旋式上升——单元、组文、课文、综合练习，听、说、读、写、背、观察、思维、活动、游戏等。这样的训练系列，克服了小学语文教学中存在着目标不明、序列不清、知能割裂、读写脱节等弊病，真正做到目标明确、序列清晰、知能融合、读写同步，能够有效地提高教学质量。

通过学习丁有宽老师的教学实验，我们得到这样的启示：我国出现过很多好的研究课题，比如"童话引路""部件识字"……这些课题效果明显，易于接受，但是由于没有形成教材，大多生命力不强。一则分散研究，难以形成拳头；二则重大研究项目，应举一国之力，可在研究过程中通过研究人员的辐射，带动全国的教研教改，这样才会少走弯路，一直朝着正确的方向深入发展。

　　丁有宽老师几十年如一日，殚精竭虑，创造了非凡的业绩。他先后两次被评为全国劳模，是全国中小学教师中被评出的第一位国家级有突出贡献的专家；他是第一位受到省政府通令嘉奖、重奖的小学教师；他荣获党和国家授予的国家级和部级荣誉 20 余项……半个多世纪来，他发表论文 600 余篇，出版专著 6 本，主编小学语文课本及配套用书 106 册，总计 1000 万字；他主编的教材在全国超过 28 个省市和自治区的基础教育课堂上使用，惠及的学生高达 50 万名以上。丁有宽老师教改实验的丰硕成果，凝聚了他 50 余年上下求索的全部心血，他献身于人民的教育事业，为中华腾飞做铺路的石子。为师与做人统一，传道与人格感召统一，这正是丁有宽教学的特殊魅力所在。他专心致志搞研究，全面谋划搞课改，他提出并践行了"爱心是根""科研是本"的教育思想，他是乡村语文教育课程改革路上的一面旗帜。

黄朝霞

2017 年 1 月 27 日

# 第一章
## 走在乡村田埂上的语文教育家

丁有宽认为，教育的成败在农村，搞好农村小学教育教学，对于普及九年义务教育，提高中华民族思想道德和科学素养，具有重要意义。他在半个多世纪的教学生涯里，扎根乡村第一线课堂，以对乡村教育的满腔热忱和对学生的一片赤诚之心，教育了一批又一批乡村学生。更难能可贵的是，丁有宽身处农村，心系天下，他坚守条件最最简陋的乡村小学讲台，面对着一批批被人认为既"蛮"又"笨"的乡村孩子，几十年如一日痴心语文教育改革，寻找到了一种适合乡村孩子语文学习的教学方法，同时也为破解我国语文教育"死、乱、杂、华"的难题做出了巨大的贡献。

## 第一节　坎坷曲折的人生经历

### 一、立志农村教育

丁有宽，1929 年 6 月出生于广东潮州。缺衣少食的农家生活，动荡不安的颠沛岁月，给了这个南方汉子黑瘦孱弱的身躯，却铸就了他朴实坚韧的性格。

1949 年 10 月，刚满 20 岁的丁有宽迎来了新中国的成立。因为曾经当过儿童团长，他被保送到潮汕四期革命干部学校学习，毕业后在机关负责潮汕地区的建团工作。解放区的天是明朗的天，英姿勃发的丁有宽心里也是一片纯净的湛蓝。

然而不久，在一次运动中，丁有宽却被清理出队。原因是解放前他参加过一次作文竞赛，文章获奖后在报纸上刊出，这竟然成为他有"特务嫌疑"的罪证，被逐出了机关的大门。猝然的打击，令踌躇满志的丁有宽悲愤交加，心灰意冷。他写下遗书，准备吊死在一棵千年古松下以示清白。经过一番痛苦的思索，他猛然醒悟：这样稀里糊涂地死去，怎么能证明自己的无辜？青春的激情再次被点燃，当组织找他谈话时，他毅然决定：转岗做教师，到农村去任教。

1951年秋，刚满20岁的丁有宽背起简单的行囊，踏上了通往六联小学的乡间小路。

六联小学是由潮安县浮阳区6个自然村合办的学校，当时只有60多名学生。一座孤零零的破祠堂便是学校的全部家当，祠堂外的操场上杂草丛生，场边的老榕树在萧瑟的秋风中孑然挺立。教室里没有课桌，也没有电灯。孩子们自带一把椅子做课桌，晴天在老榕树下席地而坐，雨天就在幽暗的祠堂里"凿壁偷光"。

上课的第一天，丁有宽就见识了农村孩子的顽劣。他们在"教室"的通道上跑来跑去，嬉笑取乐，几个男孩子竟然拽住一位女教师画黑脸、揪耳朵。说起这群孩子，老师们都摇头叹道："农村的孩子，又蛮又笨！要教好他们，难啦！"

倚在大榕树下，丁有宽开始思索：农村学校条件差，孩子们的思想还处于蛮荒状态，行为难免鲁莽粗野。正因为如此，他们才更需要优秀的教师开启心智，需要良好的教育唤醒灵魂，需要文明的火种点亮心灯。想到这里，一种神圣的责任感自胸间升腾而起：作为一名农家子弟，应该要像这棵大榕树一样，扎根农村，为农家孩子的健康成长撑起一片绿荫。

看着眼前这位意气风发的年轻人，校长决定委以重任，让他接管一个五年级乱班，并担任教导主任。他雄心勃勃，每天起早贪黑，白天给孩子们上课，晚上如饥似渴地学习教育理论，在工作实践中确定了"结合实际，生动讲解，为农村服务"的教学思路，经常组织学生给村民读报，教村民识字，为他们写苦难史，帮村里出黑板报。课堂搬到了田间地头，直接为村民服务，孩子们学习的积极性很高，很受村民欢迎。

第二年，六联小学的学生增加到300多人，丁有宽任教的班级参加全县组织的小学毕业考试，取得了可喜的成绩，班上的 7 名顽童也在他的教育下全部考上初中。在教书育人这块田地里，他找到了自己终身为之奋斗的两大目标——转化顽童和语文教改。

### 二、劳改不忘教改

寒来暑往，丁有宽在语文教改的道路上探索了整整六年，积累了大量的实践经验。1957 年深秋的一天，正致力于推进农村教学改革的丁有宽因为说了几句真心话，被打成"右派"，不能继续给孩子们传授知识了。

告别站了整整 6 年的讲台，望着孩子们依恋的目光，丁有宽泪如泉涌，痛彻心扉。为了教改事业，他倾注了全部的心血，甚至失去了自己的第一个孩子。但此时，他却不得不被迫离开学校，放弃他钟爱的教改事业，被押往采石场劳动。

在采石场，一个文弱的书生，骤然承担繁重的体力劳动，每天挑着 200 多斤的重担不停地在工地上往返，肩膀磨破了皮，关节疼得钻心，有好几次累得他直吐血。最难熬的是漫长的夜晚，工友们早已沉沉睡去，他却被复发的关节炎折磨得夜不能寐。窗外月光如水，屋内冷风阵阵，此时此刻，他多么渴望妻子能陪在身边，帮他分担孤独、痛苦和迷惘啊！

一个寒风飕飕的中午，劳累了半天的丁有宽正准备吃饭。忽然，高音喇叭里传来他熟悉的声音：妻子正在大声念着批判他的发言稿。他顿时木然，内心开始颤抖："难道连妻子也不相信我了?!"想到这里，他端着碗的手阵阵发抖，一口饭菜都吃不下去。

想起当初和妻子刚认识时，他还戴着"特嫌"帽子，但他们一见钟情，彼此情投意合。结婚以后，夫妻更是同心同德，携手教育事业。妻子是他事业的好帮手，生活的好伴侣。如今连她也要划清界限，离开自己了……正当丁有宽心灰意冷、伤心欲绝的时候，跟他一起劳改的一位老师走了过来，趁着递番薯的间隙塞给他一张纸条。丁有宽悄悄打开纸条，上面是妻子林季芳饱含深情的话语："骂就是爱，歌声就是战斗！"他这才恍然大悟：原来季芳因他而受牵连，身不由己啊！

妻子的爱和支持重新点燃了丁有宽对生命与事业的激情，也给了他无穷的力量与信心。每天晚上，劳累了一天的丁有宽不顾病痛的折磨，借着微弱的灯光，一边偷偷学习马卡连柯的教育思想，一边深入研究班集体理论和问题孩子的转化，并结合自己的教育实践，撰写了《班集体形成的三个阶段》一文，整理出了 70 多个教育故事，汇集成一本《教育顽童拾叶》。①

为了使自己实践了 6 年的教改实验继续进行，他说服原本教数学的妻子改教语文，继续他的教学改革。每次，妻子抱着孩子来探望他，他都顾不上抱抱可爱的孩子，和妻子说几句贴心的话，而是抓紧分分秒秒给妻子修改教案、讲解书稿，指导她进行教改实验。

### 三、遭批斗失爱妻

执著的信念支撑着丁有宽挺过了艰难的"反右"运动，但"文革"的风暴又把他卷入苦难的深渊。"叛徒""特务""未改造好的右派分子""修正主义教育路线的黑干将""童心母爱资产阶级黑榜样"……高帽子一顶接一顶，游村批斗一场接一场。在那艰难的日子里，他受尽了各种非人的折磨，是曾经的学生与家长暗中保护，才使他好几次化险为夷、死里逃生。

连续批斗了十几个日夜，丁有宽的身体已经极度虚弱，"造反派"还是不放过他，把他押送至故乡磷溪监督劳动。磷溪，这个有着温暖童年记忆的地方，曾留下过他的革命足迹。他曾无数次梦想着自己载誉荣归，乡亲们拉着他的手共叙温情。如今，他却被当作与人民为敌的犯人，戴着"反革命"的高帽游行示众，丧失了尊严，失去了自由。想到这里，丁有宽的内心充满愤懑与委屈，如刀割般的疼痛。

纯朴的乡亲们为了帮他避过没日没夜的批斗与侮辱，派他去护园、赶鸟。赶鸟不难，但经常偷袭菜园的一群野孩子令丁有宽犯难了。二三十个半大不小的野孩子，由于受"文革"思想的毒害，每天无所事事，喊着"造反有理"的口号四处捣乱生事，村民们都拿这群孩子没一点办法。丁有宽护园的第一天，孩子们不仅偷摘了豆荚，还一起围攻辱骂他。面对这群稚气未脱、精力

---

① 教育部师范教育司. 丁有宽与读写导练［M］. 北京：北京师范大学出版社，2006：4.

充沛的野孩子，丁有宽的心在滴血，他们原该在学校里接受教育的啊！最令人惋惜的莫过于青春年华的荒废，最让人痛心的莫过于对纯洁心灵的玷污。带着强烈的使命感，丁有宽一边接受孩子们的批斗，一边千方百计地引导他们明事理、学知识。他的善意、真诚以及渊博的学识渐渐感化了这群野孩子，他们很快和丁有宽成为了贴心的朋友，不再去惹事捣乱，还帮他一起赶鸟护园。休息的时候，孩子们就都围在丁有宽的身边，听他讲故事，跟他学知识。山坡变成了课堂，园里书声琅琅、笑声阵阵。

为照顾好丈夫及家人，患难与共的妻子林季芳，也携儿带女回到家乡任教，和 70 多岁的老母亲住在一起，虽然全家仅靠她微薄的收入维持生活，但家人能在一起生活，心里踏实。家里有季芳的照顾，丁有宽除了护园、赶鸟，将全部精力都投入到教育这批野孩子的身上。他强撑着虚弱的身体，忘掉内心的伤痕，将自己对教育事业与孩子们的爱，化为理想的晨星、思想的暖流、知识的泉水，温暖、浇灌这些饥渴的小苗。犹如缕缕清风，又似汩汩清泉，孩子们的心灵世界变得纯净了，言行也变得文明了，还都爱上了读书写字。村民们欣喜不已，争相传颂丁有宽的育人功绩。

消息传散开来，却引起了"造反派"的不满：一个黑五类分子，不好好劳动改造，还毒害青少年，罪加一等！在那样一个思想被扭曲的年代，丁有宽申诉无门，村民们也敢怒不敢言，只能眼睁睁地看着"造反派"将他们敬重的丁老师五花大绑，押解至更加艰苦的地方重刑劳改，严加看管。

1974 年，丁有宽被"劳改释放"，回到了课堂。正当他准备在教改之路上大踏步前行时，不幸再次降临，爱妻林季芳突然病逝，丢下三个年幼的儿女离他而去。这次的打击是致命的，这么多年来，他能在各种变故与困苦中挺过来，全靠妻子的理解与支持啊。如今好不容易能夫妻团聚，并肩战斗，却又生死分离，阴阳两隔。在妻子的灵前，丁有宽几次哭晕过去。料理完妻子的后事，望着三个孩子，丁有宽犯愁了：教改不能中断，孩子们怎么办？儿子大了，可以独立谋生，两个女儿还年幼，不能没有人照顾啊！一番思考过后，他硬着心肠，做出了一个决定：让儿子到偏远的农场劳动锻炼，两个年幼的女儿托给当地群众抚养。

没有妻子在身边照顾，也没有儿女承欢膝下，丁有宽生活的困苦可想而知，但此时他已完全将个人的悲欢抛之脑后，全身心地投入到教改实验与教材编写当中。他付出了血与泪的代价，也换来了丰硕的成果：探索与提炼了"没有爱就没有教育""面向全体，偏爱差生"等教育思想，初步完成了"读写结合法"的实验，总结出练好记叙文的 17 个基本功，撰写了几十万字的教学札记。①

坎坷铸意志，荣誉鼓征帆。改革开放唱响了春天的故事，丁有宽也迎来了人生的"黄金时代"。1979 年 3 月，组织上替他平了反，摘除了"右派分子"的帽子。他重新回到了六联小学。这一年，他被评为"全国劳动模范"并赴京领奖，在党和国家领导人出席的劳模座谈会上，邓小平同志握着他的手，称他为"打不死的小学教师"。崇高的荣誉，领导的激励，教师的使命，给了他无穷的信心与力量。丁有宽下定决心：立足农村教育，献身语文教改，痴心不改，再攀高峰。

# 第二节　农村教改的一面旗帜

苦难是炼狱，它让弱者心灰意冷，望而却步；却让强者凤凰涅槃，浴火重生。从苦难中走出来的丁有宽，带着逆境中磨练的意志，风雨中练就的坚韧，行走在农村教育改革的浩瀚天地里，树起了农村教改的一面旗帜。

## 一、创建教学体系

在那段风雨坎坷、受尽磨难的艰苦岁月里，丁有宽的教改科研虽几度中断，但他一刻都没有停止过对教育科研的思考。1981 年 11 月，全国小学语文教学研究会第二届年会在湖南长沙举行，丁有宽在会上宣读了论文《读写结合再试》，全面展示他的教改成果，得到了与会专家和代表们的一致好评。

科学无止境，丁有宽没有迷失在盛名与荣誉之中，他开始了从实践到理

---

① 教育部师范教育司. 丁有宽与读写导练［M］. 北京：北京师范大学出版社，2006：10.

论的探索，开始了一段超越自我的新征途。

多年的教改实践，丁有宽虽然成果颇丰，但他内心清楚，这些实践经验只有上升为理论，才能形成系统，才具备推广的意义和价值。理论的创建需要广阔的视野和广博的知识，更需要前沿理论的支撑。年过半百的他给自己制定了非常严苛的行动指令：博览群书，更新知识；广交朋友，捕捉信息；学术研讨，深入探索。

1983 年冬，丁有宽北上青岛，参加全国第一次小学作文座谈会，在会上做《读写结合三个台阶五步训练》的学术报告。在同行的启发与鼓励下，他决定撰写专著并自编实验教材。为此，他又冒着严寒赶赴上海请教吴立岗教授，两人从系统论、信息论到控制论，从比较法到素描教学，从凯洛夫到赞科夫，彻夜长谈，不知疲倦。之后他又五次赶赴杭州求教朱作仁教授，两次上南京拜访著名教育专家斯霞老师，多次进京请教霍懋征、高惠莹等语文教育专家。同时他还争分夺秒地学习各种教育理论。他心中的"读写结合法"教学体系逐渐清晰，呼之欲出了。

1984 年 6 月，盛夏酷暑。丁有宽闭门谢客，蛰居在他的斗室里奋笔疾书，撰写他的第一部专著《小学语文读写结合法》。为赶在国庆节前出书，他昼夜写作，不肯休息，期间眼疾复发，继而完全失明。女儿一边请人帮助治疗，一边恳求父亲停止写作，好好休息。重见光明以后他又夜以继日地写了 9 万多字。这部长达 21 万字、倾注了他几十年心血的著作终于在国庆 35 周年之际问世。

《小学语文读写结合法》出版后引起了全国小学语文界的轰动，专家、教授纷纷撰文，高度评价这一科研成果，《光明日报》整版介绍这一实验的效果，邀请丁有宽讲学的信件如雪片般飞向六联小学。①

1986 年 3 月，丁有宽因独创"读写结合法"教学新体系，被国家科委授予"国家级有突出贡献专家"的光荣称号。

1988 年 10 月，《小学语文读写结合法》一书在全国首届优秀教育图书评

---

① 教育部师范教育司. 丁有宽与读写导练［M］. 北京：北京师范大学出版社，2006：13.

选中获一等奖。

随后，他又编写了《小学生记叙文读写结合法》《小学生记叙文读写结合系列训练法》与之配套，成为小学语文老师的案头工具书和学生学习语文的重要参考书。

"读写结合法"理论体系的成功创建令丁有宽欣慰不已，他潜心科研的脚步却没有停止。在读写结合的教学体系中，如果能有一套教材，让教师的导与学生的练都能做到有序、有点、有法，就一定能提高语文教学的实效。1987年起，丁有宽又开始了科研之路上的艰难攀登。没有经费支持，没有专家团队，他以六联小学为基地，带领一批中青年教师，研究了众多国内外的优秀教材后，以读写结合法的理论体系为指导，经过无数个日夜的创造性劳动，编写出一套实验教材，在六联小学和一部分学校中试用。

试用教材在各地使用后好评如潮，引起了国家教委的高度重视，要求将试用教材修改后上报材料参加国家级评审。又是无数个夜以继日地深入研究，又是无数次反反复复地讨论修改，丁有宽和他的团队一起，将小学阶段的语文教学设计成五步，一步一个台阶，引导学生跨进祖国语言文字的殿堂。教材中除了准确设置每个阶段的训练点，还创造性地将识字与书法融为一体，创新建立了"读写同步，一年起步，系列训练，整体结合"的综合性训练体系，使师生解脱应试教育的羁绊，享受素质教育的快乐。在编写教材的基础上，他们还配套编写了教学参考书、练习册、课外辅导书，编制了挂图、录音带等教学资料。其中丁有宽主编的五、六年制两套小学语文教材及其配套用书102册，总计1200万字，被列为九年制义务教育小学语文单科教材，并向全国推荐试用。

1993年3月，国家教委基础教育课程教材研究中心和广东省教育厅联合在潮州市举办丁有宽教材教法研讨会，来自海内外100多位教育专家、学者和教师在进行了全方位、多层面的评议与检阅后，高度肯定和赞扬了该教材的编写体系。《人民日报》《光明日报》《中国教育报》《世界日报》等20多家报刊都先后进行了报道。

《广东教育》从1992年起一直开设"学习、研究丁有宽专栏"，全方位地探讨他的教育教学思想。丁有宽的教材在海内外产生了巨大影响。1995年10

月，广东省人民政府评定他的"小学语文读写结合教育教学系列教材"为一等奖，其个人则荣获香港柏宁顿（中国）教育基金会"首届孺子牛金球奖"。①

1999年，在第二届"全国丁有宽教材教法研讨会"上，时任全国小语会理事长的高惠莹高度评价他的改革成果：丁有宽的教改经验不仅是广东教育的一面旗帜，而且是全国小学语文教改的一面旗帜。

### 二、确立科研目标

教材编写成功，让丁有宽的教育事业达到了一般人难以企及的巅峰，但这绝不是他教育科研的终结。他深知教育科研的薪火需要代代相传，才能与时俱进、兴旺发达。自1981年以来，他就着力培养年轻一代的科研接班人。六联小学的一批年轻教师，长期跟随他编写教材、进行教改实验，言传身教、耳濡目染，也迅速地成长起来。如袁宝珊在10年里发表文章计32万字，被评为全国优秀教师、广东省特级教师、广东省小语会理事；黄三松、李静音等十几位教师也先后成长为全省教育教学骨干。

丁有宽还坚持"树一宗，学百家，求创新"的科研目标，立足六联小学，辐射全国，走向国际。他更多的是通过讲学、通信、指导实验，以及定期举办培训班、召开研讨会等多种形式，团结有志之士，推广科研成果，培养青年骨干。翻开厚厚的一本丁有宽教材教法科研成果获奖名册，他的弟子遍布全国各地，甚至日本、新加坡都有他的学生。20多年来，先后有3575名年轻教育工作者拜丁有宽为师，沿着科研型的路径发展。现在，丁老师的弟子中已经涌现出50多名特级教师，一批又一批年轻教师跟随他一起在进行教改实验的过程中迅速成长。

在"爱心是根，育人是本，科研兴教"的漫漫长路上，丁有宽从六联走向全国，在当代中国教育史上留下了浓墨重彩的一笔，成为当今中国教育战线上最有影响力的教育专家之一。他曾两次被评为"全国劳动模范"，是我国中小学教师中第一位"国家级有突出贡献的专家"。他是以个人名义主编语文

---

① 教育部师范教育司. 丁有宽与读写导练［M］. 北京：北京师范大学出版社，2006：15.

教材获国家审定通过，并列为与世界各国交流教材的第一位小学教师；他是第一位受省政府通令嘉奖、重奖的小学教师；他荣获国家级和省部级荣誉20多项，8枚金质奖章和6个金杯，立大功三次；还先后受到邓小平、叶剑英、杨尚昆、李先念、江泽民、李铁映等多位党和国家领导人接见、看望和赞扬。

任凭风雨洗礼，不惧岁月峥嵘，扎根农村教育，致力科研创新。丁有宽一路走来，用生命与热血在神州大地上绘就了农村教改的一面旗帜。

# 第三节　从教师到名师的踪迹

丁有宽这位普普通通的农村教师，创下了中国教坛的不朽神话，书写了教改路上的一段传奇。他历经坎坷、矢志不渝的教育热情，以血为墨、潜心科研的探索精神，都深深激励与鼓舞着全国广大教育工作者，留给人们诸多深刻的启示。

### 一、追求高远境界

"没有爱就没有教育""爱是教育的源泉""面向全体，偏爱差生"，这些人们熟知的教育名言，是丁有宽提出并耗尽其一生躬身践行的。他长期坚守在闭塞落后的农村学校，面对的是远离城市文明、缺少见识的农村孩子。但他坚信，这些孩子都是一块块未经雕琢的璞玉，他们有闪光点，有可塑性，只是需要教师付出更多的心血，运用更多的智慧。在教学实践中，他总是千方百计地寻找每一个孩子的闪光点，放大他们的优点，帮助他们找回自尊、重拾信心。

在《我与顽童》一书中，他与小黄的故事打动了很多人，启发了很多年轻教师。

由于从小寄住在亲戚家，父母疏于管教，小黄变成了一个爱撒谎、盗窃成性的孩子。父母为了挽救他，将他转到六联小学。刚到新学校，小黄就拿了哥哥的钱包，并且骗了同学几十元钱，离家出走，不见踪影。

丁有宽主动请战："让我来教育小黄。"接下来便开始了十多天寻访小黄的辛苦奔波。

有人说看见小黄经常出没在韩江边，扒抢过往货船上的东西，丁有宽看出小黄擅长游泳；有人说小黄扒窃的手段多种多样，丁有宽看出了小黄的机灵；有人说小黄将盗窃的物品钱财随意送给乞丐，丁有宽看到了小黄的善良；有人说小黄曾在读了哥哥、姐姐来信后表示想洗手不干了，丁有宽看到了小黄有悔改的一面……就这样，这个面临被学校开除的孩子身上的闪光点被丁有宽一点点挖掘出来。

一边调查，一边徒步寻访，丁有宽终于在离学校 40 多公里外的油头车站找到了小黄，将他劝回了学校。

谁知，刚一开学，就有学生来报告丁有宽："小黄带着几个同学在麦田里'冲冲杀杀'，糟蹋了不少麦苗。"丁有宽听了，没有立即批评他，而是因势利导，请小黄组织一次"抢渡大渡河"的军体活动。

这次活动，充分展示了小黄的组织才能与游泳本领，让所有同学都对他刮目相看。

一次，丁有宽找小黄谈心，发现他的眼睛不停地瞄墙上的一把二胡，便顺势问他："你喜欢拉二胡吗？"话音未落，小黄已经跳上桌子，伸手去取二胡，一不小心踩碎了桌上的玻璃板，撞碎了一只茶杯。

"快坐下，看看脚划破没有？"丁有宽立即安慰一脸惶恐的小黄，又取下二胡，拉起了《我们是新中国的小主人》《义勇军进行曲》等曲子，小黄听得入了神。

找到了小黄的兴趣点，犹如牵住了牛鼻子。小黄每天下课就往办公室跑，缠着丁老师教他拉琴。后来，小黄如愿考进华南歌舞团，如今已是一名小有名气的电影工作者。

要把更多的农村孩子引导成材，除了耐心细致的教育，还需要调动他们的学习兴趣，帮助他们提高学习效果。在长期的教改实验中，丁有宽把"如何让后进生也喜读爱写"作为一个重要的课题进行实践和研究。他提出了"面向全体，培优扶差，以优带差，以差促优，拉动中间，共同进步"的全员教育理念，并在改革实践中形成了"没有爱就没有教育"的教育思想和"面向全体，偏爱差生"的教育观点，概括出差生"六好"（好动、好新、好奇、好仿、好问、好胜）的心理特点和八种性格类型（激动型、外向型、内向型、随波型、变异型、顽童型、弱智型、综合型），总结出了"挖掘闪光点，扶持起步点，抓住反复点，促进飞跃点"的转化差生教育流程。

近半个世纪来，一直扎根在农村小学一线的丁有宽，先后将22个差班转变为先进班，将近300名昔日的捣蛋鬼培养为国家的有用之才。他用自己的亲身实践打破了人们长期以来对农村孩子的偏见、对差生的歧视。他用博大的爱心书写着农村教育的传奇。他践行的"没有爱就没有教育""面向全体，偏爱差生"的教育理念，真正体现了以人为本、尊重生命的教育思想，时至今日，我们依然在积极倡导。

对差生的爱，源于他对每一个孩子的爱，对每一个生命的敬畏；对学生的爱，源于他对事业的责任，对教育工作的无比忠诚。在经受风雨洗礼，遭受不公平待遇的年代，他痴心不改，喊出掷地有声的誓言："为了教育好下一代，任何风险我都敢冒！"在功成名就、荣誉纷至沓来的人生巅峰，他淡泊名利，道出一句肺腑之言："我的幸福，就是一辈子当好一名农村小学教师。"

坎坷不移志，风雨洗征程；荣誉不沉迷，整装再前行。正是矢志不渝的事业观、积极进取的人生观、无私奉献的价值观，伴着丁有宽一路前行，披荆斩棘、踏浪而歌，走向人生高远的境界。

### 二、坚定研究方向

在农村教育这片贫瘠的土地上，有人不甘心驻足于此，千方百计地要逃离；有人哀叹命运的不公，在自怨自艾中消磨时光；更多的人平静地接受命运的安排，复制着每一个平淡的日子。丁有宽，这颗撒落在贫瘠土地上的种子，这棵压在岩石缝里的小草，为何却能长成一棵参天大树？是坚定的信念给了他战胜困难的勇气，是坚持不懈的执着助他登上了事业的高峰。

从1951年选择教师作为自己终生从事的职业起，丁有宽就一直扎根农村，坚守农村。在历次运动与批斗中，他受尽折磨，成为"打不死的小学教师"；在鲜花与荣誉铺天盖地，各种诱惑纷至沓来的得意时刻，他淡泊名利，立志不改行；在功成名就，桑榆暮景的暮年，他依旧停不下来。农村，是他扎根的土壤；课堂，是他耕耘的田地。一辈子的坚守，使他成为农村教育的一面旗帜。

　　从一位普通的小学教师，成长为名扬天下的教育家，在漫长的求索道路上，丁有宽找到了自己为之终生探寻的语文教改方向——读写结合。从走上教学岗位开始，他无论何时何地，不管顺境还是逆境，都能排除各种干扰，克服种种困难，在探索中逐渐明确研究方向，自此"咬定青山不放松"，不断实验，不断总结，不断完善，不断发展。这种苦苦求索、执着追求的精神，不仅促进了实验由个体到群体，由区域到全国，由教材到教法再到学法的健康发展，而且使实验经过多次实践检验，在框架体系上逐步完善，具有很强的科学性与实践性。

　　对丁有宽来说，科研简直成了他以血磨墨的生命需求。从初登讲台的那一天起，他就开始了"转变差生"与"语文教改"的思考，此后，不管是在劳动改造的艰难岁月，还是在重返课堂的教学生涯，半个多世纪以来，他从没有停止过对教改的思考与探索，呕心沥血，历经磨难，致力于教育科研实践。正是这种矢志不渝、痴心不改的执着追求，他才能排除万难，勇敢地与命运搏击，登上事业的巅峰。


### 三、坚持科学态度

　　语文教学改革的研究，历来都是热闹非凡，各种新思想、新观点、新流派层出不穷。但很多研究虽风靡一时，最终却是昙花一现，难以产生深远的影响。丁有宽的读写结合教学研究，曾为我国最有影响的小学语文教学流派之一。几十年来，读写结合不但大大提高了实验地区的语文教学效果，就是放在现在，依旧是提高学生语文能力的有效方法，极具推广学习的价值。究其原因，就是他在研究过程中不仅有孜孜以求的探索精神，还坚持科学的态度、理论的指导。

　　作文的心理过程和阅读的心理过程有着密切联系，特别是与从运用的角度进行阅读的心理过程有着一致性。语文教学完全可以抓住这个一致性，实现阅读教学和作文教学的有机结合。即在运用性阅读阶段，不断引导学生从课文的写法上得到启发，从读学写，从阅读自然过渡到作文，实现阅读和作文教学的紧密结合。丁有宽的读写结合实验取消形式上的作文课，在教学中自然地把阅读教学和作文教学糅到一起，由读句写句，到读段写段，到读篇写篇，实现真正意义上的读写结合的作文教学，就是建立在研究阅读和作文心理活动过程基础之上的。

语言是按一定方法构造的，是有规律可循的。词、句、段、篇都有其构造的方法。用语言规律指导语文教学，可以减少盲目性，增加自觉性，做到事半功倍。传统的语文教学停留在自然主义的多读多写上，而对于读写的内容、数量、方法、形式等方面，没有语言规律进行指导。丁有宽始终致力于构建读写结合的语文训练体系，又用这些规律性的知识指导教改实验。这是他对语文教学作出的突出贡献，也是读写结合实验取得成功的重要条件。

不成功的教学学一知一，成功的教学举一反三。在学习迁移理论的指导下，丁老师归纳出由句到文纵向的对应扩展训练的方法，归纳出记叙文读写横向的七条对应规律。这些方法、规律形成可操作的模式，具有稳定性，有助于读与读、读与写之间学习的迁移。

丁有宽的读写结合实验，把阅读和作文紧密结合起来，有助于读中借鉴，从读学写；在教学中提供程度适合的范文，使学生学有榜样，便于模仿，逐渐由仿到创；安排大量的读写训练，给学生提供尽可能多的表现机会。实验做到读写同步，以模仿为桥梁，以片段训练为重要手段，符合儿童心理特点，满足儿童心理需要，因而有效地提高了学生的读写能力。

此外，实验体现的尊重学生、因材施教、面向全体、全面发展的教育思想，以学生为主体、以训练为主线的教学理念，注重培养自主学习、探索精神等学习品质的科学做法和孜孜以求的科学精神等等，既是丁有宽教改实验的成功之处，又是这项实验贡献给我们的有益启示和宝贵经验。

# 第二章
## 乡村教育实践催生务实的教育智慧

丁有宽老师不但具有丰富的教育经验和精湛的教育艺术，更让人敬佩的是，他具有深刻而独特的教育思想，这种与众不同的教育思想，来源于长期的乡村教育实践，反过来又用于指导乡村教育实践，从而形成了影响全国的教改成果。

## 第一节　农村孩子同样能成才

有的人对农村孩子存有一种偏见，认为许多农村孩子不是"蛮"，就是"笨"，不好教。有的甚至以"江山易改，本性难移"为由认为农村孩子难以成材。农村孩子是否真的又"蛮"又"笨"呢？丁老师对这个问题进行过长期的观察和思索：农村学校条件差，农村孩子孤陋寡闻，相比城市孩子显得粗野，这是客观事实。但因此就笼统地把农村孩子视为"愚人"，认为农村孩子教不好，这就大错特错了。说什么"本性难移"，农村孩子的"本性"难道天生就是"蛮笨"一体吗？"难移"不是不可移。教师若能以满腔热情引导和教育自己的学生，农村学生照样能成长为国家有用之才。然而，现实的情形却是教师把学生当作管束的对象。由于有的教师对学生的教育态度粗暴，方法简单，学生对教师不是怕就是恨，以致有机会就寻求报复。有的教师先是用压的办法对待孩子，行不通，就改用放而任之的态度对待孩子。因此，不懂是非的孩子，越来越不懂是非，胡作胡闹。这样师生之间的感情，没有融洽的交流，只有冷漠的对峙。丁老师想，一定要改变这种恶性循环的局面。个人力量虽然单薄，但只要一切从我做起，水滴石穿，总会有效果的。在改变人们头脑中农村孩子又蛮又笨，难以教好的观念上，自己应该走在前面。丁老师感到自己肩上的担子沉甸甸的：自己生在农村，长在农村，不能厌恶农村，一定要让农村孩子也健康成长。经过长期探索，丁老师终于总结出让农村孩子成才的全标、全员、全程、全力的"四全"教育经验。

### 一、关注全标

关注全标，即全标教育，是指教育过程中必须全面贯彻党和国家的教育方针，把学生培养成德、智、体、美全面发展的社会主义事业的建设者和接班人。

丁老师认为，关于语文学科的教学目标是什么，这一直都是有争论或者说落实得不那么彻底的一个问题。历年来语文教学大纲提出的教学目标、教学任务都很全面，但是落实到实际教学工作中往往就只剩下一项任务——传授语文知识技能。这是 20 世纪 50 年代以来，受凯洛夫以教师为中心、教材为中心、课堂教学为中心的"三中心"教学思想影响而逐步形成的教学观点，这种教学思想对揭示教学规律，规定教学原则、教学内容、教学方法、教学组织形式和教学工作环节，都有极大的影响和制约，导致许多人认为学生学习就是"读书"，教学就是"教书"。从社会主义现代化建设的需要来看，从我们今天所揭示的教育教学规律来认识，这种观点及其在教师队伍、教学工作中长期以来形成的观念，对于实现本来已经明确了的教育目标，起着干扰的消极影响。

语文学科教学目标，受传统文化影响很深。从文选型阅读教学、八股文写作教学、经略国学，到新文化运动以后吸收外来文化因素而产生的国语、国文，就是新中国建国以后所确定的"语文"，也还有"口头语和书面语""汉语和文学""汉语知识、阅读和写作"等不同内涵之争。

赞科夫"教学与发展"的理论，巴班斯基"教学过程最优化"的系统论观点等，都对传统的教学论观点提出了挑战。我国上世纪 80 年代尝试实践的"掌握学习策略""思维训练""培养能力，发展智力"等教育理念，拓宽了语文教育的视野角度，在深度上也有了突破。有不少语文教育专家和富有实践经验的教师，在探索建立具有中国特色的语文教育思想和方法体系方面做出了成绩。

丁老师的"全标教育"观点，就是在上述历史背景下提出来的。这个观点在丁老师的教学实践中，已不是解决一般的教育目标的问题，其重要的意义在于如何较好地解决语文学科教育目标的问题，并且在实践体验中提供可行的途径。教师，不但要有热爱教育的心，而且要见之于行动。在教育教学的实践活动中，要让学生德、智、体、美全面发展，成为"四有"（有理想、有道德、有文化、有纪律）新人。丁老师把握了教书育人的特点与精髓，突出了育人目标是"在教育教学的实践活动中实现的"——教师通过教育教学的实践活动，有目的、有计划、有组织地培育学生，这就是教育活动，而不是单纯的教书活动。

丁老师认为，全标教育是传统教学观的突破，也是对"教学－教书－智育"这种片面演绎的纠正。教学从属于学校教育活动的范畴，而且是学校的主要教育活动，但教学不是与教育内容中的德育、体育、美育等并列的概念，因此，教学并不等于智育。学校的各项教育活动在实施德、智、体、美全面发展教育的过程中任务不同、着重点不同，但它们都要贯彻全面发展的教育目的，体现各自的"育人"因素。"智育"的内容比重最大，"教学"所占时间最多。因此，两者的关系是：智育为基础，系统地、有计划地体现和贯穿德、智、体、美等各自的育人内容和要求。这是教学活动和其他教育活动的区别，也是学校教育与其他教育的主要区别。基于这种认识，丁老师提出了以"全标教育"为出发点的"四全"教育、系列育才的观点。①

基于以上认识，丁老师在语文教学中，总是把学课文与育新人结合在一起，把语文课的工具性和人文性结合在一起；在作文教学中，特别注重把学作文与学做人结合在一起。

在丁老师教的前轮实验班里，有个后进生小林，他品德、学习都差，留级几年，四年级年终，语文成绩只有 8 分。从学校到家庭他都得不到温暖，结果成了"流生"。为了使他不离队，丁老师作了仔细的调查，他发现小林身

---

① 教育部师范教育司. 丁有宽与读写导练［M］. 北京：北京师范大学出版社，2006：99-100.

上虽然有许多毛病，但也有一些优点和特长没有被发现和肯定。如他在听写生字测验卷上得零分，但很爱查字典；他默写课文交白卷，但能背诵几十首古诗；他怕作文，但喜爱讲故事……小林也曾有过几次想学好的愿望，但未能得到肯定和鼓励。如有一个寒夜，他坚持完成一篇习作，得到的评定却是个红"×"。

经过调查和分析，丁老师满怀信心，上门给小林送课本、讲故事，并向小林的父母肯定小林的优点，要求他们督促小林学习。丁老师对小林作了实事求是的评价，使他解除了心里的疙瘩，感到了温暖。他想写作文，但苦于无话可说，有了话也不会写。开始，丁老师不急于要求他写作文，而是引导他学雷锋，做好事，学写日记，提高他的认识能力。当引导他在日记上写出"昨天下午放学后，我和班长在校门口清水沟"这句话时，便及时把它登上班里的墙报"一句赞一好事"专栏，并及时向他家长报喜，扶持他起步，增强他学习的信心。丁老师还抓住他会讲故事这个特点，提出若干问题，让他思考，把清水沟这一事件的起因、经过、结果如实地讲出来，有准备地让他在班里作口头作文。他的口头作文赢得同学们的一阵阵掌声。丁老师进一步要求他把讲的内容记下来。在丁老师的一番帮助下，小林终于理顺了这几句话，获得了丁老师及时的评讲和鼓励，并为自己的进步感到高兴。当他看到学习栏另一头一位同学写得比较好的文章时，觉得自己比不上人家，表示要努力跟上。从此，丁老师引导他多观察，从仿学课文范文写一物、一景、一事、一人到独立写，多读多写多修改。光是五年级下学期，他自觉读课外读物20多本，少年范文百余篇，自写作文百余篇，最终以优良成绩考上重点中学。

又如，小曾读完了三年级两学期的功课，她妈妈出题考她：姐姐9岁，妹妹7岁，姐姐比妹妹大几岁？小曾计算后回答：大16岁。妈妈要她再做几遍，答案依旧。妈妈气得要命，又骂她一顿："书越读越笨，不如在家里做家务。"爸爸则要求学校再给她留级。原语文教师反映："小曾造一个句子，还要老师一字一词念给她记，有时还记不完整，至于作文更不用说了。"不少人认为小曾太笨无法教好，再留级也是如此。让她失学吗？无法教好吗？丁老师热情地把她领到试验班。经过细心的观察和分析，发现造成她智力弱的原因是：教师教学硬灌，家长强迫学习，小曾把学习当作"苦差"，不动脑筋靠死记。但是她好动、好胜，于是，丁老师抓住这个特点，通过学习，结合活动，指导观察，启发思维，开发智能。学习有关描写四季景物特征的课文时，启发她向天空、大地"找春"；向校园、田野"找春"；向草木、花果"找春"；向早晨、夜晚"找春"；向鸟虫、家畜"找春"；向人们的外貌、动作"找春"……在丁老师的指导下，她写了十多个观察片段，丁老师及时展出她的习作，给予鼓励，同时还要求她经常观察教室前金凤树的不同变化，并把不同季节的特点写下来。这以后，她有了观察日记本。少先队开展的"寻美、学美、颂美"活动时，丁老师大胆信任她，让她当班上的广播员、"小灵通"记者，办墙报，让她多动脑、动口、动手，增长才智。经过一段时间的训练，小曾观察和写作的兴趣越来越浓，一天竟写出三四篇小作文。小曾外婆生日那天，大家围在桌旁吃饭，爸爸看着她坐着一动也不动，眼睛一会儿看着这个，一会儿盯着那个，笑着问："干嘛不吃饭？"小曾好像什么也没听见，一再问她，她才说："我在作文呀！"爸爸会心地笑了："她给作文迷住啦！"这个过去被认为"无法教"的孩子，智慧的闸门打开了，三年级时连一篇作文都不会写，而四年级一学年，就写了大小作文400余篇，被誉为作文的标兵。她的事迹上了报。

可见，"教语文"与"育新人"一旦结合在一起，可以产生多么巨大的威力。全标教育，就是要让学生在德、智、体、美几个方面都达到一定的目标，不可缺胳膊少腿。


**二、关注全员**

全员教育，是指教育教学工作必须面向全体学生，既包括优秀学生，有特长的学生，也包括后进生。

丁老师认为，实施"全员教育"，是普及九年义务教育、提高民族素质的需要，也是贯彻因材施教教学原则的要求。面向全体的问题，实际是正确对待差异的问题，尤其是对待后进生的问题。如何热情关心、耐心辅导和帮助后进生，使他们发奋努力，增强信心，逐步赶上去，这是全员共同进步的重点和难点所在。丁老师的"全员教育"思想及其实践意义，就在于力求较好地解决这个问题，并且提供了一套容易操作、能够大面积推广的成功经验。

在多年实践摸索中，他将后进生的性格概括为激动型等8种，总结出互有关联又各具特点的转化措施。一把钥匙开一把锁，对不同类型的后进生，运用不同的方法，经过50多年的努力，他把近300名学生从厌读怕写转变为喜读爱写直至会读会写，后来这些后进生全都顺利地升上了中学。

丁老师还特别注重做以下两种类型后进生的转化工作：一是教育顽童型的后进生，重在扬长补短。如有个叫小聪的后进生，原来是校内有名的顽皮学生。学校曾想让他退学，家长也对他丧失了信心。师生之间，同学之间，往往是"见丑容易见美难"。丁老师要让同学们看到小聪的"长"，发现他的"美"。为此，丁老师专门设计了一次"寻美作文"活动。根据小聪的特长，先进行了一次别开生面的爬竿比赛，展示了小聪的爬竿本领，然后又以爬竿活动为题进行作文练习。在习作中，许多同学都赞扬了小聪，使小聪心里热乎乎的，触发了他的上进心。经过细心的诱导，这名"捣蛋大王"在毕业时已成为品学兼优的学生。二是教育变异型的后进生，重在启发自尊和自信。有一年，丁老师接任一个班的班主任后，发现学生小刚总是一言不发，上课时往往心不在焉，行为上也有自暴自弃的现象。经过多次家访，加上从旁了解，得知他由于口吃，曾在上课发言时引起哄堂大笑，好心的老师就劝他上课时不要开口。从此，他无形中被剥夺了说话的权利，幼小的心灵受到严重的创伤。因而性格变得孤僻，情绪容易激动，口吃也更严重了。为了帮助小刚，丁老师一方面拜访名医，了解口吃孩子的心理特点和治疗方法，一方面在学生中进行友爱教育，同时争取家长配合矫正说话习惯，并且鼓励小刚积极在课堂上发言锻炼。首先燃起他自尊自信的火苗，进而帮他总结出"先静后动，先想后读，先读后讲"的方法，指导他反复练习，肯定他的点滴进步，使他的心理状态趋于正常。经过两年的不懈努力，小刚基本上矫正了口吃的毛病，还在班级的朗读、讲故事比赛中获得第二名的好成绩。毕业时，他以优异成绩考上了重点中学。①

---

① 教育部师范教育司. 丁有宽与读写导练［M］. 北京：北京师范大学出版社，2006：101-102.

### 三、关注全程

全程教育，是指教育工作者在任何时候、任何环节都必须对学生成长的全过程负责，教学工作的全过程都必须坚持教育性原则。

丁老师坚持用事物互相联系的观点、事物变化发展的观点来看待后进生，并以此为指导思想来做转化后进生的工作，对后进生实施"全程教育"。这里的"全程"包含一个人成长的全过程，也包括一名学生由后进变先进的全过程，由此出发，尽力教给学生的是终生受用、终生得益的东西。在具体的教育教学活动中，后者是重点，也是前者的载体，终生受用的东西必须通过师生相关的双边活动来吸收。他把"全程教育"作为一个动态的流程来对待，并相应地制定动态流程在各阶段中应采取的策略。尽管后进生有不同的类型、各自的特点，但是，他们并非是一成不变的。事物总是互相联系、变化发展的。因此，他在实际工作中，密切注视着学生思想变化的动态流程，实施"全程教育"，做到"挖掘闪光点，扶持起步点，抓住反复点，促进飞跃点"。前两点掌握要宽，后两点掌握要严，宽严有度，施教才能得法。

丁有宽认为，只有发现和调动后进生自身的积极因素，认识、尊重和利用儿童好动、好新、好奇、好仿、好问、好胜的特点，因势利导，引导他们向好的方面发展，他们的心灵才能得以净化。

像前面提到的小黄这种经过全程教育而转化的学生，丁老师能数出几百个。在近50年的教学生涯中，丁老师让20多个后进班级转化为先进班级，都得益于全程教育。

### 四、关注全力

全力教育，是指充分调动学校、社会各方面的积极性，发挥各方面的作用，做好育人工作。

丁老师认为，教书育人是培养国家的建设者和保卫者，是繁荣祖国的千秋大业，光靠个别教师孤军奋战是不够的，还必须发挥各方面的力量，互相帮助，通力合作。在教育学生、转变后进生的工作中，班主任肩负着重要的责任。但是，教育工作仅仅靠班主任自身是不够的。在学校内部，需要通过班主任的努力，把科任教师、学校领导、班集体各方面的力量调动起来。同时，班主任又是学校联结社会、家庭的纽带，争取和依靠家长配合学校教育学生也是班主任工作的一个重要方面。从心理学角度看，学生，尤其是后进生，往往会由于心理矛盾而表现出双重人格。他们此一时，彼一时，在学校是一套，在家里、在社会上又是另一套。因此，要真正了解他们，准确把握他们的思想状况和心理动态，必须取得多方面的配合。

（一）依靠教师集体

"全力教育"首要的是依靠教师集体。教师对学生的教育影响要做到一致，就应当成为一个整体结合的教师集体。没有一个教师集体，就难以实现一个统一的教育过程。在联结各科任教师的力量团结成一个教师集体的工作中，班主任是骨干，是中坚，各方面的力量调动起来了，工作才能高效运转。丁老师于 1988 年 12 月在北京人民大会堂召开的全国中小学德育演讲会上曾作这样的介绍：

1979 年春，丁老师重返阔别 17 年的六联小学之后不久，校长要他当一个乱班的班主任。那时，学校开了八次会，没人愿当这个乱班的班主任。

班里的学生哄课堂，打群架，考试作弊，班无宁日。当时，好心的老师一听丁老师要去当这个班的班主任，就说："今非昔比，莫要自惹'马蜂窝'。"但丁老师充满信心，迎难而上，决心治理这个乱班。他自知个人的力量有限，便和各科老师一起商量，想办法。经过大家的共同努力，后来这个班级终于转变为先进班。

（二）建立健全班集体

丁老师认为健全的班集体是一股巨大的教育力量。因此，培养和组织好班集体，是"全力教育"的一个中心环节。一个好的班集体，必须方向正确，有共同的奋斗目标，坚强的核心。而这样的班集体并不会自发地产生，它需要班主任通过深入细致的工作才能形成。如丁老师转化小光由后进生转变为三好学生的工作过程中，坚持"全力教育"，建立健全班集体，发挥班集体的积极作用。

小光进小学时，"文化大革命"还没有结束。一个七八岁的小学生也被卷进"阶级斗争"的漩涡，并且一切都被倒着看，硬被树成一个"坏典型"。他拿出自己的零用钱买本子和铅笔，送给一位家中经济有困难的同学，却被说成勾结后进生；他为一个被坏人欺侮的老人打抱不平，和坏人说理、辩论，也被说成是聚众闹事；他参加体操比赛，因步伐不整齐，又被说成破坏班集体。这幼稚可笑的"阶级斗争"既斗乱了班集体，又使小光与班干部的矛盾越来越尖锐。丁老师刚"解放"回校接任他们这个班时，正碰在这个矛盾上。班干部都要"拔掉"小光这个后进生，要丁老师不要去动员他回校读书。小光呢，也声言要"打倒"这批班干部。丁老师意识到不肃清"文化大革命"的流毒，不但小光无法转化，而且班集体也无法建设好。于是决定给小光"平反"。丁老师在班会上向同学们介绍小光如何为受欺侮的老人打抱不平，如何给有困难的同学买本子和铅笔等事实。听了丁老师的介绍，不但小光本人很感动，班里的同学和干部也消除了对他的误解。解决了小光和班干部之间的矛盾后，丁老师又及时组织他们"学雷锋"，为班集体树起了前进的新目标，也为小光找到了"起步点"。后来，不但班集体成了先进集体，小光也成了"三好学生"。

丁老师认为，班集体对每一个学生的教育影响都是很大的。形成了良好的班风，就为每一个学生创造了利于健康成长的外部条件，班上的后进生就会减少，即使有，转变也较容易；班风不好，后进生自然就多，而且较难转变。因此，在加强后进生教育的同时，要重视培养组织健全的班集体，形成良好班风。

（三）充分调动社会、家庭的力量

作为班主任，丁老师十分重视争取社会、家庭的配合，充分调动各方面的力量。学生除了在校学习外，还有很大一部分时间是在家庭和社会上度过的，家庭和社会对学生的影响直接关系到学生的健康成长。因此，丁老师和社会各界人士、学生家长保持密切联系，使他们和学校教育协调一致，同步进行。他还采用请进来、走出去的方法，使学生的学校学习和社会大课堂紧密联系。特别是在教育和转变后进生的工作过程中，他总是千方百计地争取和运用校外的力量做好转化工作。

学生小林，沾染了流氓习气，好打人骂人，还干些小偷小摸的事。其家长教育很不得法。他父亲是复员军人，对他定下"三罚"：骂人罚掌嘴巴，打人罚打手心，偷东西罚打脚骨。他妈妈则定下"三奖"：不骂人，奖二角；不打人，奖七角；不偷东西，奖一元。父母还叫他妹妹"盯梢"。然而这些奖惩都不见效。丁老师了解了这些情况之后，多次上门同小林的父母谈心，使他们改变简单奖惩的教育方法。同时，小林一有进步，丁老师就组织同学"上门报喜"。在学校和家庭的共同努力下，小林终于改邪归正成为好学生。他的父亲感激地说："丁老师教育人真有办法，连我们家长也得益不浅。"

还有个叫小柯的学生，经常在校内外搞恶作剧。有个老盲人几次到学校"告状"。丁老师便有意识地组织小柯与其他同学一起到这位被他捉弄过的"五保"老人家中做好事。同时利用这位老人的说书专长，请他给孩子们讲旧社会悲惨的遭遇，讲周总理关心警卫员等故事。此后，小柯一连四个月到老人家里边做好事边听故事，彻底改掉了好捉弄人的恶习，成为好学上进的好学生。小柯根据这段经历写成的《送温暖》一文，还被上海《儿童作文园地》采用。在老师、学生、家长等校内校外力量的共同努力下，这个班很快就由乱到治，取得显著成绩，还被评为"广东省优秀中队"。

与家长经常保持联系是教育工作的一项重要内容，借此学校可了解学生在家里的表现，了解家长对学校和班主任工作的意见和要求，同时向家长宣传党的教育方针政策，通报学校的教学措施要求，介绍家庭教育的经验，提高家长的思想水平，共同研究教育学生的措施和方法。丁老师把家访作为一门学问来研究，不但家长欢迎他家访，就是学生也希望他多家访。家访工作的正常化、制度化，使学校与家庭的沟通顺畅了，也促进了教师与家长的感情融洽，从而使教师更加有信心、更加有效地教育好学生。

丁老师的全标教育、全员教育、全程教育、全力教育是对素质教育的一种诠释和深化，是在长期教育实践中总结出来的创造性的教育观念。①

---

① 教育部师范教育司. 丁有宽与读写导练［M］. 北京：北京师范大学出版社，2006：110-111.

丁有宽语文教学艺术研究

# 第二节　让后进生抬起头

转化后进生，一直是教育领域长期存在的一个重点和特殊问题。教优生易，教后进生难，这是每一位教师的共同感受。丁有宽老师的特殊之处，就在于他"偏爱后进生"，能用爱心温暖后进生，能让后进生抬头挺胸，并最终成长为优秀学生。

## 一、没有爱就没有教育

关于爱的教育，丁有宽老师有许多感人的话语："没有爱就没有教育""留得爱心在，何愁心不灵，科研求创新，育人献终生""育苗人要有爱心，对三类苗只有施肥加工，不能厌弃拔掉""要锤炼自己具有热爱事业、热爱孩子、偏爱后进生之心"。丁老师对教育的爱，集中反映在以下几个方面。

（一）爱教育工作，不计报酬和条件

丁老师认为，教师的工作是日夜兼程的，常做常新的，是永远做不完的。教师在白天除上课外，课余时间还要指导学生进行课外活动，做学生思想工作的时间更是少不了，备课、改作业多数是在晚间进行。即使把全部心思用在教学上也常会觉得还有些事情没有做，或没有做好。每年的工作，像是循环、重复，实际上是年年不同，永不重复。好不容易把一个学生、一个班教好了，带出来了，但这时他们已经要毕业了，要送他们走了，迎接来的是新生、新班。于是又开始了新的年月、新的工作，接触的是新人物、新问题。针对不同的人、不同的问题，就要做不同的工作。不舍得花心血、花时间，没有恒心、没有耐性，就无法将孩子带好、教好。教师对待工作，真可算是不计时间、不计报酬的。有人把"按劳取酬"倒了过来，是"按酬付劳"。如果我们也这么做，那就等于放弃了教育，取消了教育。

1957 年，丁老师被错划为"右派分子"，被押送去劳改。他身在"劳改"，心想学校，抽空偷偷学习苏联教育家马卡连柯的教育思想，对他的班级集体理论做了深入的研究，写了文章《班集体形成的三个阶段》和《教育顽童拾叶》一书初稿。教好"野孩子"的消息，在周围乡村传开了，他却因此"罪加一等"。丁老师在心里呼唤：祖国啊，哪一天才能让我重返教坛？

"劳改"释放后，他被派到浮洋镇大吴小学任教，开始了新的教改实验。当时，学校使用的是省编教材。他觉得教材内容不切合农村学生的需要，就暗地里选"文革"前教学效果好的课文重新编排教材，按"读写结合"的步骤，教学生读一段写一段，学一篇写一篇。经过一段时间的教学，学生的读写能力有了明显的提高。但就在这个时候，他的妻子林季芳突然病故。失去了患难与共的伴侣，他内心无比痛苦。这个打击是多么沉重啊！但为了集中精力，坚持把教改实验进行下去，他强忍悲痛，让身边的儿子到很远的农场去谋生，把两个女儿托给当地群众抚养，不顾一切地搞教改实验。

丁老师爱教育事业、爱孩子，是在非常艰难的情况下从事教育工作的。白天，他在破旧的祠堂里进行教改实验；晚上，又在昏暗的油灯下备课和批改作业。有段时间，一家三口靠他微薄的工资度日，经济拮据，一日三餐连菜也买不起，只能用咸菜送稀饭充饥。即便如此，他一到学校，一拿起课本，一走进讲台，一接触孩子，就什么困难与烦恼都烟消云散，乐在其中了。因为他心中充满了对教育工作的爱。

### 二、爱学生，不畏艰难

孩子是纯真的，他们需要获得纯真的爱，也只有这种爱才能教育他们健康成长。一旦失去这种爱，他们也会失去自己的纯真。溺爱并不是真爱，虐待则是伤害。这两种行为都会使孩子变"野"、变"差"、变"坏"。变坏了的孩子，对纯真的爱也会抗拒，这时你会爱得十分艰难。但只要是真爱，总会被接受。对于后进生，他总是加以"偏爱"。"偏爱"并不是溺爱，而是像农民对弱苗一样，给它多一些保护，多一点浇灌，使它和其他幼苗一样，能一起茁壮成长。

转化后进生是教育工作的组成部分，可以说是最难做好的工作。丁老师和许多优秀教师交流过经验，尽管他们的经验各有特点，但都有一个共同点，就是特别偏爱后进生，花大量力气去做后进生的转化工作，使他们和其他同学一样，在德、智、体、美各个方面，得到健康成长。很难设想，一个优秀教师会对自己所教的后进生漠不关心，放任自流。

丁老师认为，转化后进生的工作之所以难，有以下几个方面原因：

第一，难就难在学生变"差"的原因各不相同，必须根据不同的原因有针对性地做不同的工作。如果不查明原因，性急求快，只做一般化的工作，是绝难奏效的。许多家长不明白这个道理，常用"打"和"骂"这两手，来对待变"差"变"坏"的孩子，结果也相同：没有效果。他们这样"教"孩子，当然不能为孩子所接受，还常常引起孩子的反感、反抗，甚至报复。

第二，学生之"差"，多是因为心灵受到了创伤，而创伤的心灵是难以治疗、难以平复的。他们心灵的创伤多由三个方面的原因造成：一是坏人的毒害，二是因师生间、同学间的矛盾处置不当引起的误伤，三是因父母过分溺爱而养成的恶习。第一种伤害引起的后果最坏，若任由其恶性发展，甚至会对社会产生破坏作用。这类后进生对教师的转化工作往往不予配合，甚至抵制、反抗。他们很难接近，总是保持一定的警惕性，生怕受到侵害，总是和教师保持一定的距离。只有经过多次接触，发现教师是真心爱护他们，为他们好，他们才会解除警惕的心理，才肯和教师合作。第二种伤害比较容易治疗，但如果伤害重了，也不好做工作。丁老师做学生小光的转化工作时，就遇到了这样的问题。经过疏导，小光和班干部之间的矛盾解决了，也相互谅解了，但他对班干部还不放心，还不完全信任。丁老师发现他思想存在疙瘩后，便启发班干部在班委会上多谈他近来的进步表现，使他相信班干部对他的态度确实变了，没有在背后揭他的短处，讲他的坏话。最后，他和班干部之间终于取得了相互信任。第三种伤害往往不为人注意，特别是不为学生父母注意，有些家长即使注意到了，但还是不肯承认这也是一种伤害。其实其伤害是明显的，就像农民用过多的肥反而伤害了庄稼一样，不适当的爱也会损害孩子幼小的心灵。治疗的办法是首先要向家长指明这也是一种伤害，并请他们同老师一起对他进行心灵的治疗。

第三，转化工作之难，又在于小孩子还过于稚嫩，认识能力和分辨能力都差，意志力还十分薄弱，可塑性大，反复性也大，往往说好就好，说变就变。上午还好好的，下午就闹情绪了；课堂上刚受到表扬，下课后就开始捣乱。对他们，最主要的是要善于引导，想办法把他们的心思吸引到班集体中来，吸引到学习上来，使他们安静下来，静下心来，通过刻苦的学习，磨炼意志和性格，从而健康成长。

经过多年的实践和摸索，丁老师将后进生的性格概括为激动型、外向型、内向型、随波型、变异型、顽童型、弱智型、综合型八种类型，总结出互有关联又各具特点的转化措施。对待后进生，要"挖掘闪光点，扶持起步点，抓住反复点，促进飞跃点"。前两点要求要宽，扬长避短，动之以情；后两点要求要严，扬长补短，晓之以理，宽严有度，施教得法。要努力做到"面向全体，培优扶差，以优带差，以差促优，带动中间，共同进步"。

尽管转化工作有这么多难处，但丁老师对后进生总是不嫌、不弃、不推，不怕反复、不怕阻碍，一以贯之，从不灰心，甚至达到偏爱的程度。精诚所至，金石为开，这么多无法无天的"顽童"竟然奇迹般地浪子回头，成为三好生、优秀生，前后判若两人。正如丁老师自己说的，这种对后进生由衷的爱，才是真正的爱。


### 三、爱事业，始终如一

教师不计报酬，不计条件，不怕艰难地热爱教育事业，热爱孩子，并不是一时一地的，而是不受时间地点的限制，始终如一，不可移易的。教育行业和其他行业比较，工作最紧张、最辛苦，生活待遇又最低。但广大教师没有因此"往高处走"，而是坚守在教育岗位上，默默地、无保留地奉献出自己的心血，自己的年华，甚至自己的生命。丁有宽老师也常常以这种精神勉励自己，做出自己可能做出的贡献。

1979年，他上京出席全国劳模大会，回到广东，省委领导同志在座谈中笑着问他："丁老师，您有什么要求？"他不假思索，诙谐地回答："我要当'科长'，当'主任'。"在场的同志有点愕然。丁老师说："这个'科'是小学语文学科，这个'主任'是班主任。我还要当少先队辅导员，戴上红领巾。"这么一说，大家都笑了。他在上级领导面前表示了一辈子为农村小学教育奋斗到底的决心。当上全国劳动模范之后，不少人劝他停止教学搞行政工作，但他不改一辈子当一名农村小学教师的初衷，依然在农村小学这块园地上精耕细作，勇攀教育科研高峰，力争培养出新的"精品"。国家教委主任来潮州视察教育工作时，接见丁老师，亲切询问他的年龄，他回答说："我已到了离休的年龄了，但我还想继续搞我的教改实验和科学研究。"

教育事业是群体的事业，要靠千千万万教师不断把事业推向前进。为了使后人少走弯路，从自己的经验教训中得到启示，共同探索建立有中国特色的社会主义教育体系，丁老师开始了第一本专著的写作。上京参加"五讲四美 为人师表"优秀教师表彰大会时，火车从南跑到北，他也从南写到北。在北京，除了开会，他一头扎进妹妹家里，一口气写了两万多字的书稿。回到六联小学之后，为了抓紧时间，他连续写作十多个昼夜。当他笔耕通宵，清晨到井边打水洗脸时，竟瘫倒在地上，鼾声大作。1984 年 6、7 月间，写书进入紧张阶段，偏偏这时眼病复发。一疲劳眼睛就模糊，7 天后两眼一片漆墨。为了不让人发现，他瞒着所有的人，眼睛看不见就坐着构思。有一次，他摸着上床休息，不慎跌倒在地，幸得妻子及时发现才没有出事。写书被迫停止，但他躺在床上，用一种特殊的形式在写书，在床上构思、强记。大女儿一听到他眼病复发，哭着恳求"不要写了"，丁老师对女儿说："爸爸是会照顾自己的，你放心。爸爸这本书是要向国庆 35 周年献礼的，时间紧得很。"他吩咐身边的人封锁消息，坚持就地治疗，就地写作。被他教好的一个顽童的父亲，在福建行医，听说丁老师的情况之后，特地赶回，用自己祖传秘方配制中草药为丁老师治眼病，想不到大见奇效。两眼复明后，已是 8 月了，丁老师一气呵成，又写了 9 万多字。用心血写成的 21.5 万字的书，终于问世了。

长期的教育改革实验，使丁老师深深体会到，要做一名名副其实的人民教师，必须具有热爱事业、热爱孩子、偏爱后进生之心；具有艰苦奋斗、大胆改革、不断前进之志；具有尊重科学、重视实验、实事求是之风；具有因材施教、灵活开拓、转化后进生之功。总之，爱心是根，育人为本。为了培养跨世纪的一代新人，他愿为教育事业呕心沥血，生生不已。①

---

① 教育部师范教育司. 丁有宽与读写导练 [M]. 北京：北京师范大学出版社，2006：112-116.

# 第三节　没有方法就没有教育

爱学生，既要讲威信，又要讲方法、讲规律。丁有宽老师从长期的教育实践中，特别是教育后进生的实践中，探索了一整套让后进生抬起头来的方法和规律。这是一笔十分宝贵的精神财富。

## 一、挖掘闪光点

丁老师认为，闪光点本就是一种客观存在，应该是人们都能看得见的。品质优秀的人，闪光点就很多，甚至可形成耀眼的光环，人们就很容易感受到他光辉的存在。后进生身上缺点多于优点，他们的思想道德品质和学习方面存在的问题比较多，与社会的要求较远，因而引起教师、同学、家长注意的是他们那明显的、突出的缺点、弱点，相对地就把他们那本来就较少的优点、长处遮掩了。而且由于长期已经形成的成见、偏见，一提起某位后进生，首先反映到人们头脑中的就是他的不足之处，很少再去想他们还有哪些优点。在这种情况下，后进生身上的"闪光点"自然就不容易引起人们的注意。所以说，后进生教育工作的第一步，就是"挖掘闪光点"。这是丁老师教育顽童的一个突出经验。他转变好的学生，大致都经过这一步。这是很重要的一步。从程序上说，这是第一步，迈出了第一步，才能有第二步、第三步；从一定意义上说，这关系到对一个人的质的重新认识，是促进转化的出发点。因此也有人认为，发现了后进生身上的闪光点，教育转化这位后进生的工作就已完成了一半。丁老师教育生涯的轨迹，可说是由无数这样的闪光点燃亮的。

新学期开始，后进生往往自卑感和自信心同时存在，既有破罐子破摔的想法，也有学好向上的愿望，这常常是转变他们的时机所在。这时应特别注意挖掘后进生的积极因素。丁老师在新接班时就废除了那种用书面质量检查给后进生迎头一棒的惯例，而采用正面引导的方法。试验班教学一开始，他就上以"做学习语文的小主人"为题的导言课，课前展出前轮试验班喜读爱写的两类学生作文本和读书笔记，课堂上介绍他们有代表性的习作和奋发向上的事例，激发后进生"他们能做到，我也能做到"的信心，让他们学有榜样。

接着，丁老师利用儿童好动、好新、好奇、好仿、好胜的特点和不同后进生的喜好，结合班、队开展各项活动，如故事会、读书会、广播会、朗诵会等。特别是举办名为"杂技表演"的活动，更是吸引着后进生，让他们也能各显才能。小柯的爸爸是个猜谜能手，丁老师让他拜爸爸为师，设猜谜台；小曾喜爱歌舞，丁老师让她带队排演"小红花"舞蹈；小陈喜爱打快板，丁老师指导他编练"开学新风"（连珠快板）；小林喜爱武术，丁老师带他请教体育教师林老师；小黄喜爱讲故事，丁老师让他练习故事节目"班里小雷锋"。后进生的特长得到充分的发挥，排练过程各自发挥才智，表演时有声有色，赢得同学们阵阵的喝彩声和热烈的掌声。这些成绩和点滴进步，丁老师都及时给予肯定。同时，丁老师还安排一些后进生管理图书台和办墙报。这样开学不久，大部分后进生由于得到信任，自尊心和自信心增强了，觉得老师可亲，觉得同学可爱，对读书和作文就开始跃跃欲试了。

丁老师相信任何后进生身上都有闪光点，关键是教师能否发现和挖掘。丁老师通过观察，发现后进生有的喜欢音乐，有的喜欢助人，有的喜欢打拳，有的会爬竿，有的会玩杂技，有的善于游泳，有的有指挥能力，有的组织能力强……这些闪光点就是孩子能转化的内部因素，抓住了内部因素，扬长避短，就能促进其转化。

### 二、扶持起步点

扶持起步点与挖掘闪光点，是一项工作的前后两段，发现了闪光点，也就找到了起点。后进生有无优点，有无积极因素？这是教师能否积极主动做后进生转化工作的一个根本性的问题。有的教师看后进生，只看到缺点，说到优点，直摇头。这样看，根本不可能去做转化工作。丁老师认为，任何事物都是一分为二的，后进生也不是定了型的砖，他们有缺点，也有优点，也有积极因素。这是他们能够转化的根据，也是教师做转化工作的根本条件。

好动、好新、好奇、好仿、好问、好胜……是少年儿童的一般特点。优等生是向好的方面发展了这些特点，而后进生则向消极的方面发展了这些特点。教师的责任就在于认识、尊重和利用孩子的这些特点，因势利导，引导他们向好的方向发展。这也是解决后进生自卑与自尊这一矛盾，使他们得以转变的关键。后进生一方面有强烈的自尊需要，他们羡慕那些学习好而常受表扬的同学，又感到自己无法在这方面一争高低，只能自觉或不自觉地通过一些不良的现实表现去满足自尊的需要。另一方面，他们的这些表现所得到的总是批评多于表扬，指责多于鼓励，惩罚多于引导，因此，他们即使有学好的愿望，也常常不能付诸行动。丁老师探索总结了后进生的教育流程，确定了把"扶持起步点"作为一个必不可少的环节，既有实验依据，也有心理学依据。

　　班上的小刚变为后进生，是由于自尊心受到伤害。小刚在一、二年级时，科科成绩都是优秀，曾被评为"三好学生"，可是到四年级丁老师接任他所在的班时，他已成了后进生。这是怎么回事？原来他有口吃的缺陷，在三年级的一次公开课上，他发言时讲话没有讲清楚，影响了公开课的效果，任课教师便叫他以后不要发言，同学由此便歧视他，"三好学生"又没评上，他的心灵受到严重创伤。以后又发生过几次事件，他的自尊心进一步受到伤害，致使他发展到自暴自弃，学习成绩急剧下降。丁老师分析了小刚的变化过程，认为他是由于受歧视而引起心理的变异，导致成绩下降，最后变成后进生的。根据他的情况，丁老师想办法为他创造恢复自尊心和提高自信心的机会，改变人们对他的看法。又是一次公开课，上的是《亲切的关怀》，讲长征途中周副主席关心一位红军战士的故事。课文结尾写道："吴开生望着周副主席的背影，眼泪簌簌地掉下来……"丁老师提出问题让同学们思考："课文末尾的标点符号叫什么符号？它在课文中表达的是什么思想感情？"丁老师特别关照小刚，让他回答这个问题。但他第一次回答没有答好，还引起同学的大笑。丁有宽老师认为，小刚能举手发言，这是正能量转化的一个契机，不能让同学善意的笑给他带来压力和自卑。于是肯定了小刚大胆发言的表现，并留机会让他重新思考，再说一次。小刚经过思考后，正确回答了问题，赢得了大家的掌声。此后上课，小刚能经常举手发言，自信心增强了，成绩也跟着上来了。

### 三、抓住反复点

丁有宽老师认为，后进生的转化不可能一次完成，在出现反复时，教师决不能因此就认为"朽木不可雕"，放弃转化工作，而应当看到，任何事物的发展过程都不可能是一帆风顺的，有反复、有曲折，是完全正常的现象。如果认为后进生可以轻而易举实现转化，不用做艰苦的工作，那倒是有点不正常，"转化"了也不可能巩固。所以，在遇到反复时，绝不能放弃转化工作，而应坚持下去，耐心地帮助他们克服缺点、克服困难，做到不气馁、不性急。要知道，在这个时候教师要是也跟着"反复"，不但会前功尽弃，而且会使后进生回复到原来的状态，到那时再要做转化工作，就会十分困难。

反复的原因有多种，坏人拉拢、别人嘲笑、遇到困难、产生骄傲情绪，都可能引起反复的出现。这里边有主观因素，也有客观因素。出现反复时，要从两方面去查原因，恰当地加以解决。

经过一段时间的转化教育以后，小光已安心来校上学了。但没过多久，他又发生和别人打架的事，学校还准备处分他。得知这消息，开始时丁老师很着急，怪他不争气，后来把问题搞清楚了，就觉得不能简单处理。原来两天前，小光和几个同学拿着扫把要去打扫学校的操场时，他以前的两个"小兄弟"拦住他，叫他不要去打扫操场，要他和他们一起去砍钓鱼竿。他拒绝了，他们便嘲笑他，说他是假积极、假进步。小光火了，便挥起扫把打他们，不料正好打在教室窗户的玻璃上，打破了几块玻璃。这件事，小光有一定的责任，但事件的发生是由那两个"小兄弟"引起的，如果他们不嘲笑他，绝不会有这件事发生。另一方面还应看到，小光拒绝他们的要求，坚持要去打扫操场，正说明他有了与昨天告别的决心。如果看不到他追求进步的这一面，轻率地给予处分，还会把他推到原来的路上去。经过丁老师的请求，校长同意不给他处分。从此以后，小光更自觉地遵守学校纪律，那些"小兄弟"也不再来找他了。

后进生之"差"虽各有不同，但也有共同点，即成绩都"差"，出现反复也多与学习有困难有关。当他们学习困难刚出现反复时，就要下工夫帮助他们增强学习信心，提高学习成绩，以使转化得以实现和巩固。

小军虽然改变了过去的坏习气，但语文学习成绩上不去，别人对他有议论，他自己也为此闷闷不乐，甚至有些泄气。丁老师觉得，他也有自己的优势，他从小在部队里长大，普通话说得好，爱看课外书，会讲故事。于是丁老师有意扬其所长，补其不足：课堂上，让他朗读课文；故事会上，让他给大家讲故事。几次下来，同学们对他另眼相看，他自己也增强了学好语文的信心。他平时积累了不少课外知识，一旦把心思集中在课本上，这些知识立即就能帮助他理解课文，学习成绩便有了飞速的提高。一年下来，他成了个品学兼优的"三好学生"。

后进生在成长过程出现反复是正常的，那种靠一次谈话就转化了后进生的说法，其实是很不可靠的。抓住反复点，要求教师要充满爱心，并有坚忍的意志。


**四、促进飞跃点**

促进飞跃点是在后进生转变以后，在新的起点上提出较高层次的要求。丁老师说的"飞跃点"是指开始跨入优等生行列的起点。后进生由于有"后进的历史"，因此他们当中的很多人往往不能正确评价和对待自己，而且由于家长、教师和同学对他们已经有了成见而忽略了他们的进步，形成的不正确的评价和看法也影响着他们。他们在多数情况下，特别是在主要的学习活动和有组织的集体活动中，往往会低估自己，甚至当家长、教师和同学已经看到了他们的进步，重新认识和评价他们以后，他们也还对自己有所怀疑。这种心理状态和思想认识，极大地影响了这些学生向优等生的方向迈进。丁老师在转化 200 多名后进生的过程中，狠抓这个节骨眼儿。

一次，丁老师教《小桂花》一课，正当检查学生自学情况时，原后进生小林突然举手说："老师，我认为《小桂花》的题目要改。"课堂稍有骚动："嘿，留级生，出风头。"一阵阵讥议声传进小林的耳朵。丁老师看到小林的眼睛瞬间有点发窘，他及时肯定小林大胆质疑的精神，并鼓励说："小林，请你讲讲自己的看法。""这篇课文写周总理关心小桂花和群众的疾苦，用'小桂花'作标题不恰当，题与文不统一。""讲得好，你再想一想用什么标题合适?""可不可改作'小桂花带路'或'亲切的关怀'?"课堂上发出了轻轻的喷喷赞扬声。丁老师趁机说："小林的质疑具有创造性，这篇课文确实题文不统一。大家认真动脑筋，想一想、议一议，看谁能给《小桂花》安上一双最好的'眼睛'。"一下子，同学们求异思维的火花被点燃了，整个课堂沸腾起来了。"用'周总理和小桂花'。""应改作'我是最幸福的人'。""我看用'一张珍贵的照片'好。"听到一个个闪烁着智慧火花的题目，看到孩子们求异思维的花朵，丁老师感到万分欣慰，立即把孩子们的意见反映给人民教育出版社小学语文编辑室，专家大力加以肯定：小朋友是学习的主人，你们的脑筋多么灵活，提出的问题很有参考价值，你们往往能想到大人们想不到的事，希望你们继续展开智慧的翅膀。一年后，"小桂花"果然改为"一张珍贵的照片"。

这次质疑活动不但让全班学生印象深刻，而且对小林的发展影响尤为深远。前一段他虽然有所进步，但仍然缺乏自信心，有了这次的经历，自信心上来了，成了他飞跃的起点。①

# 第四节　乡村名师的教育智慧

丁有宽老师的教育智慧，归纳起来说，实为三种教育思想：一是坚信农村孩子能成才；二是"偏爱后进生"，坚信只要通过教育，后进生同样能成才；三是坚信读写结合是改革语文教学的必经之路。这是丁有宽老师的教育思想，也是丁有宽老师的教育实践，它丰富了教育理论宝库，也为广大教师提供了精彩的示范。

从丁有宽老师的教育智慧中，我们可以得到哪些启示呢？

## 一、教育思想源于教育实践

教师的教育思想从哪里来呢？一般来说，教师的教育思想来自两个方面：

---

① 教育部师范教育司. 丁有宽与读写导练 [M]. 北京：北京师范大学出版社，2006：108.

一是来自书本，二是来自实践。书本上的教育思想，按基本原则来说，同样来自教育实践，然而要把书本上的思想变成自己的思想，需要经历一个反复实践的过程。即便如此，这种教育思想也不是你独创的，而只能说是接受了别人的教育思想。而来自教育实践的教育思想则不同，它是从自身的教育实践中提炼出来的，具有一定的独特性和创造性，这是一种更具价值的思想。

丁有宽老师的教育思想也来自于这两个方面，但更多的是来自自身的教育实践。他发现不少农村孩子道德成长缺失，学习成绩不好，便开展了"文道统一，教书育人"的研究，探索"四全"教育之路，让农村孩子百分之百成为有用之才，并最终形成"农村孩子同样能成才"的教育理念和一整套教育农村孩子的经验。他发现有的教师对后进生存在偏见，认为后进生又蛮又笨，很难转变，便开展了长达几十年的后进生研究，转化差班 22 个，转化后进生近 300 名，在这样的基础上提出了"偏爱后进生"的著名观点，并总结了一整套独具特色的转化后进生行之有效的规律。他发现许多农村孩子对学习语文不感兴趣，尤其害怕作文，于是开展了长达几十年的读写结合研究，探索读写结合的基本经验、基本规律，最终形成了丰富的读写结合理论和读写结合教材，对我国的小学语文教学产生了深远影响。总之，丁有宽老师的教育思想是深深扎根在农村这块土地上的，具有浓郁的乡土气息。正是这种乡土气息，使它与众不同，使它独具特色。

我们还可以提出这样一个问题：从事农村教育的教师千千万万，他们都有自身的教育实践，为什么像丁老师这样从农村教育实践中产生独特教育思想的教师却并不多见呢？对此我们有必要做一番深入探讨。

同样是从事农村教育实践，而丁老师的教育实践却有许多独创之处很值得我们关注：

一是强烈的使命感。丁老师看到农村教育落后，看到农村孩子不能成才，就会感到深深内疚。他把抓好农村教育、教好农村孩子当做自己毕生的使命，这种使命感让丁老师内心存在一种巨大的力量，驱使他不停地工作和研究。

二是深厚的乡亲性。丁老师对农村、对农村孩子有一股特别的感情。他一点也不讨厌调皮捣蛋的后进生，他像关心自己的子女一样偏爱后进生，他相信只要经过努力，这些后进生都可以成才。正是这种深情和信念，鼓舞他孜孜不倦，矢志不渝。

三是坚实的理论学习。丁老师并不满足于个人的实践与探索，他在教育实践中坚持一边研究一边学习，学习毛泽东同志的《实践论》《矛盾论》，学习苏霍姆林斯基和赞科夫的理论专著，学习系统理论，学习教学大纲，学习百家之长。丁老师的理论学习总是结合着自己的教改实践进行，需要什么就学什么，缺什么就学什么，因此能把理论研究成果与教学实践紧紧地结合在一起。

四是不懈的教育科研。盲目的教育实践是很难出成果的。丁老师的可贵，就在于他从年轻时就开始坚持用教育科研方法指导教改实践，抓住一个点，奋战几十年。有科研的教学与无科研的教学，存在本质差别。有科研的教学不仅可以优化教学，还可以诞生教育理论成果。

五是专著的思考总结。实践→学习→科研→总结→写书（或论文），这大体上反映了丁老师教改研究的思路。这其中的每一步，都要不断回顾、反思、琢磨、学习、提炼、反复、完善，光实践，不思考、不总结、不写文章，实践的水平难以提升。只有在实践中反复思考、总结，才能找到教育规律，形成科学理论。

### 二、"四全教育"源于关注学生

农村教育与城市教育相比，各方面条件都差一些。农村小学的教学设备、师资水平大都不如城市小学，农村孩子的家庭条件也相对较差，课外书籍少，有电脑的家庭不多，不少家长缺少辅导能力。在这样的情况下，农村孩子的成长会出现一些偏差。加上有的农村学校片面地与城市学校比考试成绩，往往忽视品德教育和音体美等课程，造成农村孩子的片面成长。

正是在这样的农村教育背景下，丁有宽老师提出了"四全教育"的主线。四全教育，是丁老师长期从事农村小学教育、长期关注孩子成长而建构的一种教育理念。四全教育的理念，是素质教育的具体化：全标教育，即全面发展的教育；全员教育，即面向全体学生的教育；全程教育，即自始至终都对学生负责；全力教育，即为学生奉献全部心血。这正是"一切为了学生，为了一切学生，为了学生的一切"的注脚，它与应试教育有着本质区别。

丁老师的"四全教育",一个突出特点是贯彻于学科教学之中。学科教学,有人以为就是学科知识、技能的传授,丁老师认为这种观念是片面的。学科教学有其特定的目标和任务,这是学科教学的个性;学科教学又要服务于培养人才的总目标,让学生在德、智、体、美各方面都得到发展,这是学科教学的共性。学科教学,必须把个性与共性结合起来,才是符合教育原则的学科教学。丁老师在语文教学中注重工具性和人文性的统一,在作文教学中注重作文与做人的统一,为学科教学个性与共性统一做出了表率。

### 三、偏爱后进生源于深爱孩子

丁有宽老师提出的"热爱全体学生,偏爱后进生"的理念,让许多人为之一惊。"偏爱后进生",源于深爱孩子。农村小学的后进生相对较多,除了前面提到的办学条件较差、师资力量相对较差的原因之外,还有一个重要原因是,从上个世纪 90 年代以来,农村劳动力外出打工的逐步多了起来,农村孩子大都成了父母不在身边的留守儿童。他们有的由祖父母带养,或者溺爱,或者不懂教育方法;有的寄放在别人家中,缺乏亲情;有的无人管理,放任自由。教育农村孩子,尤其是农村的留守儿童,成了我国农村教育发展的一大难题。丁老师"偏爱后进生"的理念,在这样的大背景下,具有十分重要的意义。"偏爱后进生",说来容易,做起来需要付出巨大的心血,只有对孩子抱有深厚的感情才可能付诸行动。"偏爱后进生",最重的是一个"爱"字。爱优生易,爱后进生难。真正的爱孩子,就要爱后进生,给后进生更多的关注、关爱和帮助。

"偏爱后进生",要善于发现后进生的闪光点,并为他们提供转化的支撑点。在一些关键时刻,丁老师总是善于从积极的角度来看待后进生,发现"后进"的后面也有闪光的一面。我们来捕捉几个关键时刻:

小黄因远离父母,被坏人引诱,成了一名经常被派出所抓捕的惯偷,并且是村里出了名的小流氓。这样的学生收不收?这是第一个关键时刻。丁老师是这样分析的:小黄跃入江中,到船上偷东西,这不好,但也可以看他勇敢的一面;他偷东西的方法有 100 多种,可见他思维敏捷,学习能力强,并不蠢;他把偷的东西分一部分给生活有困难的学生,说明他有善良的一面。

看看，光偷东西这一大坏习惯的后面，就"挖出"了三个优点！这的确不是常人的思维。

　　第二个关键时刻是，小黄居然偷老师的东西。丁老师把他带到自己家里读书，小黄发现丁老师给他看的书堆里有一本《聂耳的故事》，便趁丁老师不在，把这本书藏到裤袋里。公然偷老师的东西，这还了得！这事被丁老师发现了，他是这样分析的：坏习惯未改，但从这里可以发现孩子喜欢音乐家聂耳。于是丁老师把这本书送给了小黄，并且用心培养他的音乐爱好。明明是小偷，而丁老师并未把小黄当做小偷，这也不是常人的思维！

　　第三个关键时刻是，上课铃响了，小黄还在教室外面带领一群学生冲冲杀杀。一般教师看到这种情景，肯定要把小黄批评一顿，甚至罚站墙角。丁老师是这样分析的：前一天学生看了《渡江侦察记》的电影，小黄便模仿侦察兵组织了一个大爆破小组，指挥大家冲冲杀杀。想学英雄，出发点是积极的，只是没注意打了上课铃。后来，丁老师还因此让小黄拟了一个渡江作战计划，在课余开展游戏活动，坏事切切实实变成了好事！这种分析，也非常人思维。

　　第四个关键时刻，上劳动课时小黄把女生的劳动工具抢走了，简直无法无天。丁老师经过调查，发现小黄把劳动工具抢去之后，把这些工具当乐器在组织大合奏，有的把水桶倒放当鼓敲，有的把扫帚竖起当二胡拉，有的把两顶斗笠合起来当钹打，有的还捏着鼻子吹"笛子"。丁老师在恼怒之余做出了如下分析：这孩子确实不一般，先看这乐队指挥的架势，不但显出小黄的指挥才能，而且隐隐透出他的音乐天赋。这么聪明伶俐的孩子，我们有什么理由教不好呢！丁老师的这种分析，又非常人的思维！

　　正是这种非常人的思维，正是这种"偏爱后进生"的理念，正是这股教好后进生的热情，最后让小黄成为一名优秀班长，优秀中队长，再后来成了一名电影工作者。

　　着眼发现后进生的积极因素，立足于把消极因素转化为积极因素，这是一切优秀教育工作者的共性。著名特级教师于永正说："教学的艺术，首先是善待学生的艺术。"从丁老师转变后进生的事迹中，我们还可以这样补充一句：教学的艺术，首先是善待后进生的艺术。于永正老师说他特别理解孩子的三种失误：理解孩子没考好，理解孩子迟到，理解孩子上课看课外书。丁老师对孩子还有更多的理解。理解是爱的别名。

陶行知先生教育后进生，曾流传一个"四块糖"的故事。有一次，陶先生回学校时发现一个男生手里拿着一块石头，正准备向一个女学生打去。陶先生立即喊住男生，并要这个男生等一下到校长办公室去。男生去了陶先生的办公室，陶先生奖励了他两块糖，说："我叫你不要用石头去打女同学，你就收手了，奖一块糖。我叫你来校长办公室，你没有失信，再奖你一块糖。"学生哭了，陶先生又奖一块糖说："有悔改表现。"学生在陶先生的启发下，表示决心要改正错误，今后不再打女生，陶先生又奖一块糖。这四块糖，奖的是学生内在的四种积极因素。陶先生并未疾声厉色地批评学生，然而正面教育的效果却比疾声厉色好得多，因为他主要是调动学生内在的积极因素。丁有宽老师转化后进生的故事与陶先生"四块糖"的故事有异曲同工之妙。

### 四、读写结合源于提高效率

为了探索读写结合的规律，丁有宽老师花了一辈子的心血。他为什么要花这么大的精力探索读写结合的规律呢？因为，读写结合是提高语文教学效率的必由之路，是改革语文教学的牛鼻子。为什么说读写结合是改革语文教学的牛鼻子呢？

（一）从我国语文教学的现状来看

语文教学，长期以来存在多种弊端，集中反映在语文教学的效率上。1978年，叶圣陶、吕叔湘等前辈曾发文指出：语文教学在中小学花了七八千课时，学生的语文能力却大多数不过关，是咄咄怪事！由此引发了一场全国性的提高语文教学效率的大改编、大探索。然而经过30多年的探索，语文教学效率不高的问题仍未得到根本性的改变。2001年实施新课程改革以来，语文教学的教育理念发生了很大变化，然而教学效率不高仍然是一个不争的事实。2009年，由中央教科所、《中国教育报》联合推出的《中国教育发展系列报告》中的《中国义务教育质量检测报告》检测结果显示，小学语文、数学、科学、品德与社会四门学科，合格率最高的是数学，为78％；科学次之，为71％；品德与社会又次，为63％；语文垫底，仅62.8％。语文的课时最多，但合格率最低，这很让人无奈。

为什么语文教学改来改去，而教学效率始终上不去呢？一个根本原因是没有抓住改革的牛鼻子。语文教学，有听说读写四项，比较而言，读写是重点和难点，因为儿童的听说训练，在学前已有丰厚的基础，而且在日常生活中应用广泛，在教学中主要是一个提升水平的问题。读与写，二者都十分重要，比较而言，写即是重点又是难点。读，只要识字的问题解决了，难度就不大；读，不要花多大力气，而且是一件很快乐的事。写则不同，解决写的问题难度大多了，会说的人不一定会写，写是一件非常艰难的事，要下苦功夫去练习。而且，"写作能力是语文素质的综合体现"①。

然而我们的语文教学却存在两个重大弊端。弊端之一是重读轻写。拿语文教材来说，重读轻写的现象就非常严重。课标五上的教材（人教版），共183页，其中关于写的内容，只有区区8页，仅占1/25。教材的阅读内容是主体，习作只是点缀。从语文教学来说，一般比较重视阅读教学，对作文教学则极少关注。一本语文刊物，刊载的绝大部分是阅读教学案例和实录，要找一篇习作教学案例十分困难。在理论研究中，往往片面强调书声琅琅，极少强调"沙沙动笔"。据我的统计，语文课动笔的时间平均每课时只有2分钟，而读书的时间平均每课时10分钟以上，写的时间只有读书时间的1/5。这种重读轻写的语文教学，是造成语文教学效率不高的重要原因之一。弊端之二是读写分家。我们的阅读教学，大都没有写作意识，以为读就仅仅是为了读，与习作没有什么联系。而写的时候又往往不能从读中汲取营养。这样的读写分家，导致两败俱伤。

丁有宽老师的读写结合研究，既重视读又重视写，读写并重，而且把读与写紧紧地结合在一起，这就抓住了语文教学改革的牛鼻子。按辩证法的观点，这是抓住了主要矛盾，主要矛盾解决了，语文教学中的其他矛盾就可以迎刃而解。

（二）从语文课程的性质来看

语文课程的性质是什么？多年来，公说公有理，婆说婆有理。大纲、课

---

① 中华人民共和国教育部. 义务教育语文课程标准（2011版）[S]. 北京：北京师范大学出版社，2011：17.

标也常常一下子这样说，一下子那样说，让普通教师莫衷一是。特别是新课程实施以来，课标删掉了"语文教学的根本目的是培养理解和运用祖国的语言文字"这样的表述之后，语文教学出现了重课文内容解读，轻语文能力培养的现象，70%左右的语文课没有语文味了，有的已经完全不像语文课了。

教学一年级课文《地球爷爷的手》，不少教师把教学重点定位在"理解地心引力"上；教学二年级课文《棉花姑娘》，不少教师把教学重点定位在"爱护益鸟、益虫"上；教学三年级课文《赵州桥》，不少教师把教学重点定位在"理解赵州桥宏伟、坚固、美观"上；教学四年级课文《呼风唤雨的世纪》，不少教师把教学重点定位在"领悟科学技术给人们的生活带来巨大变化"上；教学五年级课文《落花生》，不少教师把教学重点定位在"做人要做一个有用的人"上；教学六年级课文《詹天佑》，不少教师把教学重点定位在"感受詹天佑的爱国情怀"上，而语文课程的固有任务——学习语言文字，常常只是顺带点缀一下。

在这些设计中，偶尔也会学一两个词语，抓一两个重点句子，但目的也是为了深入理解课文内容。

"课文内容是什么，就重点教什么"，这已成为许多教师教学设计的指导思想。于是，课文内容是歌颂人物的，就教成"做人课"；课文内容是抒发爱国情怀的，就教成"爱国课"；课文内容是写景的，就教成"美景欣赏课"；课文内容是科技方面的，就教成"科普课"；课文内容着重写人物内心活动，就教成"人物心理课"。

这样一来，许多语文课已经变质变味，不再是语文课了。语文课失去了自我，还有效率可言吗？

不错，语文课要教学生做人，要教学生爱国，要教学生欣赏祖国大好河山，要教学生懂得一些科学知识，这是语文课程义不容辞的责任。然而我们切不可忘记，语文课程的基本任务是学习语言文字，特别是学习语言文字的运用，提高学生听说读写的能力，在这个学习过程中渗透、融合人文内容。如果把解读课文内容作为教学重点，那就是"教课文"，而不是"用课文来教"；那就是"教例子"，而不是"通过例子的学习提高语文能力"，语文只有其名，而无实质性内涵了。

对于这种把语文课教成政治课、思品课的现象，叶圣陶先生早在70年前就做过尖锐批评。抗日战争时期，叶先生多次提醒语文教师不要把语文课上成抗战课，说："好比农民种田，要收获更多的粮食，而不可放下锄头镰刀一天到晚唱抗日歌，跳抗日舞。"这话今天读来，仍然发人深省。

把语文课教成类似思品课、科学课，不仅会削弱培养学生语言文字运用能力这一根本任务，而且思想教育、科学教育常常成为一种说教，学生难于接受，也不感兴趣。这样教学，工具性、人文性两败俱伤，实不可取。

丁有宽的读写结合实验，牢牢抓住语文教学中读与写这两个核心任务，重在训练学生的读写能力，这与语文课程的性质正相吻合，因而能有效地提高语文教学的质量。

（三）从语文教学的特点来看

语文教学的特点是什么？语文教学的特点是"工具性与人文性的统一"。这是语文教学研究工作者经过上百年的探索作出的比较科学的结论。对"工具性和人文性的统一"的理解，有两个基本点：一是个性与共性的统一。工具性是语文学科的基本属性，即语文学科必说的学习语言文字、培养听说读写能力为基本目的和主要任务，同时也要注意渗透人文教育。前者是个性，是语文学科的独当之任；后者是共性，是各门学科都要完成的任务。我们不可以用个性代替共性，更不可以用共性取代个性。二是要力求工具性与人文性有机统一。强调二者的统一，这是课程标准的一个重大特点。语文教材中的课文，其内容与形式本来是有机结合在一起的，一定的内容要用一定的形式来表达，互为依存，不可分割。教学必须尊重这一基本规律。

丁有宽老师的读写结合实验，充分体现了工具性与人文性结合、内容与形式结合的特点。阅读课文时，他总是引导学生从语言文字入手，理解、把握课文的主要内容，然后再引导学生研究课文是怎样用语言文字来表述这些内容的，并抓住一点仿说、仿写。丁老师每教一篇课文都大体遵循了这样的程序：学字词把握内容→研讨课文如何表达内容→创设新的情境运用写作方法。这就是阅读教学中的工具性与人文性有机结合。在作文教学中，他总是先引导学生观摩生活，体验人生，积累素材，再形成文字，作文的过程与做人的过程高度统一。丁老师的这些做法，符合语文教学的特色和规律，故而有力地促进了教学效率的提高。

丁有宽老师每接手一个学习成绩很差的班，都能在一两年之内改变班级学习效率差的面貌，往往能让差班成为全县考试成绩最好的班级，其中作文成绩会高出别的班级十几分甚至几十分，而且屡试不爽，几十年不变，原因皆在于牢牢抓住了读写这个牛鼻子。牛鼻子被牢牢牵住了，这牛还能不跟着快走吗？

综上所述，我们可以得出这样的结论：丁有宽老师的读写结合之路，是提高语文教学效率的根本之路。

### 五、教育科研源于探索规律

丁有宽老师的教学改革是以丰富的实践为基础的，但又不局限于个人的经验总结。他以教育科研为武器，长期进行一轮又一轮教改实验，从而把个体经验提升到科学规律的水平，使之具有普遍的推广价值。

丁老师开展教育科研，努力做到四个坚持：

一是坚持以"爱心是根，科研是本"为科研导向。他认为小学语文教学改革只有坚持爱心、科研这个根本，才能立于不败之地。教学改革，不能靠行政命令，一窝蜂地上，而要踏踏实实开展教育实验，探索客观规律。

二是坚持以"全面教育，全体教育"为科研目标，他认为教育科研不是获取个人名利的手段，而是要从学生的需要出发进行研究，这样的研究才有真正的价值。

三是坚持以"树一宗，学百家，求创新"为科研品格。他在科学研究中反对"排他性""本位主义"和唯我独尊、唯我独优，而是虚心取百家之长，从而形成与众不同的特色。

四是坚持"面向实际，勇于实验，讲究实效"的科研作风。他几十年的研究，始终围绕让农村孩子健康成长这样一个根本性的实际问题展开，朴实、踏实、坚实，这种求实效的作风令人敬佩。

以上四个坚持是开展教育科研的四大基石。有了这四大基石，教育科研才能方向正确，坚持到底。

丁老师开展教育科研，还注重"四个优化"：

一是优化教材教法。他的读写结合实验教材，经历了初试、再试、论证、深究、物化、推广等六个阶段，在每个阶段中不断探索教材教法的修改、增删，探索理论体系的建构，基本经验的概括，使其不断得到优化。

二是优化科研网络。通过网络，与广东省各市、县、镇、校建立联系，与国内外实验单位建立联系，从而形成了联通省内外、国内外的科研网。

三是优化科研管理。关于课题管理，已形成一套切实可行的管理制度，如"六定""三积累""三个报告"，重视定标、定向、定量、定势的研究等。

四是优化教师素质。让参加实验的教师朝着"摆脱事务型，跳出经验型，踏上科研型"的方向发展，已打造50名特级教师、高级教师，300多名实验教师被评为省级教坛新秀。

以上四个优化，是提升教育科研质量的可靠保证。

几十年来，丁老师走的是一条"科研兴校"之路，因而形成了影响国内外的科研成果。

反观许多一线教师，辛辛苦苦一辈子，可是临到退休，回顾一生，感到除了教学一个班级又一个班级之外，便是两手空空一辈子。原因在哪里呢？我们做一些深入思考。

其一，只教学，不科研。

许多教师一辈子辛辛苦苦从事教学工作，备课、上课、批改作业、个别辅导都很认真。然而因为缺少科研意识，他们年复一年重复昨天的故事，工作中没有研究、没有探索、没有发现、没有创新。教学是一门艺术，又是一门科学。教学需要科研的参与，才能摆脱盲目的重复劳动。有人认为，科研是语文专家的事，是教研部门的事，一个普通教师能搞什么科研呢！这是把科研神秘化了。其实，从事教学的教师才最适合搞科研。因为教师比起专业的科研人员来说，最贴近实际，最了解教学的需求和困惑。教学有如一座矿山，你去研究它，它会产生金子，你不去研究它，它就是一堆石头而已。丁有宽老师认为农村教育就是一座富矿，长期用科学方法进行开采，故而赢得了一座金山。丁老师是农村教师，各方面的条件都谈不上优越，而教研成果却令人刮目相看，可见客观条件不是决定因素，主观意愿才起决定作用。

从教师人生发展轨迹的角度来说，也不能一辈子没有科研。小学教师一般到 30 岁左右便评了小学高级职称，以后的职称要再上一层楼便难上加难。由此，在小学教师队伍中便出现了一种停滞不前的"35 岁高原现象"，这不但给教育事业带来了损失，对教师的生活也带来许多困扰。因为还有几十年的教学生涯，却没有目标追求，只是重复一年又一年的机械劳动，这样的人生怎么不让人觉得枯燥和痛苦呢。如何走出"35 岁高原现象"的怪圈呢？那就是教育科研。苏霍姆林斯基说："如果你想让教师的劳动能够给教师带来乐趣，使天天上课不至于变成一种单调乏味的义务，那你就应当引导每一位教师走上从事研究这条幸福的道路上来。"科研会给教师带来幸福人生。在科研中，你会有所发现有所创造，会产生巨大的成就感。丁老师一辈子从事教育科研，即使工作到 80 多岁，仍然觉得十分快乐、十分幸福。

其二，做研究，少坚持。

我们不少小学教师也参与了做课题、做研究，然而能像丁老师这样，抓住一个要害点，一钻进去就坚持几十年乃至一辈子的，则少之又少。当下，我们做的科研课题非常多，随便向一所小学打听，都有好几个课题。不过这些课题研究大都存在以下一些问题：一是"三炮"课题，即开头"放大炮"，中间"放空炮"，收尾"放鞭炮"。名义上是在做课题，实质上没有行动，只图个虚名，拿个证书而已。二是"猴子"课题。做课题像"猴子摘苞谷"似的，一两年做一个课题，然后弃之不用，又从零开始做新的课题，结果做一个丢一个，每个课题都没有明显的成果。三是"矮子"课题。所谓"矮子"课题是指课题做了好几年，但始终停留在初始阶段的水平上，长不大、长不高，原因主要是缺乏深入的研究和思考。以上三种课题研究，都不利于科研成果的诞生，也不利于教师的成长。

做教育科研，要像丁老师那样，抓住一个关键点，坚持几十年，甚至一辈子。科学研究，是探索前人没有发现的客观规律，非一朝一夕可以完成，不经历长期艰苦的努力，是难以实现目标的。

其三，能实干，缺学习、观察、思考、总结。

我们许多教师，无论教学或研究，都有一种埋头苦干的精神，不少人也愿意付出自己毕生的心血，但研究成果往往不显著，究其原因，恐怕与缺乏学习、观察、思考、总结密切相关。

丁有宽老师在科研中很注重学习教育理论，学习他人经验。他教育后进生就汲取了苏联教育家马卡连柯的教育思想；他研究读写结合，就很专注地学习了全新的科研方法——系统论；他在研究教学规律时就特别注重学习语文教学大纲和课程改革的教育理论；他在建构实验的理论框架时，曾经花了很大的功夫钻研别人的经验，以"取百家之长"。正是这种不懈的学习，让他能站在巨人的肩膀上，高瞻远瞩地探索规律，取得巨大的科研成果。

丁有宽老师也很注重在教学研究中观察学生。他一直坚持对后进生进行细致观察与了解，包括学生一瞬间的情绪变化，作文中一两个用得特别好的词语，写得特别好的句子，后进生行为的前后变化，等等。他把观察的结果用笔记录下来，成为教育科研的最好素材。

丁有宽老师在教育科研中很善于思考。他不是光靠蛮干，他会经常停下脚步，回顾、反思、琢磨、比较、抽象、归纳，在思考中辨别真伪，在思考中比较优劣，在思考中发现新知和规律。

丁有宽老师在教育科研中很善于总结，特别善于用笔来总结实验的规律。他不断地写文章，发表的科研论文近百篇，主编教改实验教材、教参、训练册14套，专著近10本。他的文章和著作，既贴近实际，又有一定的理论高度。正是因为有了这些文章、专著和教材，才让读写结合的改革实验长了翅膀，飞向全国各地乃至海外各国。

学习、观察、思考、总结，对于有志于科研的教师来说，是提升科研质量、取得科研成果的四大抓手。

开展教育科研要与学习理论紧密结合。没有教育理论指导的教研是盲目的科研。学习理论要系统阅读一些哲学、教育学以及学科专业方面的经典专著和文章，也可以缺啥补啥，有针对性地学习，力求把理论与实际结合起来。

开展教育科研要与日常观察紧密结合。观察、调查等方法，是教育研究最常用、最易用、最好用的行之有效的方法。苏霍姆林斯基在这方面为我们提供了范例。他在乌克兰巴甫雷什中学工作了23年时间，写了2000多本观察日记，平均每年写100本观察日记，观察了3700多名学生，其中约有300名学生，他能说出每个人的故事。苏霍姆林斯基的文章和专著，大都是以他的这些观察为基础写成的，因而我们读来感到十分亲切贴心。我们做教育科研，也应该像苏霍姆斯基和丁有宽老师一样，做观察的有心人。

开展教育科研要与思考紧密结合。我们许多教师一天到晚忙于做具体的事，很少停下来思考问题，这是科研难于出成果的一个重要原因。有位著名的物理科学家叫卢瑟福，一天晚上，他看到实验室的灯光还亮着，进去看，原来是一位学生在做实验。卢问："这么晚了，你还在做什么？"生答："做实验。"卢问："那你白天在干什么？"生答："做实验。"卢问："早晨呢？"生答："早晨我也在做实验。"学生的目光迎着老师，以为会得到老师的赞许。可是卢瑟福沉思了片刻说："这样的话，你用什么时间思考呢？"学生无言以对。这个故事说明：光拼命做事而不去思考的人，不是我们需要的研究者。许多科学家对于思考，曾有不少精辟论述。牛顿说："思索，不断地思索，以待曙光，渐渐地见得光明……如果说我对世界有些微小贡献的话，那不是由于别的，却是由于我辛勤耐久的思考所致。""我们的成就应当归功于精心的思考。"爱因斯坦说："学习知识要善于思考、思考、再思考，我就是靠这个方法成为科学家的。""发展独立思考和独立判断的一般能力，应当始终放在首位，而不应当把专业知识放在首位。"苏联著名科学家柳比歇夫说："没有时间思索的科学家，那是一个毫无价值的科学家，他如果不能改变自己的日常生活制度，挤出足够的时间去思考，那他最好放弃科学。"这些真知灼见，对我们从事教育科研会有振聋发聩的启示。想要真正在教育科研上做出一点成绩，就要学会静下心来思考。

开展教育科研，要与总结规律紧密结合。要一边进行科研，一边总结规律。丁老师在课改实验中，总结了十分丰富的带规律性的研究成果。如"四全教育"的全标教育、全员教育、全程教育、全力教育；如读写结合的基本经验：有级、有序、有点、有法；如教育后进生的几个点：挖掘闪光点，扶持起步点，抓住反复点，促进飞跃点，寻找渗透点。这些规律性的总结，科学性与语言艺术性都很强，能给人们以深刻启迪。总结，还要拿起笔来写作。写作的过程，即思考、总结的过程。凡是有成就的研究者，无一不注重动笔撰文。苏霍姆林斯基，一生撰写了600多篇论文，41部专著，1200多篇小说和童话，正是这些笔下成果，成就了这位教育大家。

有人说，教学、科研、写作，是教师成功之路的三足。有人说，语文教师应该有三种魅力：一是字体隽永的书写魅力，二是下笔成文的写作魅力，三是出口成章的说话魅力。这都说明写作对于教师何其重要。朱自清先生说："一个语文教师，应该从教师生涯开始之日，就是写作开始之时。这既是教书的需要，也是充实生活、享受生活的需要。"如果教师自己不会写，分析作文就难于中肯，指导作文就不会得法，做了科研就出不了成果。因此，我们要以丁有宽老师为榜样，消除畏难心理，摒弃各种借口，在教学实践、教育科研中坚持不断总结、不断写作。

# 第三章

## 读写结合为核心的语文教学主张

以读促写，以写带读，读中有写，写中有读，读和写融为一体，是丁有宽老师几十年来从事语文教育教学研究的主攻目标，也是丁有宽老师读写一体化语文教学改革的核心主张。这一教学主张改变了阅读教学与习作教学割裂的局面，把作文课和阅读课有机地融为一体，把语言运用训练和记叙文训练紧密结合在一起。围绕这一核心主张，丁老师在语文课堂教学中坚持读写结合，提高课堂教学效率，建构了引导孩子们自主学习的读写一体化的教学体系。他顺应现代语文课程改革潮流，重视语言文字的运用，使得他坚持的以读写一体化为核心的语文教学改革，走在全国小学语文教学改革的前列，影响着全国小学语文教学改革的走向。

### 第一节　读写结合主张的理论依据

丁有宽老师为什么要花一辈子的心血探索读写结合的规律呢？因为读写结合是我国传统语文教学的精华，正如朱作仁教授所言：丁有宽进行的小学语文读写结合的课题研究可说是真正抓住了语文教学的精髓，如果生发开去，这是一个具有无限生命力的研究课题。①什么是读写结合？朱作仁教授曾经做过如下阐述：读写结合的概念应该界定为在语文教学中阅读与写作的有机结合与相互促进。理解这个概念需要把握几个要点：第一，读写结合指的是中

---

① 朱作仁. 理论之源与实践之义——评丁有宽读写结合教材教法实验 [J]. 广东教育，1996 (7-8).

小学语文教学情境中的读与写的结合。第二，读写结合指的是阅读教学和写作教学在内容、形式、思想等方面的有机结合。第三，读写结合是阅读和写作相互结合的总称，它是双向的组合：一是指阅读教学时有意识地结合写作教学，二是指在写作教学时有意识地结合阅读教学，两者在结合中互相促进。第四，读写结合不仅是一种语文教学的方法和组织形式，而且也是一种极其重要的教学策略。这种教学策略体现了内容和形式的统一，学习和运用的统一。[①]丁有宽老师为了探索读写结合的规律，历经40年的漫长岁月，先后进行了八轮教学实验，终于形成了独具一格的丁有宽读写结合教学法，成为影响中国现代语文教学进程的教学流派。

在1989年召开的丁有宽进程教法研讨会上，朱作仁教授曾经对丁有宽读写结合的理论依据做过比较全面的概括。[②]

**一、符合学习迁移心理学原理**

学习迁移指的是一种知识技能对另一种知识技能学习的影响。如果这种影响是积极的，称正迁移（一般称迁移）；如果这种影响是消极的，则称负迁移（一般称干扰）。教学中教师自觉地运用学习迁移原理，帮助学生举一反三、触类旁通地进行学习，就可以极大地提高学习效率。学生在学习知识、提升能力、发展智力的过程中，也会自觉或不自觉地存在某种程度的相互影响的现象。就知识而言，由于各种知识之间或多或少都会有一些共同的要素或基本原理，因此掌握的知识越多，就越容易实现学习迁移，掌握新知识也就越顺利。就认识能力而言，概括已有知识经验的水平越高，就越容易提取事物之间的共同特点和本质，并把新知识新事物纳入已有的知识经验系统中，因而也越容易实现知识迁移。有良好的心理准备和相应的思维定势，也有利于学习正迁移的顺利实现。[③]

---

① 朱作仁. 丁有宽的教育思想与读写结合法 [M]. 广州：广东教育出版社. 1993：173.

② 刘达中、李学明. 丁有宽教育思想与实践（卷三）：述评与报道 [M]. 广州：广东人民出版社，2009：17-23.

③ 刘达中、李学明. 丁有宽教育思想与实践（卷三）：述评与报道 [M]. 广州：广东人民出版社，2009：75.

语文教学心理学研究表明，阅读与写作是两个不同的心理过程，前者是自外而内的意义吸收，后者是由内而外的思想表达。但这两个心理过程之间是可以相互沟通、相互迁移的。加强新旧知识的联系，可以温故知新，把已学内容迁移到新的学习内容上去；注重规律、规则、模型的重要性，有助于超越简单累积的零碎知识，实现结构、能力的迁移。丁有宽在他的"读写结合，系列训练"教学体系中，注重并有效运用了学习迁移理论，使学生能够触类旁通、举一反三地学习，据此，他归纳出由句到文纵向的对应扩展训练方法，记叙文读写横向的七条对应规律：

　　1. 从读学解题——作文练审题和拟题；

　　2. 从读学概括中心——作文练怎样表达中心；

　　3. 从读学分段、概括段意——作文练拟写作提纲；

　　4. 从读学区分课文主次——作文练怎样安排详略；

　　5. 从读学捕捉中心段——作文练怎样突出中心；

　　6. 从读学品评词句——作文练怎样遣词造句；

　　7. 从读学作者怎样观察事物——作文练观察的方法。

　　认知心理学认为，人在学习中会形成各种有效的认知结构，当他解决面临的问题时，就利用相似联系在已有的认知结构中寻找与要解决的问题相关的"思维组块"（相似块），借以对照、分析、推理，从而解决问题。所以，知识的作用，主要不是知识量的作用，而是良好的知识结构的作用，即"思维组块"的作用。丁有宽老师的 7 条读写对应规律，提供了良好的"思维组块"。当学生面临有关的读写任务时，就能利用这些"组块"，促成知识的沟通和运用，形成迁移能力。①

### 二、符合系统论原理

　　按照系统论的观点，每个有机体或客观事物都是由各个部分相互联系、相互作用形成的分层次的整体系统。整体的功能大于部分之和，每个系统都通过信息反馈不断进行自我调整。系统论在研究方法上要求对事物在整体与

---

① 朱作仁. 丁有宽的教育思想与教学法［M］. 广州：广东教育出版社，1993：191.

局部、局部与局部以及系统本身与环境之间相互依存、相互影响中进行综合研究，以实现整体功能的最大化。

丁有宽老师在探索读写一体化的语文课程改革中，深知语文教育是一个复杂的系统工程。要有效提高语文教学的效率，就必须以系统原理为指导，深入研究语文教学这个复杂的系统构成，认识各个局部之间特别是阅读与写作两大板块之间的内在联系。由于长期以来我们对语文教育缺乏整体的思考和宏观的把握，对语文教学整体和局部关系、各个局部与局部关系方面缺乏系统研究，认识还比较肤浅，好些方面还是片面的、模糊的。

丁有宽老师在语文教学中认真严谨地实践了系统原理，着力探索"读写结合，系列训练"教学体系，注重读写结合的整体与局部、局部与局部以及语文教学体系与环境之间的相互依存、相互影响和作用，设计出五、六年制小学语文读写结合系统训练教材，实现了全局观和重点观的高度统一，并依据教材使读写能力训练达到了计划化、序列化、规格化、可操作性和可检测性的科学要求。

### 三、符合汉语学习基本规律

语言是按一定方法构造的，是有规律可循的。汉语中的词、句、段篇都有其构造的方法：由字组成词，词组成句，句组成段，由段成篇。不论是理解语言还是表达语言，除理解和表达语言反映的内容外，还要理解和掌握语言各要素之间的关系。例如，要理解文章的内容和思想，就要理解各段之间的关系，尤其是重点段与其他各段之间的关系；要理解段的含义，就要理解段内句子及句与句之间的关系；要理解句子，就要理解一句之中的词语及词与词之间的关系。所以阅读一篇文章，在初读全文的基础上，一般是先由字词理解，再到句、段、篇。作文一般是先有内容材料和要表达的思想，拟出提纲，构思各段之间的关系，再按提纲逐段写下去；写每一段话时还要把句子的先后关系表达清楚；最后考虑词语运用是否恰当。阅读与作文正是两个相反的过程。在这两个过程中都要考虑语言构造各因素之间的关系。

用语言规律指导语文教学，可以降低盲目性，提高自觉性，做到事半功倍，这是我们比前人高明的地方。传统的语文教学停留在自然主义的多读多写上。我们不仅要重视多读多写，而且研究读什么、写什么，读多少、写多少，怎么读、怎么写，怎样才能使学生喜欢读、喜欢写……特别是在怎样读、怎样写上，要用语言规律进行指导。

正是基于用语言规律指导的自觉性，丁有宽始终致力于构建读写结合的语文训练体系。包括：四素句作为语言训练的开端；从句子结构法到句群结构法到段的结构法再到篇的结构法的记叙文读写"五十法"或"五十个基本功"；由文题、中心、条理、详略、观察、文字表达等组成的七条读写对应规律等等。这些规律性的知识，是丁有宽在长期实践中一点一点总结出来的，是心血的结晶。他又用这些规律性的知识指导后来的教改实验。有没有语言规律的指导，效果迥然不同。让学生死读呆记，"自己去摸索""弄得好，是终于能够有些懂，并且竟也可以写出几句来，然而到底弄不通的也多得很"。丁有宽没有停留在前人多读、多写的传统经验的水平上，而是不断探索、总结语言规律，并用小学生可以接受的方式教给他们。这是丁老师对语文教学作出的突出贡献，也是读写结合实验取得成功的重要条件。

### 四、符合儿童心理特点

少年期儿童具有发育趋于成熟、由形象思维向抽象思维过渡、情绪不十分稳定和自我意识逐渐发展等生理、心理特点。爱表现、爱模仿、易遗忘是他们的显著特征。小学生书面语言形成过程，是从接受成人语言（口头、书面）开始，经过模仿、加工，再转化为自己的书面语言的过程。丁有宽根据儿童模仿性、发表欲和遗忘性的心理特点，进行读写结合教材教法的设计和实施。

1. 模仿性。模仿是儿童的天性，模仿还是儿童学习时心理上的需要。儿童在学习语言和各种技能的最初阶段都要借助模仿为阶梯。根据儿童这一心理特点，读写结合教材教法把阅读与作文紧密地结合起来，并且提供范文，因为范文可以直观地告诉学生，某一篇作文该写什么，应该怎么写。通过实验证明，范文对学生习作的范式作用明显：首先，利用范文，让学生学有榜样，让学生站在比较高的起点上。其次，习作中出现仿造、改造、创造三种水平，使学生由"仿"到"创"。最重要的是，范文的选取是根据读写训练的目的而定的，目标明确，重点突出。

2. 发表欲。小孩子进入一年级后，通过群体的生活和学习活动，丰富了生活经验，认识了一定数量的汉字，积累了一定的语言材料和写作知识，他们就有发表的冲动，很想把所见、所闻、所想通过文字表达出来。丁老师的读写结合教学法，借助于大量片段写作的形式，及时运用阅读所获得的知识来进行习作，正是满足了儿童的这一心理需要。

3. 习作心理障碍。对小学生来说，由"说"到"写"有一个"槛"，再加上有的教师指导不得法，使孩子们害怕作文。消除这种习作初期的心理障碍，最有效的办法莫过于让儿童从自己的写作活动中获得成功的体验。因此，丁老师的读写结合，采取边读边写、学用结合的做法，通过模仿而实现写作知识的最直接的迁移，根据遗忘先快后慢的规律，克服了儿童易遗忘的特点，使儿童的写作水平在短时间内获得较大的提高，从而提高写作的兴趣，激发写作的动机，调动写作的积极性，消除害怕的心理障碍。[①]

# 第二节　丁有宽读写结合的教学基本主张

一般认为，丁有宽读写结合语文改革是语文教学方法层面上的改革，其实丁有宽的读写结合改革是以教学方法的改革为切入点，触及语文课程层面的各个方面，涉及语文课程结构形态调整、语文课程内容的重新整合，以及按照读写一体化的语文教学编写语文课程教材、设计教学过程等等，是一项很有力度的语文课程整体性改革。这项实验所形成的读写一体化语文课程构想和读写结合的教学序列，对当下语文课程改革极具参考价值。

## 一、读写一体化的语文课程结构

丁有宽老师的这项改革实验在语文课程的结构形态上最显著的特点就是

---

① 教育部师范教育司. 丁有宽与读写导练［M］. 北京：北京师范大学出版社，2006：55.

取消了语文课每周专设的两节作文课，把语文课程中的阅读课和习作课有机地融合在一起，在阅读教学过程中指导学生进行读写训练，读中有写，写中有读，阅读与写作融为一体。这项改革很大程度上改变了语文课程阅读与习作各自为政，以阅读为重点的课程结构形态。

我们知道，阅读和写作教学是语文课程教学中的两项重要任务，各国母语课程都重视阅读和写作的教学。因为阅读是理解，是语言的内化；写作是表达，是语言的外化。阅读是写作的基础，而学生在写作中运用从阅读中学到的语言形式及表达方法，反过来又能提高其阅读的质量。所以阅读和写作是两种不同的技能，它们之间既有明显的区别，又有密切的联系。一般认为，阅读在先，写作在后。因此自 20 世纪 20 年代语文教学从文言文教学改变为白话文教学以来，我国的语文课程中阅读与作文一直是两张皮。从课程设置看，阅读课与习作课分开安排，阅读课管阅读，作文课管作文，两者之间缺乏内在联系，没有形成促进学生语文能力协同发展的有机整体。从教学重点看，现代语文课程就是"以阅读为中心"组织教学，阅读课时数一般要占语文课时数的 3/4 甚至以上，而作文教学课时数不到 1/4，在这样非常有限的作文课时间里，有些教师还要抽出一部分时间进行作文内容或方法的指导，因此真正用于学生写作的时间更加少得可怜，这样的课程设置难以保证学生语文能力特别是表达能力的过关。吕叔湘先生在 1978 年曾大声疾呼"10 年时间 2700 多个课时用来学本国语文，却大部分不过关"，为何 30 多年过去了，我国中小学生的语文能力仍未从根本上得到改善呢？出现这样的结果，其实与我国语文课程"读写失衡"直接相关。

中国语文课程历来是将"阅读"看作语文教学的第一要务，无论是教材和教学课时的安排，占据语文课程首席位置的均是"阅读"。然而纵观世界发达国家基础教育中的母语教学可以发现，大多数国家都将书面语言表达能力培养作为本国母语课程的首选目标。日本"国语课"非常明确地认定其性质是"从言语教育立场出发的国语教育"，其首要任务是培养学生的表达能力；欧美诸国母语课程也明显地表现出重视语言交际能力培养的倾向，因为表达能力属现代人必须具备的核心素养，而且大家都认同，书面语言表达能力是评价学生语文能力的主要标志，也是学生学习语文的难点。通过这样的比较，我们可以比较清晰地认识到，我国现代语文课程"重阅读、轻表达"的结构设置，与表达能力培养在语文课程中的重要位置是很不匹配的，这应该是导致我国中小学生表达能力不过关的直接原因。

因此语文课程如何增加学生的表达实践，构建阅读与写作均衡的课程形态，一直是广大教师开展语文教学改革研究的热点。20世纪60年代曾经有人提出了"以作文为中心"组织语文教学，通过一段时间的实验，尽管效果令人满意，但是这一观点从一开始就受到了当时语文教育界人士的质疑。因为它颠覆了中国传统的"以阅读为中心"的观点。更多的语文教师在不改变语文课程结构的前提下，依据现行语文教材，在阅读教学中关注阅读与写作的结合，有意识地在阅读课里增加学生的表达实践，其具体做法就是在教学一篇篇课文时，先引导学生体会课文的表达方法，然后再加一个练笔的尾巴。这种读写结合的研究虽然对提高学生表达能力有一定的作用，但由于缺乏对语文课程的整体思考，很难从根本上改变学生表达能力训练不足的弊端。丁有宽读写结合的实验，则站在语文课程结构改革的高度，把阅读课与作文课合为一体作整体思考，努力探索读写一体化的语文课程结构。这样的改革，其实是在构建"读写均衡"语文课程的道路上迈进了一大步。

丁有宽读写一体化语文课程的基本思路是，读为基础，以读带写，以写促读。所谓读为基础，就是要求学生大量地进行阅读和精读，扎扎实实地学好范文。在阅读时不仅要求学生领会文章写什么、怎么写，而且要求有所感。对文章的重点段落，还要逐词（重点词）、逐句、逐层领会作者的遣词、炼句、谋篇等对表情达意的作用。以读带写，就是阅读引路，在读好文章的基础上，以课文中的范句、范段、范文为例，引导学生进行口头和书面的表达练习。以写促读，就是通过作文或修改文章的训练，使学生进一步巩固掌握语文课所学的阅读知识和写作知识，激发阅读兴趣，扩大学生的阅读面。丁有宽教学一篇篇课文，反对那种面面俱到的分析，也不追求那些看似热闹其实华而不实的教学方法。他认为语文课必须从学生的实际出发，讲究实效，突出重点，精讲多练，才能省时高效。

丁有宽在进行读写结合的教学过程中，除了要求学生读好教材中的范文外，还根据不同年段学生的实际情况大量增补阅读内容。如在他的第七轮教改实验中，学生在四、五年级两年时间中，除学完课本中的123篇文章外，还学了增选课文120篇，古诗80首，学生阅读量翻了一倍还多。他在阅读教学中重视指导学生掌握阅读方法，培养学生的阅读能力。要求学生能借助工具书自行解决在阅读书报时遇到的生字、新词的问题；能独立给简短记叙文归纳中心思想，分段断层，写段意、层意或写小标题，抓中心句段和词语，写阅读笔记；能掌握精读和略读的基本方法等等。学生掌握了阅读方法，阅读速度也较明显地提高。这轮实验班的学生仅五年级下学期，平均每个学生阅读课外读物14本。由于学生在读中找方法、找感觉，写的能力也不断提高：能写中心明确、内容具体、层次分明、详略得当、文句通顺的六七百字的记叙文，能写日记、读书笔记和一般书信；部分学生能给长达几万字的小说概括中心思想，评价人物性格；作文平均84篇，多的223篇，学生把学好语文看成是自己的愿望和需要。①

　　语文课主要就是一篇一篇讲课文。由于语文是一门综合性很强的课程，不仅承担着学习语言文字运用的任务，还承担着思想品德、情感审美和多元文化教育等诸多任务，课文中所包含的思想道德等价值观教育内容也是语文教学内容，因此在教学中如何正确处理好"学习语言文字运用"和"思想道德等价值观教育"这两项任务的关系，一直是摆在语文教师面前的难题。由于语文课程长期受"左"的思想影响，很多语文教师把理解课文思想内容误当成讲读课文的主要目标，上《月光曲》就讨论月光曲是怎么谱成的；上《鸟的天堂》就讨论小鸟天堂有什么特点，为什么被称为小鸟天堂；上《蝙蝠和雷达》，就讨论科学家是怎么发现蝙蝠探路的秘密，蝙蝠和雷达有什么关系；等等。语文课上完，学生留下的多是课文内容的痕迹，而不是语文教学内容的痕迹。这样的语文课其实是异化了语文课程性质，把语文课上成了历史课、思品课、科学课。作为以学习语言文字运用为课程性质的语文课程，毫无疑问应该将学习语言文字运用作为教学每篇课文的主要目标，正如叶老所说，国文教学的重心在于语言文字。虽然国文教学富有"教育意义"，但这

---

① 丁有宽. 小学语文读写结合法 [M]. 广州：广东教育出版社，1985：26.

不是它的"专任"。①一篇篇语文课文其实只是学生学习阅读、学习写作的"例子",语文课不应该只是教课文,而是应该用课文来学习语文。

**二、"读写结合五步训练"**

1983年,丁有宽在总结经验的基础上,重点开展了读写结合的系列化研究,提出了"读写结合五步训练"新课题。这一研究将各科教学法研究的新成果、新经验有机地移植到语文教改实验中来,力图建立一个体现语文教学大纲的大面积提高农村小学生语言能力的读写一体化语文课程体系。他取消了语文课程阅读课和写作课各自为政的课程结构,提出阅读与写作一体化的语文课程构想。根据这一构想,丁有宽老师对小学一到五年级阅读与写作教学内容做了整体规划,将语文课程的"全面观(全面发展)""系统观(训练有序)""重点观(每课有重点)"辩证统一起来,做到每学年、每学期,乃至每一组课文的阅读与习作训练都有规划,让学生的读写训练计划化、规格化和系列化,达到用较短的时间取得较高效益的目的。

丁有宽"读写结合五步训练"是以系统论为指导,按记叙文的知识规律和学生认识规律重新排列读写结合的训练序列,本着由易到难、由简到繁、循序渐进、不断提高、多层次地进行系统训练,重视听说读写能力的协调发展。

所谓"读写结合五步训练",按照丁有宽老师的说法就是以记叙文训练为主,从句到段到篇,将整个小学阶段的记叙文读写结合训练分解成为五个阶段:第一步(一年级),侧重练好四要素完整的句子;第二步(二年级),侧重练好四种句群;第三步(三年级),侧重练好四种结构段;第四步(四年级),侧重练好篇章;第五步(五年级),培养学生自学自得、自作自改的能力,达到全面提高语文能力。五步训练序列中阅读与习作教学具体内容安排如下表:

---

① 叶圣陶. 叶圣陶语文教育论集 [M]. 北京:教育科学出版社,1980:56.

表 3-1 "读写结合五步训练"序列

| 年级 | 阅读重点 | 写作重点 | 指导方法 | 备注 |
|---|---|---|---|---|
| 一 | 识字教学为重点 | 完整地写好句子 | 四要素句子、连续句、并列句和总分句 | 侧重练习"四要素"句子 |
| 二 | 以词句教学为重点 | 从句入手，兼及句群与语段 | 练好 9 种句法：连续句、递进句、总分句、并列句、概括与具体、主从句、由点到面、因果句、转折句 | 以前 5 种为训练重点 |
| 三 | 培养"三读"（初读、略读、精读）能力，养成读书习惯 | 从篇着眼，从段入手，侧重练习 8 种构段法 | 连续、递进、先概括后具体或相反、先总述后分述或相反、先点后面或相反、先记叙后抒情或相反、先概括次记叙后抒情、对比 | |
| | | 文章开头五法 | 交代"四素"、开门见山、提出问题、描写引入、抒发感情 | |
| | | 文章结尾五法 | 事情结尾、点明主题、展示未来、抒发感情、描写 | |
| 四 | 以篇章教学为重点 | 构篇五法 | 审题、立意、选材、组材、修改 | |
| | | 记事四法 | 事序，时序，地序，事序为主综合时序、地序 | |
| | | 状物五法 | 景色、建筑物、植物、动物、场面 | |
| | | 写人八法 | 外貌、语言、行为、心理活动、人物综合描写，一事表人、几事表人、品质表人 | |
| 五 | 以读写综合训练为主，自学自得、自作自改的能力为重点，达到全面提高语文能力的目的 | | | |

语文课程"读写结合五步系列训练",梳理出各年级语文教学内容的训练体系。这一体系重视听、读、说、写能力的综合训练,将小学生应该掌握的记叙文写作"基本功"作为主线,系统地设计和安排了语文课程低、中、高学段识字、阅读和习作教学的内容和要求。丁老师既不认同读写结合的自然性(文章读多了,就自然会写),又不主张读写结合的机械性(读什么写什么),也不赞同读写结合的随意性(随意学一点就结合一点)。他主张以读为基础,从读学写,写中促读,突出重点,多读多写,认为读和写是相互联系、相互促进的。读是理解吸收,写是理解表达,有理解性的吸收,才会有理解性的表达。反之,表达能力强了,又促进理解吸收能力的提高。抓住阅读与写作的相互联系,系统地对学生进行读写训练,不仅可以提高学生的作文能力,而且可以使学生听、读、说、写各项能力得到全面发展。

丁有宽老师探索的语文课程的教学内容体系,最突出的特点是连接了语文教学中识字、阅读和习作的关系,将原来语文教学的阅读与习作的两张皮融合成一个有机的整体。整个教学内容设计清晰地呈现出两条线索,一条是识字和阅读,一条是习作教学。各个年级教学都是从识字、阅读着手,在落实识字和阅读教学任务的同时,凸显出各年级习作教学的重点。如一年级强调以识字为重点,同时要练好"四素句";二年级阅读教学抓好词句教学,结合词句教学侧重练好五种句子;三年级阅读教学学习三种读书法,结合段落学习侧重练好四种结构段写作;四年级阅读教学以篇章为抓手,侧重训练基本的习作能力;五年级阅读与写作强化综合训练,培养学生自学自得、自作自改的能力,全面提高语文能力。

"读写结合五步训练"以记叙文写作为主线,清晰地呈现出语文课程阅读与写作序列。这一序列的大致线索可以描述如下:

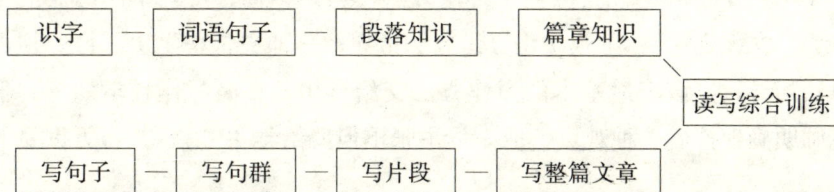

识字 — 词语句子 — 段落知识 — 篇章知识

读写综合训练

写句子 — 写句群 — 写片段 — 写整篇文章

学生学习写作,从写句子开始,再到写一段话,最后过渡到写一篇文章,这是语文教师从长期教学实践中归纳出来的行之有效的途径。丁有宽老师探索的读写结合五步训练序列与学生学习写作的途径完全吻合。他提出五步训练序列的主要贡献，一是将写作这条线与阅读这条线融为一体，形成合力，相互渗透，相互促进；二是将句、段、篇各项训练明确地分解落实到各个年级，形成完整的读写结合训练序列；三是在写句子到写段之间加入一个写句群的过渡阶段，缓解了学生从写句子到写一段话的难度，这是很有创造性的；四是主张习作训练应该从一年级开始，从句入手开始训练学生记叙文写作的基本功。

田本娜教授曾对五步教学法的优点做过如下概括：第一，训练目标明确，层次清晰，易于师生检验；第二，读写知识结构逐步扩大、加深；第三，读法、写法训练系统有序。总之，这样步步扎实的训练，有利于学生读写能力的提高。①

读写结合五步训练的语文教学内容体系，改变了语文教材中长期存在的以人文教学内容为主题组织单元教学，致使各年级教学内容不明、序列不清、智能割裂、读写脱节等弊病。这样的教学内容体系，找到了识字、阅读与习作的结合点，把识字教学、阅读教学内容与作文教学内容有机地统一起来，把培养学生语言能力和思维能力统一起来，把语言训练（字、词、句、段、篇）和记叙文（时、地、人、事、景、物）训练统一起来。这样确定各个年级教学内容系列，能够做到读写同步，目标明确、重点突出，序列清晰、智能融合，有效地提高教学质量。这是丁有宽老师探索的语文教学内容体系一个与众不同的特色。


### 三、记叙文读写结合三十法到五十法

小学习作教学是否应该教学习作方法，学界一直有两种不同的观点：一种认为"文无定法"，主张淡化习作方法指导；一种主张小学生习作要加强习作方法指导，应该将最基本的习作方法交给学生，提高习作教学效率。丁有宽老师明确地持后一种观点，他一贯主张不但要给学生"猎物"，更重要的是

---

① 田本娜. 论丁有宽读写结合导练教学模式［J］. 小学语文教学. 1996（9）.

要给学生"猎枪"。给"猎枪"就是把规律性、方法性的东西教给学生，让学生自己阅读、写作，培养分析问题和解决问题的能力。他认为小学生读写必须走从有法到无法的道路，应该有目的、有计划、有步骤地把学法教给学生，才能大大地提高教学效率，培养学生的读写能力。

由于我国小学语文课程与教学理论研究的滞后，小学生究竟应该教学哪些最基本的习作知识，学界一直没有权威的定论。在日常的语文教学中，一些富有实践经验的优秀教师都是凭自己的个人习作经验在教一些习作方法，这样就不可避免地造成习作方法指导的无序甚至混乱。小学生习作能力形成虽然非常复杂，但还是可以找到一定的规律。例如篮球训练，先练传球、投篮，后练进攻、防守的战略战术；同样，习作方法教学也可以进行分解，先进行单项训练，后进行综合训练。为帮助学生学好记叙文，从 20 世纪 70 年代开始丁有宽老师深入研究了小学语文课本中的 130 篇课文，特别是对五年级语文课本的 32 篇记叙文的构思和表达方法进行认真分析，从语言结构方法、文章结构方法与思维逻辑等方面进行疏理，分解出了记叙文写作三十法（或称 30 个基本功）。

表 3-2　记叙文写作三十法

| 类别 | 序次 | 基本功 |
|---|---|---|
| 叙事四法 | 1 | 事情经过先后 |
| | 2 | 时间推移先后 |
| | 3 | 地点变换先后 |
| | 4 | 以事情经过先后为主，结合时间推移先后、地点变换先后交错 |
| 状物写景三法 | 5 | 社会环境描写 |
| | 6 | 自然景物描写 |
| | 7 | 场面描写 |

| | 8 | 行动描写 |
|---|---|---|
| 写人<br>八法 | 9 | 语言描写 |
| | 10 | 肖像描写 |
| | 11 | 心理描写 |
| | 12 | 人物综合描写 |
| | 13 | 一件事写人 |
| | 14 | 几件事写人 |
| | 15 | 几方面品质写人 |
| 开头<br>五法 | 16 | 交代四要素（时、地、人、事）开头 |
| | 17 | 点明主题开头 |
| | 18 | 提出问题开头 |
| | 19 | 描写人物或景物开头 |
| | 20 | 抒发感情开头 |
| 结尾<br>四法 | 21 | 事情结果结尾 |
| | 22 | 点明主题结尾 |
| | 23 | 展示未来结尾 |
| | 24 | 描写景物或抒发感情结尾 |
| 篇章<br>结构<br>六法 | 25 | 先概括后具体或先具体后概括 |
| | 26 | 先总述后分述或先分述后总述 |
| | 27 | 先面后点或先点后面 |
| | 28 | 先记叙后抒情或先抒情后记叙 |
| | 29 | 夹叙夹议 |
| | 30 | 对比 |

丁有宽老师总结的记叙文写作三十法，将小学中高年级习作教学中教师经常指导的一些常见的习作方法，按照写作对象和记叙文结构方法归纳成记事、写景状物、写人、开头、结尾、篇章结构六个大类，并分类梳理出三十个小学生应该掌握的写作方法。应该说这样的分类符合小学习作教学实际，对提高小学生习作能力能够起到实质性的作用，教师也很容易接受并掌握。但是记叙文写作三十法主要是针对高年级学生记叙文习作指导，低年级和中年级学生习作到底应该学习哪些习作方法，三十法中并没有涵盖。

1990 年前后，丁有宽老师将读写结合的实验扩展到了整个小学 1—5 年级，在深入实验的基础上，根据文章的语言结构和表达（描述）两个方面总结出了记叙文读写五十法，也成为记叙文读写的五十个基本功，具体如下表。

表3－3　记叙文读写五十个基本功

| 类别 | 序次 | 基本功 |
|------|------|--------|
| 句子 | 1 | 四素（时、地、人、事）句 |
| | 2 | 连续句 |
| | 3 | 并列句 |
| 句群 | 4 | 连续句群 |
| | 5 | 并列句群 |
| | 6 | 总分句群 |
| | 7 | 概括与具体句群 |
| 构段 | 8 | 连续结构段 |
| | 9 | 并列结构段 |
| | 10 | 先总述后分述或相反结构段 |
| | 11 | 先概括后具体或相反结构段 |
| 文章开头 | 12 | 交代四素（时、地、人、事）开头 |
| | 13 | 开门见山开头 |
| | 14 | 提出问题开头 |
| | 15 | 描写引入开头 |
| | 16 | 抒发感情开头 |
| 文章结尾 | 17 | 事情结果结尾 |
| | 18 | 点明主题结尾 |
| | 19 | 展示未来结尾 |
| | 20 | 抒发感情结尾 |
| | 21 | 描写结尾 |

| | 22 | 审题 |
|---|---|---|
| 谋篇 | 23 | 立意 |
| | 24 | 选材 |
| | 25 | 组材 |
| | 26 | 过渡 |
| | 27 | 照应 |
| | 28 | 观察 |
| | 29 | 修改 |
| | 30 | 连续结构篇 |
| | 31 | 并列结构篇 |
| | 32 | 总分结构篇 |
| | 33 | 概括与具体结构篇 |
| 记事 | 34 | 按事情经过先后顺序 |
| | 35 | 按时间先后顺序 |
| | 36 | 按地点转换顺序 |
| | 37 | 以事序为主,结合时间地序（综合） |
| 写景状物 | 38 | 景色描写 |
| | 39 | 建筑物描写 |
| | 40 | 植物描写 |
| | 41 | 动物描写 |
| | 42 | 场面描写 |
| 写人 | 43 | 外貌描写 |
| | 44 | 语言描写 |
| | 45 | 行为描写 |
| | 46 | 心理活动描写 |
| | 47 | 人物综合描写 |
| | 48 | 一事表人 |
| | 49 | 几事表人 |
| | 50 | 几方面品质表人 |

与原来的三十法相比，记叙文读写五十法有以下变化：

第一，在分类上将原来的六大类增加到九大类，除保留了文章开头、文章结尾、篇章结构、记事、写景状物、写人这六个大类，还增加了针对低年级和中年级的句子、句群、构段三个大类内容，这样就弥补了原来三十法的不足，使得读写结合的方法涵盖了小学低、中、高年级各个阶段。

第二，根据多年读写结合实验检验，对各大类的具体方法进行调整或增补。原来写景状物三法增加到五法；原来谋篇六法增加到十二法；原来的谋篇方法只保留了总分结构篇、概括与具体结构篇两种，删去了夹叙夹议、对比等明显超越大纲要求的方法，增补了审题、立意、选材、组材、过度、照应、观察、修改等谋篇方法。使习作方法分类划分更加科学合理，符合小学语文教学大纲提出的要求，也更加切合小学习作教学实际。

第三，对部分具体方法的表述作了修改。比如将"点明主题开头"改为"开门见山开头"；"描写人物或景物开头"改为"描写引入开头"；原来"描写景物或抒发感情结尾"分解为"抒发感情结尾"和"描写结尾"；原来写景状物大类中的"社会环境""自然环境""场面描写"三法改为"景物描写""建筑物描写""植物描写""动物描写""场面描写"等六法。这样修改使得习作方法概括得更加明确、合理，便于教师操作。

第四，比较合理地列出了低年级句子教学、句群教学和中年级构段教学的具体内容。在句子和段落之间创造性地增加了句群训练内容，很是符合二年级写几句话的实际需要。大家都知道中年级要进行段的训练，但是段的训练到底应该从哪些方面进行，丁有宽老师梳理出了"连续结构段""并列结构段""先总述后分述或相反结构段""先概括后具体或相反结构段"四种，这些都是中年级最常见并且最容易掌握的段落结构，很容易获得广大语文教师的认同。

人们常说"数学课清清楚楚一条线，语文课模模糊糊一大片"。丁有宽老师将习作教学模模糊糊一大片梳理成清清楚楚一条线，对于广大语文教师清晰地把握各年级要教的习作方法，无疑是极有启发的。20世纪30年代，夏丏尊、叶圣陶等前辈编写了《国文百八课》，对中小学生学作文的方法进行了有益的探索，可惜这项工作最后没能完成。丁有宽在前人研究基础上完整地梳理出"记叙文读写五十法",使得现代语文教学在科学化道路上迈进了一大步,这项研究成果对提高我国语文教学效率,对我国母语教材编写,都有极大的价值和深远的意义,值得大书特书。

### 四、小学生作文从一年级起步

小学生作文应该从几年级开始,学界对此问题一直存有不同意见。我国传统语文教学的习惯做法,蒙学阶段主要是读"三百千"(《三字经》《百家姓》《千字文》),在基本完成识字任务以后开始诵读《四书》,古人在小学阶段除进行简单的对课训练,一般不进行正规的习作练习。当然古人学的是文言文,没有一定量的文言文语言积累,要进入到文言文写作是不可想象的。特别是明清以后流行写以思辨为主的八股文,主要是"代圣人立言",因而没有大量经书诵读为基础,是根本无法写作的。现代语文教学读的是白话文,写的也是白话文,说的"言"和写的"文"基本一致,按理说将说的话写下来没有什么困难,但由于低年级儿童识字有限,其口头表达能力远远超出书面表达能力。因此小学生作文从几年级开始起步一直存在不同意见。在20世纪80年代以前,小学语文教师训练学生书面表达能力的习惯做法一般是在一年级主要是写一句话,二年级是写几句话,而正规的习作训练一般是从三年级开始。

丁有宽老师认为,小学一、二年级是儿童语言和思维发展的最佳时期,低年级语文教师应该善于抓准时机,不仅要为孩子们的听、说打好基础,而且要为他们的读、写打好基础,以便在促进学生语言和思维发展的过程中收到事半功倍的效果。同时,随着科技迅速发展,儿童接受信息的来源越来越多,表达的方式也多种多样,求知欲更加强烈,而他们口头语言的发展已接近成熟,小学生习作从一年级开始起步,不仅是可能的,也是必要的。因此,在丁有宽读写结合教学系列中,学生习作训练是从一年级就开始的。

丁有宽在扎实抓好低年级学生识字写字教学的基础上,特别重视写句子教学,将写句子教学视作学生起步作文的基础练习。从一年级第一学期"看图学词学句"开始,他就引导孩子们集中学习四种常用的基本句式(陈述句、疑问句、判断句、描写句)。他认为这四种句式应该以陈述句为重点,因为学生生活中大量使用的是陈述句，而记叙文是以叙述和描写为主要表达方式的，陈述句是记叙文中最常用也是最容易学的句式，学生学会写陈述句，就能为以后学习"四素句"（时、地、人、事）打下基础。除写陈述句，他也重视学习疑问句，根据有五点：（1）从认识论的角度看，世界是儿童的未知领域，儿童认识事物总是从疑问中去探求，从提问题中去了解事物；（2）从心理学的角度看，儿童认知心理的最大特点是好奇心强，爱提问题是他们的普遍特点；（3）从激发动机看，培养儿童强烈的求知欲，使其能够为实现期望目标而不断探索，这样才能形成良好的学习动机；（4）从开发智力看，学贵有疑，能发现问题是解决问题的先决条件，善于发现问题，才谈得上开发智力；（5）从知识、能力的纵横联系看，从学习疑问句开始，马上可以组织生动、活泼的对话教学活动，开拓学生的心理空间。

包括"时间、地点、人物、事件"四要素的句子，丁有宽把它叫作"四素句"。丁有宽认为小学生学好"四素句"有着重要的作用。（1）学生在生活中经常在报纸、电台、电视看到或听到的"一句话新闻"其实多是"四素句"，学生在现实生活中应用最广泛的也是"四素句"，积累了丰富的"四素句"语言材料，学生才有话可写；（2）"四素句"满足了孩子运用规范的祖国语言来表达自己的所见所闻所想的需求，可以培养学生语言表达的完整性和规范性；（3）"时间、地点、人物、事件"也是记叙文的四要素，从"四素句"开始学写作文，可以为以后的学写记叙文打下基础。所以，丁老师把"四素句"作为低年级读写结合训练的起步。

在低年级学习四种基本句式的同时，丁有宽安排了两个单元的"四素句"训练：有计划地指导学生写包含"人物、事件"的"两素句"，再过渡到写"人物、事件、时间或地点"的"三素句"，然后指导学生学习写包含"时间、地点、人物、事件"的"四素句"。[①] 二年级在一年级写完整句的基础上，开始进入句群与语段的训练，着重练好连续句、递进句、总分句、并列句、概括与具体五种句法，为三年级写段训练打下基础。就这样，丁有宽从一年级

---

① 丁有宽. 丁有宽读写结合教学教例与经验［M］. 北京：人民日报出版社，1996：19.

开始就将学词、学句同阅读记叙文、写作记叙文自然地有机地联系在一起，学生在学习语言知识的同时，也学习了读写记叙文的知识，既为读写打好基础，又开发儿童的思维。

丁有宽记叙文读写结合实验培养出来的学生之所以能够取得骄人的成绩，与这批学生从一年级开始就进入正规的习作训练，应该有着密切的内在联系。我国的小学语文教学大纲在 20 世纪 80 年代以前，一、二年级一直强调加强句子训练，到 1980 年以后开始改为"能看图写一段话到一件简单的事情"①，2011 版课程标准要求低年段"写自己想说的话，写想象中的事物"，明确表达出小学生作文从一年级开始起步的观点，这其中应该包含着丁有宽老师做出的贡献。

## 五、一篇课文突出一个重点

现代语文课程主要采用的是讲读课文教学形态，教师面对这一篇篇课文，每篇课文到底抓什么教学内容，往往是仁者见仁，智者见智。不少教师在备课时细读文本，深入挖掘课文中的语言因素，把认为应该教给学生的表达方法都挖掘出来，然后设计教学流程。比如一位教师在教三年级《爬天都峰》这篇课文时，结合课文设计了以下教学内容：（1）归纳课文主要内容；（2）学习课文中景物描写方法；（3）学习课文中人物动作描写方法；（4）学习课文中人物语言描写方法；（5）模仿描写一个人物的动作等。应该说，这位教师的出发点是好的，而且抓的都是课文的表达方式——景物描写、人物动作描写、对话描写等等，这些都是小学生可以学习的写作知识。三年级学生开始学习写作，要把内容写具体，掌握这些人物和景物描写的基本方法，对学生写好作文是有帮助的。问题出在：（1）这堂课的教学内容呈碎片化状态，前后没有内在联系；（2）教师教的内容太多，每一项内容只能是蜻蜓点水，浅尝辄止，学生没有实践的机会。因此这样设计教学过程表面上看教师教的内容很多，学生学得也很累，但教学效果往往不佳。我们知道，教师课堂上

---

① 课程教材研究所. 20 世纪中小学课程标准·教学大纲汇编语文卷 [M]. 北京：人民教育出版社，2002：192.

教了什么，这只是教师的主观愿望，学生事实上学到了什么，有没有学会，特别是中等以下的学生是否学会，这才是判断一堂课教学效率的关键。

丁有宽在长期的教学实践中体会到："那种面面求全，追求形式的教学总是要失败的。只有从学生的实际出发，讲究实效，突出重点，精讲多练，才能省时高效。"① 他主张语文课每篇课文教学要突出一个重点。在教学五年级《我的战友邱少云》这篇课文时，他没有面面俱到地去分析邱少云的思想品质，而是抓住邱少云英勇献身这一节，在指导学生概括段意、结合看图展开想象的基础上，引导学生领会作者准确地选择了"像千斤巨石""一丝不动""没挪动""没发出"等词语，形象细致地描写了人物形象，体会文章如何表达人物思想感情的写作技巧，接着指导学生修改自己写的有关描写人物的文章。通过这样的文章修改实践，可以让学生对课文写作方法理解得更加正确、更加深刻。

有些课文中包含多种典型的写作方法，如果只抓一个重点未免可惜。对于这样的课文，丁有宽采用多次教、多次练的办法。每教一次集中抓一个重点。比如上面提到的《我的战友邱少云》这篇课文，这篇课文不仅在形象具体描写人物的方法上很典型，在选材上和开头结尾方面特点也很鲜明，也可以供学生模仿学习。因此这篇课文丁有宽前后教了三次，第一次抓如何形象细致地描写人物形象，指导学生修改自己的文章；第二次抓课文详略得当的选材方法，然后指导学生进行选材练习，要求学生编写出详略得当的提纲；第三次重点放在学习课文开头结尾的方法，再指导学生写出与文章不同的开头和结尾。

当下语文课在教学语文知识或写作方法时，教师往往是把备课时发现的自以为重要的教学内容都抓到，一个也不能少地编进自己的教学设计中，教师追求的是"教过"了，而不是学生是否"学会"。其实语文是一门实践性课程，学生的语文能力是在实践中形成的。无论是教学语文知识还是写作方法，都应该遵循从"认识"到"实践"这一学生认识规律设计教学过程。我们都知道数学老师怎样设计教学过程，每堂课就教一个数学公式，教师用1/3的

① 丁有宽. 小学语文读写结合法［M］. 广州：广东教育出版社，1985：35-36.

时间教例题，然后用2/3的时间让学生做习题。因为数学老师明白，如果学生不做习题，就不可能真正掌握这些公式。丁有宽深谙学生语文学习规律，他对写作方法的指导没有满足于"教过"，而是追求学生"学会"，每堂课教学只抓一个重点，每个写作方法指导以后都留出时间让学生进行实践练习。他严格依据"认识—实践—迁移"的认知规律来设计教学流程，每堂课都力求保证学生有充分的实践练习时间。丁有宽追求的不是这堂课教师教了多少知识，而是追求学生是否学会。他提出的"讲究实效，突出重点，精讲多练"的教学主张，值得每一位语文教师借鉴。如果我们语文教师都能转变教学观念，从追求"教过"，转变为追求学生"学会"，就是语文教师教学观的一大进步，可以极大提升语文教学的效率。

### 六、读写结合，以量求质，加大表达实践

读写结合，以量求质，加大学生的表达实践，是丁有宽提高学生读写能力的法宝，也是他语文教学的重要主张。全国小学语文教学研究会前理事长崔峦先生曾经指出：在语文能力培养上，要处理好学读与学写的关系。语文教学的本质是听、说、读、写并重，而我们的阅读课常常只读不写，也有的把写作作为点缀。这话虽然听起来刺耳，却真实地反映出我们阅读教学的现状：语文教学中重读轻写现象严重，学生有效的习作实践严重不足。1—6年级语文课若以平均每周8节计算，习作课应该占2节，占语文课时数的1/4。在这仅有的1/4时间里，大部分还是教师在指导习作方法，或讨论习作内容，真正用于学生动笔写作包括修改的时间少得可怜。有人对一次全国性教学观摩活动所上的习作指导课进行统计，学生动笔最多的一节课有20分钟，最少的一节课仅6分钟，全部四节课学生动笔平均12分钟。语文教师都知道，学生的习作能力是在习作实践中形成的，不是教师讲出来的。没有一定量的动笔习作时间保证，提高学生的习作能力就会变成一句空话。若想切实有效地提高学生的习作能力，必须坚持走量中求质之路。

丁有宽读写结合的语文教学改革，从课程结构上改变了语文课重读轻写的失衡状况，表面看他取消了每周两节作文课，实质上他将学生的习作融入整个语文教学的全过程之中，很大程度上增加了语文教学中学生动笔写作实

践的频次和时间。从丁有宽读写结合的实验总结中我们发现，其所带的读写结合实验班从一年级便开始进行写话训练；到了中年级以后，每课时保证学生有 15 分钟动笔练习机会；每教一篇课文，一般都安排学生进行两次以上的仿作练习。一些在表达方法上比较典型的重要课文，除两次仿作外，再要添加一篇大作文。这样学生动笔实践的机会大大增加。据他统计，学生在课堂上完成教师布置的大小习作，加上学生自拟题目写的作文，一个学期学生平均写作达到了 56 次，写得最多的学生动笔次数达到 76 次。① 一学期按 18 个教学周计算，学生平均每周动笔达到 3 次以上。高年级学生一学期能写 2 万字以上。六年累计，每个学生的习作量平均达到 15 万字以上。

丁有宽完整地设计出三至五年级的读写训练计划，每学期设置八个读写训练重点项目，并且根据他的记叙文读写结合"五十法"设计出读写训练 800 个题目，以求"突出重点，精读多练"。这些读写训练重点和围绕重点设计的 800 个题目，使得执教教师能够在教学中"胸有全册，着眼组文，从课入手，课有重点，点点相联，反复训练，逐步提高"。

丁有宽在读写结合实验中主要是通过以下几种教法来设计学生动笔练习题目，增加学生书面表达实践机会的。

1. 精讲多练式：每一篇课文突出一个读写结合的重点。比如教学课文《我的战友邱少云》，他重点讲邱少云英勇献身这一节。在指导学生概括段意，结合看图展开想象的基础上，重点引导学生领会作者用"像千斤巨石""一丝不动""没挪动""没发出"等词语，形象细致地描写了人物形象，体会课文通过具体细致的描写表达人物思想感情的写作技巧，接着指导学生修改自己描写人物的文章。由于教师没有分段讲解课文思想内容，也没有面面俱到地对课文中其他的写作方法进行具体分析，因此就能将节省出时间用于学生动笔修改自己的习作。而学生通过修改自己的习作，对这堂课所学到的写作方法会有更加正确的认识和更加深切的体会。丁有宽对课文重点部分一般都要求当堂做到"会理解、会品评、会复述、会背诵、会运用"，即"五会"。要

_____

① 刘达中，李学明. 丁有宽教育思想与实践（卷一）［M］. 广州：广东人民出版社，2009：137.

做到这"五会",必须要有教学时间的保证,教师必须切实做到突出重点,精讲多练。

2. 多教多练式:对于一些重要的课文,丁有宽多采用多次教、多次练的方式进行教学。如《荷花》是第七册第二单元的第一篇课文,这一单元的重点是记叙文的写作顺序。这篇课文在表达方法上有两大特点:一是记叙的顺序,全文不是按照记叙文通常采用的按事情的发展顺序或时间顺序记叙,而是从三个方面写荷花的气质、品格,是按照事物的性质分类记叙,这是写景状物记叙文常用的一种记叙顺序。二是课文的开头采用了开门见山方法,结尾则采用抒情的方法,表达了作者对荷花的赞美之情。丁老师教学这篇课文采用了"一题多教,分别要求"的方法。先是引导学生学全文,再抓住重点段落 3—5 节,让学生深入认识体会文章按事物性质从几个方面分类记叙荷花品格的表达顺序,然后指导学生仿照课文的表达顺序写一种植物,从几个方面表现这种植物的品格,可以用上课文中学到的词句。由于教师在预习课文时已经布置学生仔细观察一种植物,学生在写作材料上已经做好了充分的准备,所以写起来并不困难。第二次教学,教师先引导学生对第一次习作进行充分的评价,然后再要求学生仿照课文开门见山的开头,抒发感情的结尾,给自己的习作加上开头和结尾。① 再如丁老师教学《不知疲倦的人》这篇课文,"我先后教了三次。第一次教学这篇文章,重点放在课文中描写陈景润被管理员锁在图书馆里这一段,侧重于让学生掌握对人物的侧面描写,然后指导学生修改已写的有关反映勤奋学习的好同学的文章。第二次教学的重点放在学习课文选材详略得当上,指导学生进行编拟作文提纲的训练。第三次是在期末复习时,指导学生进行集中文章不同开头和结尾的训练"②。学生这样学习一篇课文,不仅能够正确理解课文的表达方法,更重要的是通过表达实践,将学到的表达方法迁移运用到自己的习作过程中。

3. 群文教学式。比如教学"景物综合描写"这一单元,丁老师只花了五

---

① 刘达中,李学明. 丁有宽教育思想与实践(卷二)[M]. 广州:广东人民出版社,2009:118.

② 刘达中,李学明. 丁有宽教育思想与实践(卷一)[M]. 广州:广东人民出版社,2009:137-141.

个课时就教完了《春》《海上日出》《火烧云》《鸟的天堂》《林海》等六篇课文。通过指导学生认真读书,仔细观察,从小作文到大作文有机结合;再通过评讲,启发学生修改作文,这就需要再读书,再观察,再作文,反复练习。结合开展游览潮州西湖活动,他设计了《出发之前》《车上见闻》《西湖在望》《涵碧楼》《在烈士墓前》《西湖一角》《登上西湖山》《归途》等习作练习,并给学生提供有关描写景物的词语,让他们把所看、所听、所做、所想的材料讲出来、写下来;然后以"记一次难忘的队活动"为题进行综合训练。这样平均每个学生作文(包括片段训练、习作)10多篇,多的写了20多篇。通过上述教学,使学生学有所得,学以致用。

学生作文的形式和内容应该丰富多样,不仅仅局限于教材中规定的单元习作,也不仅仅只是写人记事、写景状物,可以是看图写话、生活日记、数学日记,可以是课文故事新编,可以是儿歌、小诗的创作,更可以是生活现象、科学问题的研究与分析。让习作不仅与语文学习相关,更和学生的生活息息相关,让习作成为孩子生活的一部分。

老舍曾说:"每个星期才写一篇文章的作家绝对不是一个好作家。"我们虽然不一定要求每个学生都当作家,但"多读多写"是我国传统语文教学的宝贵经验,要提高学生作文能力,关键还是要增加学生的习作实践。丁有宽的这一主张完全符合学生语文学习的规律,也和我国传统语文教学经验相吻合。要学好作文,必须"夏练三伏,冬练三九",必须"拳不离手,曲不离口"。丁有宽的这一主张警示我们,光凭每周2节作文课每学期8篇作文,要想有效提高学生的作文能力只能是一种不切实际的空想。要想真正提高学生的习作能力,必须最大程度地压缩阅读课教师繁琐低效的讲解,努力增加学生动笔实践的机会,这样日复一日,学生越写越多,就会越写越好。完全有理由相信,如果我们的语文教师按照丁有宽的主张改革语文教学,那么学生的作文水平也会日益提高,也会写出有创意的佳作来。

### 七、培养学生自改作文能力

丁有宽重视学生习作实践,一学期学生习作平均五六十次。这么多的学生习作,教师怎么来得及批改呢? 产生这一问题的前提条件是学生作文全部由教师批改。学生作文教师改，这是习作教学中最平常的做法，似乎天经地义，没有什么可质疑的。但是丁有宽不这么认为，他引用叶圣陶先生说的一段话来表明自己对学生作文批改的主张："假如着重在培养学生改的能力，教师只给些引导和指点，该怎样改让学生自己去考虑、去决定，学生不就处于主动地位了吗？养成自己改的能力，这是终生受用的。"叶老的这段话击中了作文批改中长期存在着的问题，阐明了培养学生自改作文能力的重要性，也为改革小学作文批改指明了方向。丁有宽完全认同叶老的观点，决心改变这种传统的作文批改方法，让学生在习作批改中从被动变为主动，着力培养学生自改作文能力。这是丁有宽在读写结合教学实验中提出的又一个重要主张。

丁有宽评改学生作文的基本原则是"导重于批，评重于改，口评重于笔评"。在学生作文批改中他着重引导学生自改、互改，教师只是偶然抽取其中的一部分批改。这样就使教师可以从浩瀚的学生习作批改中解脱出来，并且有利于培养学生自改作文的能力和习惯。那么，他是怎样改变"古老的传统"，引导和指导学生自改作文，培养他们自改作文的能力和习惯的呢？

1. 激发自改作文的兴趣。要求学生自改作文，一开始往往会碰到学生一不肯改，二不会改的问题。教师把作文本子发下去要求学生自改，收上来却是原封不动，把作文发下去让学生集体互评互改，教室里也常常是冷冷清清，最后教师也只能暗淡收场。究其原因，一是学生受传统思想的影响，认为批改是教师的事，对修改作文没有兴趣，对教师批改有依赖感；二是缺乏自信，不相信自己能改得来。丁有宽针对学生的实际情况，因势利导，提高他们对自改作文意义的认识，激发学生自改作文的兴趣。

首先，运用典型事例教育学生。丁老师选择班级学生两篇在报刊上发表过的习作，一篇是原程度较好的学生黄淑芬写的一篇赞颂园丁的文章《会说话的眼睛》，这篇文章是她经过两年反复观察、反复修改，精心写成的，写得生动感人。另一篇是原来作文程度比较差的小许同学写的《咱们的好班长》，这篇文章原本是小许在日记本上写的一句话"小马对（跟）我好了，他是我的好班长"，在丁老师的精心指导下，小许在一年多的时间里反复观察，不断充实文章内容，经过无数次的修改而写成的一篇具体感人的文章。丁老师在全班学生面前对照他们修改前后的习作，介绍两位同学反复修改，努力向上的事例，激发学生"他们能做到，我也能做到"的信心。丁老师还给学生讲唐代贾岛的"推敲"的故事，讲王安石写"春风又绿江南岸"这首诗时对"绿"这个词语的几十次修改，讲鲁迅先生写文章百改不厌的态度等等，让学生知道好文章是经过反复修改而成的，并要求学生以这些名家"一字不苟"的精神来鼓励和鞭策自己。

其次，采取多种方法激发学生自改作文的兴趣。他在班级里开设"小花花""文章病院"专栏，开展品评优秀习作和"小医生会诊"等活动，定期举办"习作修改前后"展览会，比一比谁的作文进步快，评一评谁的作文修改勤。这样的展览和评比符合小学生好胜的心理，所以学生在愉快轻松的氛围中学习品评作文，学习修改作文，无论是优等生或差等生都感到是一种乐趣，没有太大的压力和负担。

2. 教给学生修改作文的方法。丁有宽在指导学生修改作文的训练中总结出了"三读三改"的修改方法，培养学生写完文章后三读三改：一是默读，修改文章的内容和结构；二是轻声读，考虑用词造句是否确切；三是大声朗读，从内容到语言全面检查，并借鉴范文，多次观察，反复修改。他还教会学生修改文章的"批、改、增、删、调、换"六种符号，让学生从小掌握一套修改文章的标准符号。

3. 在读写结合教学中引导和指点学生自改作文。丁有宽的作文教学是紧密结合阅读教学进行的。对学生的习作指导和讲评也常常有计划地结合在阅读教学中进行，贯穿在整个读写结合训练过程之中。教师把学生习作中普遍存在的通病带进讲读课，引导和指点学生带着问题阅读课文、对照课文认识自己作文中存在的毛病，悟出"为什么要改"，然后借鉴课文体会"该怎样改"。学生习作中最常见的通病是内容贫乏或写不具体，教师常常是在课前就直接提出问题或启发学生自己提出问题，引导学生带着问题精读课文或课文某些部分，然后有针对性地组织学生讨论，引导学生联系自己的习作问题提出修改意见，有时还让学生在课外进行观察，再参阅有关范文，再修改。学生习作中还有一种通病是属于文字表达的问题，如文章思路紊乱，结构残缺不明，用词不当等等。对于这一类问题，教师往往在引导学生精读范文的基础上，设计有关的辅助作业或启发学生自改习作。如学生普遍不会表达几个人物的复合动作，教师在教《我的伯父鲁迅先生》时，引导学生学习作者如何用几句话有条理地描写伯父和爸爸两个人为拉黄包车工人包扎伤口，在此基础上再设计一个环节，让两名学生在课堂上做"擦教室窗口"的动作表演，让学生仔细观察两个人的动作，再进行口述练习和评议，然后修改原来的有关习作或重写。

4. 自改作文同互评作文相结合。不论是优等生还是后进生，他们的作文程度虽然有高低，但是他们对自己的习作，往往总是自以为把最好的写上去了，自己发现不了问题，修改不了。但对于别人的问题就比较敏感了，无论是优等生还是后进生，均能发现别人作文中存在的问题，而且能一抓一个准。培养学生自改作文能力就要从易到难，从指导学生互评互改开始。教师先挑选出有代表性的、错误比较典型的文章，让学生按前后左右四人为一组，根据写作要求展开互评，每人认真阅读其他三位同学的文章，并记上修改的意见，然后小组内互相交流，互相启发。某些问题几位同学见解不一，可以争论，最后再由本人根据自己的认识修改自己的习作，取长补短。互评作文的目的和落脚点是自改作文，只有落实到这一步，小学生的作文修改能力培养才算真正达到目标。学生有了一定的互评作文能力以后，教师再着力引导学生自评自改，如选择学生优秀习作或较差的典型习作让学生进行对照阅读，发现别的同学作文的优点和缺点，以此为镜子分析自己习作的长处和短处，然后进行修改，修改后在全班或小组里交流。这样的习作自改和互评指导，就易将学生自改作文的能力引上正路，学生自改的积极性容易得到发挥，自改作文的能力也能不断提高。

5. 全体指导同个别辅导相结合。学生思维能力有强有弱，掌握的作文知识有深有浅，习作能力也有高有低。因此对学生自改作文的指导，除了对全体学生做一般性的指导之外，丁有宽还注意对不同的学生进行分类指导。比如批改学生习作时，先看较差学生的习作，接着看中等或优等生的习作，寻找各种层次学生作文中存在的不同问题，然后再分类分析学生作文的发展情况。评讲学生的习作，既要选那些好上加好的优秀生习作，又要有意识地选一些有点滴进步的后进生习作。在评讲习作时，丁有宽往往先精心设计好评讲提纲，启发学生从易到难进行思考，总让后进生发言在先，及时给予肯定。

在修改习作的要求上也分出不同层次，对优等生要求高一点，对后进生要求宽一点。在指导修改的方法上也不同对待，对优等生只给予指点，让他们自己参阅文章去观察、修改，对后进生经常个别面批，给出具体的修改意见，提供具体参考的文章或章段，有时还亲自带他们再观察，手把手地指导修改。比如学生小玲，因认识能力和观察能力较差，作文时常常苦于无话可写。在班级开展的"向雷锋叔叔学美"活动中受到同桌吴燕同学友爱精神的感动，写了《友爱的吴燕同学》一文。开始文章这样写："一天下午，我和同桌吴燕同学做作业，我不小心，墨水滴到吴燕的裤子上了。开始我很害怕，但她没有责怪我，她对我真友爱。"写完小玲主动要求教师帮助她修改。教师抓住时机，引导她再次认真阅读《赶羊》《避雨》这两篇课文中描写人物品质和表达的方法，然后引导她思考：为什么墨水会滴到吴燕的裤子上？滴到后裤子有什么变化？原来是一条怎样的裤子？当时你的心情怎样？吴燕是怎样对待你的？她的表情、动作怎样，说些什么话？你当时的心情又是怎样？……启发小玲具体回忆当时的情形，再充实作文内容。经过反复修改，小玲写出《墨水落到她裤子之后……》一文，该习作被推荐刊登在新蕾出版社的《小学生作文》上。

6. 采取一题多作和一文多改的办法。每次作文完成后，教师先不急于打分，而是结合课文教学和作文评讲鼓励学生多次修改，一直改到学生自己认为满意了，再交给教师给予评分。这样，可以满足优等生精益求精的写作需要，培养他们高度的写作责任感，也可以激发后进生奋发上进的自信心。同时，学生在修改作文的过程中能主动地争取教师的指点和同学的帮助，并且会主动地向范文学习，对生活做进一步深入的观察，反复修改好自己的习作，最大程度地调动学生自改作文的主动性和积极性。学生在自改作文的过程中，逐步养成对自己作业负责的态度，培养了自我监督的习惯。

经过几轮的实验和研究，丁有宽培养学生自改作文能力取得了明显的效果。

第一，学生自改作文的主动性和积极性大大提高，写作的责任感增强了，以往奉命作文、作完交差、敷衍了事的不良现象渐渐消失了。比如他接手的第 7 轮四年级一个班级，上学期对班级学生做了调查，发现全班学生 56 人，作文后自己检查的只有 12 人；教师批改后发下作文，看教师评语的也仅 12 人；能自己修改错别字的只有 2 人；其他同学只看教师评分。毕业前夕，对这个班级学生再进行一次调查，调查结果是：全班学生都养成了写好作文之后自己查一查、改一改的习惯；大部分学生作文后跟他人交流后再修改，最后再誊写；拿到教师批改的作文后看批语，和同学交流教师的批语及其修改的打算；除个别人外，绝大多数学生能主动寻找有关范文借鉴，再回忆生活，深入观察，不断修改，有的甚至几易其稿。

第二，学生掌握了修改方法，修改文章能力普遍提高。上面提到的实验班学生经过两年的培养，到五年级下学期时，修改作文时都能自觉地从下列四个方面去思考、鉴别，去发现问题、修改文章：（1）文章思想是否健康；（2）文题与中心是否一致；（3）文章结构是否完整，主次是否分明，详略是否得当，首尾是否呼应，过渡是否自然；（4）用词造句是否恰如其分，写字、标点是否正确。在提高自改作文能力的同时，学生养成了良好的学习习惯，也促进了思维能力的发展。

第三，教师可以从繁重的批改习作堆里解放出来，有更多的时间跟孩子们密切联系，把精力用在引导和指点学生自改作文的有效劳动上，使作文教学出现一个教师充分发挥主导作用，学生主动作文的生动局面。[①]

### 八、结合读写，培养学生观察能力

观察是人认识世界的第一步，在人的认识过程中起着很重要的作用。《语文课程标准》指出：要养成留心观察周围事物的习惯，有意识地丰富自己的见闻，珍视个人的独特感受，积累习作素材。可见，观察既是思维、想象的基础，也是写好作文的前提，小学语文教学必须加强对学生观察能力和观察习惯的培养，这是历年课程标准（教学大纲）的要求，并且已经成为广大语文教师的共识。但是在语文教学过程中如何有效地培养学生的观察能力，不同的语文教师有不同的认识，在具体做法上也是各不相同的。

---

① 这部分参照丁有宽的《丁有宽小学语文读写结合法》（广东教育出版社，1985），第 294-300 页改写。

丁有宽主张，学生观察能力和习惯应该结合读写进行培养，这是语文教学中培养学生观察能力和习惯的特有方式和重要途径。这样既能保证指导学生观察事物的经常性、持久性和系统性，又能有效地提高学生的读写能力。他是怎么培养学生观察能力的呢？

（一）全盘计划各年段观察能力培养的具体要求

丁有宽依据语文教学大纲，结合记叙文读写结合的实验，提出了培养学生观察能力的七点具体要求：

1. 经常留心观察周围的事物，判断事物美与丑、真与伪、善与恶，使文章言之有意；

2. 观察要抓住重点，使文章言之有中心；

3. 观察要有次序，使文章言之有序；

4. 观察要细致，使文章言之具体；

5. 观察要抓住事物的特点，使文章生动、活泼；

6. 观察要展开联想，使文章生动感人；

7. 要反复观察、反复阅读、反复写作，使观察能力和读写能力同步提高。

依据上述七点要求，他按从易到难、从简到繁、循序渐进、反复循环、螺旋式上升的原则，对培养学生观察能力做了全盘计划，创造性地设计出了小学低年级、中年级、高年级观察能力培养的"三个台阶"。

低年级：要求学生能看懂单幅图或多幅图的图意；观察简单景物，能初步注意观察顺序；观察动物，能初步注意外形特征；观察人物，能注意简单的动作和语言；观察一件简单的事，能初步懂得时、地、人和事的经过。

中年级：要求学生能看懂单幅图或多幅图的中心内容；观察景物，能注意观察顺序和观察点，注意静态和动态；观察动物，能注意生活习性；观察人物，能注意动作、语言、外貌和心理，并能初步分析人物的思想品质；观察较复杂的事物，能分清前因和后果，注意事物的联系和变化。

高年级：要求学生观察景物，能懂得寄情于景，情景交融，展开想象；观察人物，能抓住特征，分析人物的性格和思想品质；掌握观察的基本方法，养成自觉观察，反复观察、分析的良好观察习惯。

观察能力培养的三个台阶及每个台阶的具体要求,将观察能力培养与记叙文读写紧密结合起来,每一台阶的目标明确、具体,层次递进,有利于将观察能力培养落到实处。

(二)结合课文教学,指导观察方法

根据培养学生观察能力的要求,丁有宽经常有意识地结合课文阅读,指导学生学习作者的观察方法,有计划地培养学生的观察能力和习惯。在长期的教学实践中,丁有宽总结出了一些有效的观察事物的方法。

1. 有次序地观察。丁有宽总结出观察事物的次序主要有:由近及远或由远及近;从上而下或从下而上;从左到右或从右到左;先中间后四周或先四周后中间;从人到物或从物到人;从因及果或从果及因;从静到动或从动到静;由表及里或由里及表;先局部后整体或先整体后局部等。

这些有次序观察方法的指导都是渗透在阅读教学过程之中,与阅读教学融为一体的。例如教学《参观人民大会堂》,丁老师在学生初读课文时提示:作者参观了什么建筑物,是按照什么次序观察的?在板书的辅助下,让学生清晰地看到作者是按从外到内的次序观察的。并以"正门"一段为例,找出作者看到了什么建筑物,按什么次序看,让学生知道是按从上到下的次序观察的。学完课文后,丁老师组织学生学习作者从外而内的方法观察自己的教室,然后拟写观察提纲,相互交流,启发修改。

小学语文第六册《课间十分钟》,是一篇很典型的学习从整体到局部综合观察事物方法的例文。作者先观察操场活动的沸腾场面,再分别观察操场各个角落各项活动的情况。教学时,先指导学生列出提纲:

<br>

|  | 打乒乓球 |
| 操场上沸腾起来 | 练习爬杆 |
|  | 丢沙包 |

<br>

学生看了提纲,很快就能总结出作者从整体到部分的观察事物的方法。学会了观察的次序,学生才能克服认识事物的片面性,作文时才能做到有点有面,有主有次,详略得当。

2. 有重点地观察事物。学生学习对突出中心部分的重点观察法，既可以促进学生思维的纵向发展，又可使学生作文中心突出，具体生动。教完《避雨》一课，丁老师引导学生思考：这篇课文为什么我们读了很受感动？随之引导学生进入细节，启发学生学习作者如何抓住人物表情、语言的细节，仔细观察，具体描写。学完课文再要求学生对照修改自己的作文，发现自己在观察人物时存在的不足，然后进行修改，这样学生对怎样有重点地观察事物会有更加深入的体会。

3. 观察事物时要展开合理想象。现代心理学研究表明，小学阶段七至十二三岁是培养儿童观察能力、丰富和发展形象思维能力的最佳年龄。因此，在观察中引导学生展开想象，既能使学生思维向深度发展，又能使作文更加生动感人。小学语文第六册《荷花》中，作者在观察描写美丽的荷花后有这样一段丰富的想象：

> "我忽然觉得自己仿佛就是一朵荷花，穿着雪白的衣裳，站在阳光里。一阵风吹来，我就迎风舞蹈，雪白的衣裳随风飘动。不光是我一朵，一池的荷花都在舞蹈。风过了，我停止舞蹈，静静地站在那儿。蜻蜓飞过来，告诉我清晨飞行的快乐。小鱼在脚下游过，告诉我昨夜做的好梦——过了好一会儿，我才记起我不是荷花，我是在看荷花呢——"

这段描写有景有情，情景交融，虚实结合。教学时，丁有宽在指导学生理解课文的基础上，让学生反复朗读之后，体会作者如何在认真细致观察事物的同时展开丰富合理的想象。同时告诉学生，在观察事物的时候如果能展开丰富的想象，就能把事物描写得更加生动具体。

4. 指导学习比较观察方法。用比较的方法观察事物，目的在于区别事物的异同，发现事物的特征。如教了《亮亮》的开头段，教师指导学生将亮亮的外貌描写与学过的《我的弟弟"小萝卜头"》一课中"小萝卜头"的外貌描写做比较和归纳：两个片段都是用极少笔墨描写儿童的外貌，着重描写人物的长相，但是由于作者抓到了人物的不同特征，写出一个是活泼惹人喜爱，一个是悲惨可怜、令人同情。由此启发学生懂得，只有运用比较的方法观察事物，才能抓住事物的特点，不然，描写的人物就会出现千人一面。教师还介绍一组描写少年儿童外貌较好的习作，指导学生读一读、比一比，说出人物外貌描写的共同点和不同点。之后要求学生选择一个有特点的同学写一段话，在班级里交流，指导学生再作比较，再点评。

（三）结合课文教学进行观察实践

丁有宽的读写结合，并不停留于让学生理解写作方法，他的一贯做法是在理解以后引导学生实际运用。他结合课文教学进行观察能力培养，没有停留在观察方法的认识这一层面，而是强调在体会作者观察事物的方法以后，当场迁移运用，让学生在观察实践中进一步体会观察方法，并运用到自己的生活观察之中。

小学语文第九册《我的战友邱少云》，这一单元的训练重点是"外表和内心"。丁有宽教完这篇课文，在学生理解了"由外到里""从外表到内心"的观察方法之后，用十多分钟时间当堂指导学生做一次观察人物"外表和内心"的观察训练。

丁老师先引导："看谁的眼睛灵敏，看谁观察时能认真动脑筋，细察老师的表情变化，讲出老师的真实心情。"接着教师在讲台前做出一连串动作。孩子们心情又兴奋又紧张，一双双眼睛随着教师的动作转动，谁的眼光敏捷，谁的眼光迟钝，这些，教师从学生的不同反应中都看得清清楚楚。教师的动作做完，孩子们纷纷举手争着发言：

"老师神采奕奕健步走上讲台，用温和的眼光巡视我们，笑了笑，点点头，心情多么高兴啊！"……大部分学生都这么说。后进生小黄说："最后，老师的眼睛注视着一位女同学身上穿的红毛衣，心里想，你这件红毛衣是不是从广州买来的？多美呀！"丁老师不急于表态，让其他学生再发言。小瑜抢先说："老师的眼光落到小燕的身上，看看小燕坐得特别端正，精神多么饱满，嘴角露出了愉快的微笑，好像说：同学们呀，希望你们都像小燕那样，展开思维的翅膀，飞向知识的海洋……"这一发言，赢得孩子们的一阵掌声。小黄难过地说："刚才我讲的是心里的想法，小瑜讲得比我好。"学生情绪更高，争着发言。快要下课了，丁老师表扬了孩子们学习的积极性，要求观察人物的外表和内心，并把观察的结果写在观察日记本上。

（四）结合生活观察，激发观察兴趣

教会学生观察方法的目的是为了在生活中更加有效地进行观察，培养学生对生活的热爱，对身边事物的关注，提高学生的社会敏感性。丁有宽老师经常结合教材的读写要求，有意地布置一些课外观察任务，提出一些观察要求，引发学生观察的动机。如教《壁虎》，他启发学生既观察熟悉的小动物，又观察不熟悉的小动物，以激发学生的求知欲望；教《鸟的天堂》，他要求学生自己选择一种景物，分别在不同时间对这一景物做观察，然后说出不同的观察结果；教了《避雨》《赶羊》等记事课文，他结合班队的"寻美"活动，引导学生从学校、家里到社会写寻美作文；教了有关描写四季景物特征的课文，他指导学生开展"找春"活动，启发学生向天空、大地找春，向校园、田野找春，向草木、花果找春，向鸟虫、家畜找春，向早晨、夜里找春，向人们的外貌动作找春……同时他还要求学生在不同季节观察教室前的金凤树，把金凤树在不同季节的特点分别写下来……

丁有宽说，学生一旦产生了观察兴趣，观察就成了乐趣而不会成为负担。久之，他们就能逐步养成自觉观察的良好习惯。[①]

# 第三节　读写结合实验中的整体发展观

## 一、听说读写能力协调发展

丁有宽老师的读写结合理念，重视"读"与"写"，同时又关注"听"与"说"，注重听、读、说、写四种能力全面培养，协调发展、相互促进。"听"——通过耳朵这个听觉器官功能，接受外界的声音信息；"读"——通过眼睛这个视觉器官，辅以口的发音功能，强化视觉器官接收到的外部信息。我们把它们叫做接收渠道。还有"反馈渠道"（或称"释放渠道"），包括

_____

① 这部分参照丁有宽的《丁有宽小学语文读写结合法》（广东教育出版社，1985），第 284-293 页改写。

"说"——通过口的发音功能，以口头表达的方式，把储存的信息反馈出来；

"写"——借助"文房四宝"（现时多用硬笔），以书写的方式反馈出来。

很明显，接收渠道中的"听"和反馈渠道中的"说"，都是从人牙牙学语的孩提时代就学起来了的。因此可以说，儿童通常在入学前基本上就已经"能说会道"了，因为"听"和"说"的能力已有一定的基础，这是从生活环境中自然而然地、不知不觉地"训练"出来的，属于"物理现象"吧。正因为如此，在"听"和"说"这两个方面的能力表现上，学生与文盲很难看出存在着大的差别。换句话说，它们在教学中属于在已有基础上提高的问题。但是"读"和"写"就大不相同了，因为文盲往往连斗大的字也不认识几个，有的连自己的名字也不会写，"读"和"写"的能力基本上等于"零"，这就是人们常说的"睁眼瞎"。学生既会"读"，又会"写"，受惠就在于进了学校，念了书，教师传授的。如果读了几年书，依然一不会读，二不会写，那么人家就要说你"白读书"了。①

由此可见，在听、说、读、写四个方面的知识传授特别是能力训练上，必须紧紧抓住"读"和"写"这两条主线，并把两者有机地结合起来。抓住了它，并且结合好了，就等于抓住了"纲"，纲举目张，带动其他。如，丁老师早年在六联小学教学三年级《丢沙包》一课时，紧紧抓住"概括与具体"这个语文能力训练点。让学生阅读文段，这是"读"。而后教师做精要的讲解或提出问题让学生回答，引导学生深入领会，掌握基本知识，并注意前后连贯，突出重点句子、词语，概括归纳。最后让学生自觉登台，结合课文面向全班讲述自己最喜爱的一次有趣的课外活动。这一环节涵盖了"听"和"说"，重点是"说"。末了，教师布置了一道作业，要求学生课后仿写一篇类似的记叙文。听说读写融为一体，协调发展。

## 二、与其他学科改革同步发展

小学阶段，学生除了学语文之外，还要学数学等其他学科，这些学科知

---

① 刘达中，李学明. 丁有宽教育思想与实践（卷三）. 述评与报道［M］. 广州：广东人民出版社，2009：86.

识，都是学生必须掌握的基础知识。由于各门学科之间有紧密的内在联系，加上语文具有的工具性，因此必须通过语文的教学，带动其他学科的教学，使它们互为促进，提高全体学生的科学文化水平。基于此，丁老师在教学设计中，注意同其他学科的横向联系，统筹安排，互相配合，协调一致，从而达到同步发展。

在提高语文教学效率的同时，丁老师提出"文道统一"的理念。他多次强调，"文道统一"加"读写结合"就等于成功，他把学习母语和弘扬民族精神以及提高语言符号能力与造就四有新人有机地统一在一起。由他选编的教材例文，65％选自长期实践、好学好教的名家名篇，课文突出体现强化国情教育意识，突出"五爱"教育，弘扬艰苦创业、奋发进取、无私奉献的革命精神。他所主编的全套教材树立了54位领袖、革命家、优秀教师、工程师、医师、科学家和英雄少年的形象，作为儿童学习的榜样，使爱国主义思想教育、热爱革命领袖教育、全方位的传统美德教育和高尚情操教育，以多种多样的形式，生动活泼地融会在小学语文一至六年级的各册教材之中，构成一个完整的教书育人的思想体系。此外，他还注重美育，通过教学使学生明确怎样才是真正的"美"，树立正确的美学价值观。如通过教授名篇佳作，领会作品的语言美、艺术美，通过朗读教学和书法教学，提高学生审美水平，掌握表达"美"的技巧。最有特色的是，通过系列课文的教学，要求学生在生活中开展"寻美、颂美、学美"活动，提出"寻美作文，练文炼人"，做到人品与文品统一。①

### 三、课内与课外紧密结合

"课文无非是个例子"。丁老师根据语文的学科特点，把课内的语文教学与课外的语文活动结合起来，使课内与课外连成一体，学生在课内学到的知识、技能，在课外得到进一步强化，并在实践中得到应用，从而有效地提高学生语文素养。

———————————

① 刘达中，李学明. 丁有宽教育思想与实践（卷三）. 述评与报道［M］. 广州：广东人民出版社，2009：146、109.

为此，丁老师特别看重第二课堂，通过改革第二课堂，把学生在学校的学习延伸到社会、家庭，让第二课堂成为第一课堂学习知识的继续、补充和提高。"兴趣是最好的老师"，在丁老师的引领下，当年六联小学的学生把学习语文作为一种乐趣，学得轻松、活泼。在六联小学，三年级以上学生每人都订有"一报二刊"，最多的订阅十种少年刊物。他们自己看，互相交流看，课外阅读蔚然成风。与此同时，学生每人都有一箱"我的作文"本（一、二年级是"我的写话"本）。学生多看多读多写，完全是出自他们自觉主动。在课内，丁老师着力培养学生自学、自作、自改、自得的能力，这"四自"能力，在课外大有用场，学生尝到了甜头。丁老师通过课堂教学，把学生引向社会的大课堂，他设置悬念，让学生去品味、去思索、去答疑；在课外去查字典、查资料；向父母兄弟姐妹请教，增长知识，拓展视野，获得解决问题的能力①。

---

　　① 刘达中，李学明. 丁有宽教育思想与实践（卷三）. 述评与报道［M］. 广州：广东人民出版社，2009：146、109.

# 第四章
## 读写结合为特征的教学艺术

我国传统语文教学强调多读多写，重视语文实践和语言感受，这些固然是非常宝贵的教学经验，但由于忽略语言规律的自觉和指导作用，使得学生长期在"一条暗胡同，一任自己摸索"，而且要经过"年深月久之后"，一些聪明的学生才能摸索出点方法来。鲁迅先生对这种方式曾经作过这样的描绘："教师并不讲解，只要你死读，自己去记住、分析、比较。弄得好，是终于能够有些懂，而且竟也可以写出几句来的。然而到底弄不通的也多得很。"① 丁有宽没有停留在传统的多读、多写的经验水平上，而是自觉地、有计划、有目的、有步骤地对于语文知识和学习的方法规律进行系统的梳理，并且结合课文学习，将这些学习语文的知识和方法规律明明白白地教给学生，大大地缩短了学生语文学习的过程，提高了教学效率。丁有宽老师曾经在《小学语文读写结合法》以及多本著作中对自己的长期探索并业已成型的读写结合教学方法进行过全面的总结。这是丁老师浓缩了自己50多年语文教学经验的结晶，也是他留给后人不可多得的瑰宝。这一章我们在丁有宽研究总结的基础上，结合我们自己的研究体会，对他在长期读写结合实验中总结出来的语文教学方法进行分节介绍。②

---

① 出自鲁迅杂文《人生识字糊涂始》，发表于一九三五年五月《文学》月刊第四卷第五号"文学论坛"栏，署名庚。

② 本章撰写时参考了丁有宽的《小学语文读写结合法》《丁有宽教育思想与实践》等多本著作。

# 第一节  句式训练方法

## 一、学习四素句

"时间""地点""人物""事件"是记叙文的四要素，用一句完整的话把这四个要素说清楚，丁老师把这样的句子叫作"四素句"。

比如："元旦节那天，我们一家去大围山旅游。"

这句话便是四素俱全的句子，时间是"元旦节那天"，地点是"大围山"，人物是"我们一家"，事件是"旅游"。指导学生说好"四素句"，既可以满足学生运用规范语言来表达自己的所见所闻所想的欲望，也是指导学生将自己的所见所闻说清楚，把句子说完整的基本训练。所以，丁有宽把"四素句"训练放在低年级，作为读写结合训练的起步，指导学生提早学作文，为中、高年级的读写打好基础。

如何进行"四素句"的训练呢？我们来看看丁有宽的做法：

低年级——指导看图，说句写句。①

小学语文第二册中有一道练习题，要求是：看图回答问题，再写下来。下面提示四个问题："图上画的是什么时候？画的是什么地方？有些什么人？他们在干什么？"结合这一道题，丁老师作了如下指导：

> 师：我们已经学过"谁，干什么"这类句子。那么，我们可以先回答后两个问题：图上画的是什么人？他们在干什么？大家想想该怎么说。
>
> 生：三个小朋友在搞清洁卫生。
>
> 师：什么时候，在什么地方，三个小朋友在搞清洁卫生？连起来说一句"四素"完整的话，难吗？

---

① 刘达中，李学明. 丁有宽教育思想与实践（卷一）［M］. 广州：广东人民出版社，2009：181-183. 引用时有改动。

生：不难。

师：该怎么说？

生：下午放学后，校园里的一间教室外面，三个小朋友在搞清洁卫生。

师：这就是一句包括时间、地点、人物、事情"四素"完整的话。请把刚才说过的两句话比一比：哪句话说得更完整，使人家听起来更清楚？为什么？

生：后一句说得更完整，使人听了更清楚，因为这句话说出了时间和地点。

师：刚才说的"下午放学后，校园里的一间教室外面，三个小朋友在搞清洁卫生"这么一句话，说的顺序是（教师板书），我们还可以用别种顺序来说话，请试试。

（1）人物、时间、地点、事件

（2）时间、人物、地点、事件

生₁：三个小朋友下午放学后在校园里一间教室外面搞清洁卫生。

生₂：下午放学后，三个小朋友在校园里一间教室外面搞清洁卫生。

师：真棒。从练习中，我们知道了说话、写话可以按照下面几种次序：

（1）时间、地点、人物、事件

（2）人物、时间、地点、事件

（3）时间、人物、地点、事件

比较上面不同的次序，哪个次序可以调换？哪个不可以？

生：时、地、人的次序可以调换，事情却不能提到前面。

师：说得好！你还能按照这样的方法说说自己日常生活中的一件事吗？

生：星期天，浮洋市街道上有很多小朋友在搞清洁卫生。

生：爸爸昨天晚上带我到浮洋戏院看戏。

生：昨天晚上放学后，我和小明到书店买簿子。

低年级句子训练，许多教师追求的是把话说完整。"谁，干什么""谁在什么时候干什么""谁在什么时候，什么地点干什么"，这样指导追求的是让孩子们把一句话说完整。丁有宽老师追求的不仅是把话说完整，还在说完整的基础上引导学生认识一句话可以有多种表达顺序，追求的是学生表达的多样化。这样的表达训练，可以避免学生说话千篇一律，也可以促进学生思维的多样化和灵活性。这是丁有宽句子指导的高明之处。

### 二、学习连续句

何谓连续句？在一个句子里，前后连贯地写几个连续的动作或事件，这样的句子丁有宽称之为连续句。例如："雪花像个调皮的精灵从天而降，飘到我的头发上，又打着旋儿滑落。"

句子中"从天而降""飘到""滑落"依次展现了雪花飘落的形态，不能随意颠倒，否则就不合事理。教学时要学生多读、多写这类句子，注意句中的表示动作或变化的词语，想一想它们是怎样连接的，为什么要这样写，能否颠倒。由此教会学生懂得句子本身的条理性，学会表达时要言之有序。

丁有宽在他的读写结合实验中是这样对学生进行连续句训练的：[①]

1. 听写连续句，找出表示连续动作的词。

（1）老师手里拿着课本，走进教室，登上讲台讲课。

（2）路上，小林看到一个小弟弟在哭，上前劝他不要哭，并带他回家。

2. 寻找连续句。

例：读读下边这段课文，说说共有几句话，哪些句子是连续句。

一个夏天的傍晚，王冕在湖边放牛。忽然乌云密布，下了一阵大雨。大雨过后，一片阳光照得满湖通红。湖里有十来枝荷花，花瓣上清水滴滴，荷叶上水珠滚来滚去。王冕看得出神，心里想，要是能把它画下来，

---

① 刘达中，李学明. 丁有宽教育思想与实践（卷一）［M］. 广州：广东人民出版社，2009：189-191. 引用时有改动.

那多好啊!

"湖里有十来枝荷花,花瓣上清水滴滴,荷叶上水珠滚来滚去。"这句话描写雨后的荷花,先写荷花,再写花瓣上的水,再写水珠的样子,前后连贯紧密。再如"王冕看得出神,心里想,要是能把它画下来,那多好啊",这句话先写王冕看的样子,再写他心里是怎么想的,前后两个动作连贯,表达得很有条理。

3. 学写连续句。

例:看图写话,按每幅图的内容,各说一句连续句或把三幅图连起来说一句连续句。

连续句的指导,丁有宽先是让学生认识什么是连续句,了解连续句是由一个接一个连贯动作或事件组成,前后顺序不能颠倒。在学生认识连续句后再让学生从课文中辨别哪些是连续句,最后指导学生学写连续句。整个指导过程从认识连续句,最后落实到学生写连续句,呈递进状态,有层次、有方法,扎实而有效。连续句是小学生写记叙文时最常见的一种表达句式,指导学生写好连续句,可以帮助学生把句子写得通顺连贯。

### 三、学习并列句

何谓并列句?在一个句子里,分别写几种事物或一个事物的几个方面,这种句子叫做并列句。例如:云儿见它让路,小草见它招手,禾苗见它弯腰,花儿见它点头。

这句话中的四个分句,分别写了云儿、小草、禾苗、花儿四种植物遇到风之后的变化,四个分句写的几个植物都是并列的,没有主要和次要之分,在许多情况下前后次序也可以变化，这就是并列句。教学生写并列句，要先引导学生弄清句中分别写了哪几个方面，再理解各方面是怎样写的，尤其要弄清楚这个句子的中心写什么。在此基础上，再指导学生进行模仿，说说、写写并列句，这样学习才事半功倍。

我们来看丁有宽的一次并列句练习指导的设计。①

1. 什么叫做并列句？在一个句子里，分别写几种事物或一个事物的几个方面，这种句子叫做并列句。

（1）及家有个小兰子，关家有个小欠子，尚家有个小川子，中家有个小曼子，胡家有个小亭子，肖家有个小占子。（《六个好孩子》）

上面这句话由六个分句组合而成，分别介绍了六个家庭的六个孩子的名字，这就是并列句。

（2）你看他身穿军装，头戴军帽，脚穿草鞋，胳膊上还有臂章。（《小八路》）

上面这个句子写了小八路的样子，分别从他的身、头、脚、胳膊四个方面来写，读了就知道小八路的穿着打扮。这也是并列句。

学习上面这两个例句，大家可得到这样的启发：

第一，并列句写的几种事物或一个事物的几个方面都是并列关系的，没有主要和次要之分，在叙述的先后次序上有时也可以变换。如例1，写六家孩子的名字，先后顺序可以变化。但例2写小八路的衣着，是按照从整体到部分这样的顺序写的，这样的并列句虽然没有主次之分，但如果随意变化次序，有时会影响句子表达的条理性。

第二，学习并列句，要先弄清句中分别写了哪几个方面，再理解各个方面是怎样写的，还要知道这个句子写什么，在这个基础上再进行模仿，说说和写写并列句，这样学习收效才大。

2. 读下面的课文，找出课文里的并列句，并与同学交流。

---

① 刘达中，李学明. 丁有宽教育思想与实践（卷一）[M]. 广州：广东人民出版社，2009：194-197. 引用时有改动.

我爱……

我爱小红花，我爱小青草，我在花中走，我在草地跑。

我爱小青蛙，我爱金翅鸟，青蛙打小鼓，鸟儿唱得好。

我的朋友多，团结又友好。唱歌和跳舞，从来不争吵。

3. 说说课文里"我"爱什么，再说说你爱什么，用一个并列句写下来。

4. 看图，请根据每幅图的意思说一句话，再连起来说一句并列句。

低年级写句练习是从写一句话到写几句话。丁有宽瞄准小学生记叙文写作，梳理出了学生习作时最常见的三种句式"四素句""并列句""连续句"，从一年级开始有重点地进行指导。这三种句式教学，都是从认识每种句式概念开始；再结合课文阅读，从课文中辨认相应的句式，丰富学生对每种句式的感性认识；最后再安排写句子的实践，让学生通过写句实践学会写好三种句式。从句到段，从段到篇，这是丁有宽记叙文"读写结合五步训练"的第一步，扎实地练好三种句式的表达练习，可以为学生段、篇的写作开好头，为以后的记叙文写作奠定坚实的基础。

## 第二节　句群结构训练

句群，又叫句组，由前后连贯共同表示一个中心意思的几个句子组成，这些句子在意义和结构上有密切联系，又各自独立。句群中的每个句子都是以句号、叹号或问号等标点为标志。一个句群至少要有两个句子，如："风，更猛了。雪，更大了。"

这是由两个句子组成的一个并列句群。一个复句无论多复杂、多长，也只是一个句子而不是句群。句群主要有并列、连续（承接）、递进、因果、转折、条件等几种关系的句群。

丁有宽在一年级学生练好四素句、连续句、并列句的基础上，从二年级开始进行句群结构学习，理解句子和句子是怎样联系起来的。他没有按照语法学上的句群分类，而是根据小学生记叙文写作实际，概括出了连续、并列、总分、概括与具体四种句群结构重点学习。

**一、学习连续句群**

连续句群，就是一句连接一句地说出连续的动作或连续发生的事情。丁有宽这样对学生进行句群训练。①

1. 读《家访》中的一个句群，认识连续句群。

唐老师走到床前，扶住田芳的妈妈连声说："快躺下，快躺下。"唐老师帮助田芳的妈妈躺好，就拿了药，走到炉子的旁边，动手煎药。

这个句群有两句话，是写唐老师家访中关心田芳妈妈的事情。前一句写唐老师劝田芳妈妈躺下，后一句承接第一句写唐老师给田芳妈妈煎药。前后两个句子写的两个动作是连贯的，就是连续句群。

2. 带领学生通过反复读、颠倒句序对比读等方式，发现句子之间是承接关系，两个句子不能颠倒。并试着让学生板书：

唐老师劝田芳的妈妈躺下：走到——扶住——连声说 ⎫ 唐老师关心田芳的
唐老师给田芳的妈妈：拿了——走到——动手 ⎭ 妈妈，为其煎药

学生通过板书整理，能感受到这种句群的动作或事件都是前后连贯的。

---

① 刘达中，李学明. 丁有宽教育思想与实践（卷一）[M]. 广州：广东人民出版社，2009：214-215. 引用时有改动.

3. 把上述句子改为"唐老师劝田芳的妈妈躺下。接着，唐老师又给田芳的妈妈煎药。"让学生跟原文比较，学生马上发现两个句子是连贯的，但是原句中写了老师说的话，更能表现唐老师对田芳妈妈的关心。

4. 阅读《颗粒归公》中的一段话。说说鹅看见弟弟抬来的一篮子稻穗，想干什么，它们怎么样；课文用了哪些表示连续动作的词，找出来读一读，说说是什么句群，这样写有什么好处。

那天，我弟弟抬了一篮子稻穗，正要送到队里去，那五只淘气的鹅以为是给它们喂食来了，"嘎嘎嘎"地追了上来。弟弟把篮子举得高高的，大声喊："这是队里的，不给你们吃！"可是鹅一点也不听话，它们拍着翅膀，盯着篮子"嘎嘎嘎"地叫着往上扑。弟弟左躲右闪，急得满头是汗。

5. 连续句群的练写。

（1）想一想扫地的过程，先说说，再写下来。

（2）自己看看爸爸、妈妈的工作，再用几句话把一种工作写下来。

把下面两幅图排列好，按先后把序号写在括号里。然后看图，每幅图说一句话，再连起来写一个连续句群。

（　　）　　　　　　（　　）

## 二、学习并列句群

并列句群，就是用几句话分别说明或描述事物，它们之间的关系是平等并列的。丁有宽是这样指导学生学习并列句群的。①

1. 结合课文例子认识并列句群。

(1) 风，"呼呼"地刮着。雨，"哗哗"地下着。（《草地夜行》）

(2) 威尼斯的小艇有二三十米长，又窄又深，有的像独木船。船头和船艄向上翘起，像新月的样子。行动起来，轻巧、灵活，仿佛一条蛇。（《威尼斯的小艇》）

上面引用的两个句群都是并列句群。例（1）的两句话分别描述了风和雨两方面的情况，在课文中同样是描述天气的恶劣。例（2）的三个句子分别说明威尼斯小艇的长度、样子和行动特点三个方面，这三个方面又是互相联系的。

2. 读下面的句群，按要求回答问题。

(1) 菊花有红的、白的、黄的、紫的，还有紫里透红的、白里掺黄的……五颜六色，十分美丽。菊花的姿态更美，有的倒挂枝头，有的一枝独秀，有的千朵成群……真是千姿百态啊！

这个句群有_____句话。第一句写菊花的_____；第二句写菊花的_____。两句话之间是_____关系，这个句群属于_____句群。

(2) 我在空中飘浮着，碰到冷风，就结成小珠子落下来，人们叫我"雨"。有时候我变成小硬球打下来，人们叫我"雹子"。到了冬天，我变成了小花朵飘下来，人们叫我"雪"。

这个句群有_____句话。第一句写_____；第二句写_____；第三句写_____。三句话之间是_____关系，属于_____句群。

3. 先听写，再说说是什么句群。

(1) 小草钻出了地面，公园像铺了一层绿色的地毯。树枝长出了嫩叶，垂柳那柔软的枝条，像姑娘的辫子，在春风中悠来荡去。粉红的桃

———————

① 刘达中，李学明. 丁有宽教育思想与实践（卷一）[M]. 广州：广东人民出版社，2009：221-223. 引用时有改动.

花，金黄的迎春花，像雪一样白的玉兰花，在阳光下张着笑脸，散发着阵阵诱人的清香。

（2）大熊猫小的时候很活泼，喜欢爬上爬下。长大以后，不大爱活动，常常用爪子抱着头，呼呼大睡。

4. 按要求，在下面的横线上分别写几句话。

①我们的教室真可爱。

正面＿＿＿＿＿＿＿＿＿＿＿＿＿＿＿＿＿＿＿＿＿＿＿＿＿＿＿。

左面＿＿＿＿＿＿＿＿＿＿＿＿＿＿＿＿＿＿＿＿＿＿＿＿＿＿＿。

右面＿＿＿＿＿＿＿＿＿＿＿＿＿＿＿＿＿＿＿＿＿＿＿＿＿＿＿。

后面＿＿＿＿＿＿＿＿＿＿＿＿＿＿＿＿＿＿＿＿＿＿＿＿＿＿＿。

②课间活动真是丰富多彩。

＿＿＿＿＿＿在做＿＿＿＿＿＿＿＿＿＿＿＿＿＿＿＿＿＿＿＿。

＿＿＿＿＿＿在表演＿＿＿＿＿＿＿＿＿＿＿＿＿＿＿＿＿＿＿。

＿＿＿＿＿＿在玩＿＿＿＿＿＿＿＿＿＿＿＿＿＿＿＿＿＿＿＿。

5. 看看图中画了哪些人。他们各在干什么？先说说，然后用一个并列句群写下来。

6. 用并列句群写几句话，介绍自己的几个好朋友。

### 三、学习总分句群

总分句群由两个以上的句子组成，一般第一句话是概括性的总说，后面的句子分别进行具体阐述或说明；或者前面的句子分述，最后一句总说。

小学语文课本中，《精彩的马戏》《富饶的西沙群岛》《美丽的小兴安岭》等诸多课文的篇章结构都是总分结构。因此，丁有宽常利用课文资源对学生进行总分句群的训练，要求学生找出课文里的总分句群与同学交流，或是直接听写、仿写总分句群等。丁有宽指导的"动物描写法"便是其中一个经典的范例。[①]

1. 听写课文原文。

"松鼠是一种美丽的小动物，它玲珑的小面孔上，嵌着一对闪闪发光的小眼睛。一身灰褐色的毛，光滑得好像搽过油。一条毛茸茸的大尾巴总是向上翘着，显得格外漂亮。"

2. 读写提示。

课文是总分式结构句群，共四句话：第一句，先总写松鼠的外形特点（"美丽"），后三句按头部、身体、尾巴的顺序分写，条理清晰。文中用上"玲珑""好像搽过油""毛茸茸"等词语，使松鼠的形象更加鲜明。

3. 练习指导。

（1）观察松鼠外形这幅图，请用一句话来说说松鼠的外形特点。可从哪些方面来说松鼠的外形特点？一个方面用一句话说。哪方面先说，哪方面后说？这个片段，你能说出属于哪种句群结构吗？

（2）请你选择自己熟悉的一种小动物，先有次序地观察它的外形，然后综合这种小动物的特点，用一句话或几句话按照先总写后分写或先分写后总写的方法来写。

尤其值得我们学习的，是丁有宽老师还经常让学生进行各种句群之间的

---

① 丁有宽. 蕴涵深邃的"读写结合法"示例 [J]. 小学教学设计，2003（4）.

变换练习，感受不同句群的不同作用，在他编写的教材或读写训练过程中，我们常常可以看到这样的练习：

读一读下面两个句群，回答提出的问题。

1. 填空：第一段是＿＿＿＿＿句群，第二段是＿＿＿＿＿句群。

2. 能不能把并列句群改为总分句群，把总分句群改为并列句群？该怎样改？试一试。

（1）我国地域辽阔，物产丰富。东北主要盛产大豆、玉米、高粱。华北盛产小麦、棉花、玉米。华东盛产稻米、棉花、花生。中南盛产稻米、棉花、甘蔗。西北盛产小麦、糜子等。西南盛产稻米、油菜、烟草。台湾盛产甘蔗、香蕉等。

（2）小草钻出了地面，公园里像铺了一层绿色的地毯。树枝长出了嫩叶，垂柳那柔软的枝条，像姑娘的辫子，在春风中悠来荡去。粉红的桃花，金黄的迎春花，像雪一样白的玉兰花，在阳光下张着笑脸，散发着阵阵诱人的清香。

## 四、学习概括与具体句群

概括与具体句群，就是先用一句话概括出句群的主要意思，再用几句话展开具体的阐述。这是小学语文课本中常见的句群结构。概括与具体句群一般有两种结构，如：

苏老师教数学，对我们的要求可严啦。有一次，数学测验过后，她把批阅过的试卷发下来。我溜了一眼分数，顺手把试卷往书包里塞。苏老师看见了，走过来对我说："你错了一道题，改过来了吗？"我漫不经心地回答："知道了，明天再说吧！"苏老师严肃地说："马上改，不要让一道错题过夜。"我只好将试卷拿出来。苏老师和我一起改那道题，给我分析出错的原因。从此以后，我养成了作业有错马上就改的好习惯。

这个句群的首句概括说明苏老师对学生要求很严，接下来几句话围绕着首句中"严"字，具体描述苏老师对"我"严格要求，启发帮助"我"改正错题的事例。这个句群的结构方式就是先概括后具体。如果把上述句群中的结构稍作调整，即把首句放在句尾，句群的意思没有改变，但是变成了"先具体后概括"的句群结构。这是"概括与具体"句群结构的另一种变式。"先概括后具体"，是用具体事例去说明中心；"先具体后概括"，是在具体事例的基础上点明中心。概括与具体句群的两种结构顺序不同，表达作用也不同。

学生很容易将"先具体后概括"这种句群与"总分结构"句群混淆。请看下面这个句群：

> 天空中的风筝越来越多，热闹极了。那金黄色的"小蜜蜂"，翘着两只绿色的翅膀，好像在百花丛中飞来飞去。那鲜红色的"大金鱼"，尾巴一摆一摆的，好像在水里游。还有那精致的"小卫星"，闪着金光，仿佛在空中飞行。

这个句群首句是总述天上的风筝很多，接着是分述"小蜜蜂""大金鱼""小卫星"三种风筝的不同形态和动态。跟上面举的"苏老师教学严格"的例文比一比，就可以看出：两个句群的首句（领句）都概括地说出了句群的中心，且后面的句子都是围绕中心具体描述；不同的是前一个句群是用一个事例作具体描述，后一个句群是从几个方面进行描述。

总分句群＝总述句＋并列句群

（总述句）
1. _____
2. _____    （并列句群）
3. _____

概括与具体句群＝概括句＋连续句群

_____。_____。_____。_____。_____。

（概括句）            （用连续句群具体说明）

这样学生就能比较清晰地认识两种句群结构的不同之处了。

学习"概括与具体"这种句群，丁有宽老师是这样指导的。①

1. 认识概括与具体句群。

苏老师教数学，对我们的要求可严啦。……

概括句是表明这个句群的中心意思；具体描述句是对概括句的具体描述，两者是紧密联系的。阅读时抓住概括句，就明白这个句群的中心意思是什么。围绕概括句的中心意思读下去，就能理解课文是怎样具体描述的。表达时，要先写出概括句，即归纳出中心意思，然后再围绕概括句即中心意思进行具体描述，切忌偏离中心。

2. 读一读，比一比，下面的句群是什么句群？

(1) 山羊走钢丝的表演最出色。山羊走在细细的钢丝上，就像在平地一样。

(2) 公鸡真美丽。它的脖子油亮油亮的，滴水不沾。大红的冠子金黄的脚，身上配花外衣，更加鲜艳。

3. 读读下面的句群，想想它们分别是什么句群，你是怎样判断的？

(1) 黑猩猩的外貌很奇特。它们的个儿不高，和小孩差不多。它们浑身长着又黑又长的毛，红屁股，红脸，脸上有很多皱纹，像一个七八十岁的老太婆。它们嘴巴很大，还向前鼓起来。

(2) 前面走来一队背着书包，戴着红领巾的少先队员。领头的是个圆脸、大眼、黑发的三年级学生，紧跟在他后面的是个一年级女学生，她比领头的队员矮了一个头，是队伍中最矮的一个。

(3) 爸爸的外貌和性格都与众不同。他满脸胡子，又密又硬；后背被太阳晒得油亮油亮的，雨水一打即溜，滴水不沾。他干起活来真有一股子干劲，每件事都要一口气干完，中途从不休息；干活时，即使是六月大热天，也不用喝水。

4. 下面一段话，概括句与具体描述句不一致，请修改。

---

① 刘达中，李学明. 丁有宽教育思想与实践（卷一）[M]. 广州：广东人民出版社，2009：234-235. 引用时有改动.

孩子们是多么热爱张海迪大姐姐。张海迪大姐姐常常坐着轮椅到学校去教孩子们唱歌，为孩子们理发。她还治好了好几个得了瘫痪病的孩子。孩子们病好后，还经常亲热地跟她一起玩呢！

5. 仔细看图。用"草地上有两只小鸡正在争吃虫子"作概括句，补写具体内容。

语文是一门实践性课程，指导学生认识和理解各种句群结构特点的目的在于指导学生在写作时正确地运用。丁有宽的句群教学没有停留在学生"理解"每种句群的结构特点上，在"理解"和"运用"这两个目标之间，丁有宽重视的是学生在理解之后的表达运用。因为"理解"了并不等于会"运用"，只有会"运用"了才是真正的理解，只有将理解的知识运用到自己的表达实践中，才能真正有效地提高学生写好各种句群的能力。大家可认真了解下丁有宽对于连续、并列、总分、概括和具体这几种小学生习作中常见句群的指导，其指导过程都是先结合课文中的典型句群引导学生认识每种句群的结构特点，最后都落实到学生对每种句群的写作练习上，让学生举一反三，在写作实践中深入体会每一种句群的结构特点。每一次指导过程中，都毫无例外地设计了表达实践这个环节。这样的教学设计充分反映出丁有宽对语文课程实践性特点的深刻而正确的认识。其实无论是教学句子、句群，还是教学构段、篇章等等，丁有宽追求的都不是学生对各种表达方式的"理解"，而是追求学生会"运用"。丁有宽指导学生习作之所以如此有效，这就是其中的一个重要奥秘，很值得广大语文教师借鉴。

# 第三节　构段训练方法

　　从低年级学生写一句话、几句话，到中高年级学生写一篇文章，中间有个比较大的跨越，学生往往难以适应。因此在小学语文教学中，中年级一般都会安排一个从句到篇的过渡训练，即写一段话。段的训练是句子训练的延伸和发展，又是篇章训练的基础，写段训练是连接句子和篇章之间的桥梁和纽带。因此小学中年级习作训练，在学生学好句群的基础上，重点要在练好写一段话上下功夫，这样能够有效地降低学生习作的难度，并且为完整地写一篇文章打好基础。然而如何指导写段训练，中年级学生可以学写哪些段式结构，各种段式结构学习的先后顺序如何，课程标准和教材都没有明确的指示，完全取决于教师的个人经验。丁有宽老师的贡献就是结合语文教材系统地探索出中年级学生应该学习的最常用的段式，然后将其排列成教程有计划地进行指导。这样就使得教师在教学中有序可循，极大地提高了教学的科学性和合理性，减少了教学中的盲目性和随意性。

　　文章中的"段"与"句群"这两个概念有时是有交叉的。如果一个句群独立成段，那么就可以认为是一段话。本章第二节中列举的"苏老师教数学，对我们的要求可严啦""天空的风筝越来越多，热闹极了"等句群，如果在文章里独立成段，那么这些句群就是一段话。当然，有些文章里一个段落中可以同时包含几个句群，那么这样的段从逻辑构成上看与句群是有区别的。

　　怎样指导学生写好一段话呢？丁有宽抓住了小学生习作中四种最常用的构段方式，对中年级学生进行了构段训练。

## 一、学习连续结构段

　　连续结构段是习作中最常用的段落结构形式。所谓连续结构段，是指一段话中的几层意思，是按照事情的发展顺序或时间先后顺序一层接着一层来写的。几层意思之间在时间上有先有后，并且构成连贯关系。

下面是丁有宽指导小学生写连续结构段时设计的教学过程。①

第一步：明确什么叫连续结构段。

比如：一天下午，我们小组正在我家柴草棚里学习，忽然听到外边有奔跑的脚步声，还有人喊："敌人来了！敌人来了！"大家赶紧把课本交给我。我马上跑到屋后，在一棵大树下，拨开枯叶，扒去浮土，掀开砖，把课本放进事先挖好的小坑里，然后盖上砖，铺上浮土和枯叶，看上去好像没有动过一样。我跑回院子，他们三个人正在玩抓石子，我就跟他们一块儿玩。不一会儿，敌人踢开门，闯进院子，四处乱翻，没发现什么，就走了。等敌人走远了，我们又拿出课本，继续学习。（《秘密学习》）

这段话写的是抗日战争时期，村里的小朋友躲过敌人的搜查，秘密学习的事情。整个段落分四个层次来写：听到有人喊"敌人来了"——藏好课本——瞒过敌人——继续学习。这四个层次是按照事情的发展顺序来写的，在时间上有先有后，条理分明，读了以后可以让人清楚了解这件事情的完整过程。像这样的段落就是连续结构段。

第二步：引导学生认识如果行文顺序不对，会使一段话的表达效果受到很大的影响。再读下面一段话：

（1）我穿过院子向北屋走去。房门敞开着，一眼就能望见墙上的彩色画。（2）我想，这就是我要访问的那位退休教师吧？（3）院子里静悄悄的，收拾得干干净净。一棵高大的槐树，树叶长得十分茂盛。（4）屋里坐着一位头发花白的老年人，正在对着一群孩子讲着什么。孩子们都睁大眼睛听着，不时发出一阵阵笑声。（5）我轻轻地推开院门。

这段话由五个层次组成。每个层次都具体、明白地表达一层意思。为什么我们读了仍然不理解这段话的意思呢？毛病就在于段中各层次之间的意思承接不上。如果把这五层意思的次序调整一下，调整后顺序为

---

① 刘达中，李学明. 丁有宽教育思想与实践（卷一）[M]. 广州：广东人民出版社，2009：260-261. 引用时有改动。

（5）（3）（1）（4）（2），这段话的意思就很明白了。

第三步：让学生将顺序错乱的句子，按照合理的顺序连成通顺连贯的一段话，并分析这段话分几个层次。

（　　）终于，轮到我们班演出了。

（　　）紧接着许多班级同学登台演唱。

（　　）我们的心情激动起来，用我的真心歌颂我们伟大的祖国。

（　　）我们的老师个个精神饱满，他们唱起了《没有共产党就没有新中国》，顿时，我们欢快地在台下和着歌曲的节拍拍手，形成了师生共庆的欢乐场面。

（　　）王校长神采奕奕地走上台来，兴致勃勃地致开幕词。

（　　）我和几个同学走上舞台，双眼环视场内，一双双激动的眼睛，一张张欢乐的脸庞，显示在眼前。

（　　）联欢会结束了，但我们还沉浸在会场欢乐之中。

（　　）一阵铃声响后，大幕徐徐拉开，联欢会开始了。

（　　）接着，全体老师上台表演。

将顺序错乱的句子排列成一段话，可以让学生深入了解连续结构段中各层意思的先后联系，从而对连续结构段的逻辑关系有更加直观的了解。

第四步：仿照例文，用连续结构段写一件事。

学习连续结构段这种段的结构方法，关键就是要理解在一段话中各层意思之间是有"承接"关系的。读课文时，要先弄清段中有几个层次的意思，之后要理解每个层次是怎样连接起来的。那么，应该怎样写呢？首先，要想好这段话要写的内容；接着，安排好顺序，明确先写什么，后写什么；写后还要检查一下，看每个层次意思前后是否连得上，有毛病的要加以修改。凡是写事物变化的段落，大多是用这种方法。学习这种连续结构段可以为今后学写记事、写人的记叙文打基础。

## 二、学习并列结构段

一段话中，围绕一个意思，分别用几句话或几个分句写了几个方面，句与句之间没有主次之分，只是并列存在的关系，这就是并列结构段。例如："<u>商人</u>夹了大包的货物，匆匆走下小艇，沿河做生意。<u>青年妇女</u>在小艇里高声谈笑。<u>许多孩子</u>由保姆伴着，坐着小艇到郊外去呼吸新鲜空气。<u>庄严的老人</u>带了全家，夹着圣经，坐着小艇到教堂去做祷告。"（《威尼斯小艇》）这段话中，分别描写了商人、青年妇女、孩子、老人坐着小艇去工作、学习、生活的情景。四句话之间便是并列关系。

丁有宽老师在指导学生进行并列结构段训练时，着重强调了并列结构段与总分结构段的区别，如：

体育馆的天花板上挂着无数盏电灯，像满天的繁星。打蜡的地板清洁明亮，能映出人的倒影来。四周分三层，共有几千个座位。座位中间是主席台，上面装有电子扩音设备。

（1）这段话是从_____、_____、_____、_____几方面来写体育馆的，是_____结构段。可分为____层。段意是_____。

（2）如果给这段话的段首或段尾加上"这是一座现代化的体育馆"，那么它就是_____结构段，分为_____层。可用_____为段意。

丁老师正是在这样的比较训练中，让学生感受到并列结构段实际上是总分结构段省略了总述部分。因此，给这种结构段分层次和概括段意就有区别了：给总分结构段分层次，一般分成两个层次（总述和分述），以总述为段意；而给并列结构段分层次，却要看它从几个方面写一个事物，每个方面就分为一层，从段中各层意思了解总述的中心，归纳出来，就是段意。

### 三、学习总分结构段

总分结构段，是指由总述和分述两层构成的段。如《富饶的西沙群岛》第五自然段：西沙群岛也是鸟的天下，岛上有一片片茂密的树林，树林里栖息着各种各样的海鸟。遍地都是鸟蛋。树下堆积着一层厚厚的鸟粪，这是非常宝贵的肥料。

这段话分两层写：第一层先总述西沙群岛是鸟的天下，第二层从"海鸟多""鸟蛋多""鸟粪多"这三个方面分述了"鸟的天下"。

为了帮助学生练好总分结构段，丁有宽老师对学生进行了分类练习。

1. 写用具。

范文引路：

妈妈买的一把新雨伞是多么可爱。伞面是尼龙布做成的，上面由蓝、白两色组成斜格，显得十分素雅。伞面是由 16 根伞骨支撑着。晶亮、笔挺的伞柄头上装着有机玻璃的挂件，非常漂亮。

接着指导仿写：可以是"一个书包""一个笔盒""一支钢笔""一件衣服"或"一盏台灯"……

2. 写建筑物。

范文引路：

四川有一座索桥，桥身有一里光景长，是用粗的竹索挽成的。桥面是由竹索上面铺的一块一块木板组成，木板铺得不整齐，中间还露缝。木板不宽，也不长，三个人并排走在上面就不大方便。桥两旁有竹索编的栏杆，即使人失了脚，也不会落到水里去。这索桥的桥墩不是粗壮的柱子，而是高高的竹架，这些竹架支撑着整座桥。这座桥不但坚固，而且美观。

仿写内容："教学楼""教室""百货商店"……

3. 写活动场面。

范文引路：

国庆节的夜晚，人民广场上千万支礼花纷纷射入空中，形成了一副五颜六色的空中彩图。欢乐的人们手捧鲜花，高呼："中华人民共和国万岁!""中国共产党万岁!"观礼台上，市政府领导笑容满面地和群众一起观看节日的礼花，并不断地举手向人们招呼。国庆节的夜晚是多么欢乐啊!

仿写内容："课间十分钟""体育比赛""科技表演"……

4. 写人物。

范文引路：

　　爷爷一生过的都是简朴的生活。战争年代，他和战士们吃一样的饭菜，穿一样的粗布军装。一身衣服穿了几年，补了又补。解放以后，他把这种艰苦朴素的作风带到了北京。

仿写内容："老师（爸爸、妈妈……）关心我"或"×××是我学习的好榜样"……

　　丁老师引导学生从四个方面，四种不同类别进行"总分式"结构段的训练，授之以"法"，运用于"法"，学生言语实践活动充分，达到内化于"法"的目的。

### 四、学习概括与具体结构段

　　概括与具体结构段，是指某个段的两层意思表明概括介绍和具体描述的关系。一般有两种情况：一种是先概括写，后具体写；一种是先具体写，后概括写。如《我的弟弟》中的一段：

　　弟弟很爱学习，也很懂礼貌。他每次来到黄伯伯的牢房门前，总是先轻轻地敲几下门，得到黄伯伯的允许，才跨进门去，敬个礼说："黄伯伯好!"黄伯伯上午教他语文和算术，下午教他俄语和图画。他每门功课都学得很好，特务在旁边监视的时候，他就用俄语跟黄伯伯说话。特务不懂俄语，干着急也没办法。

　　这段话是写"我"的弟弟"小萝卜头"在监狱里的事情：弟弟很爱学习，也很懂礼貌。它分两层写：先概括地写出对弟弟的印象——爱学习，懂礼貌；接着具体地描写弟弟怎样轻轻地敲门，怎样向黄伯伯敬礼问好；怎样学好每门功课，用俄语跟黄伯伯说话。这是先概括后具体的写法。

再看《周总理的睡衣》第一自然段：

> 邓妈妈70多岁了。她戴着花镜，安详地坐在椅子上，给敬爱的周总理补睡衣。睡衣上已经有好几个补丁了。这一回，邓妈妈又穿上了线，右手捏着针略略抬起，左手在熟练地打结。她是多么认真啊！

这段话写的是邓妈妈为周总理补睡衣的事。课文先写邓妈妈"戴着花镜""又穿上了线""右手捏着针略略抬起，左手熟练地打结"，这些外貌和补睡衣动作的具体描写，给我们留下印象：邓妈妈是多么认真啊！这是先具体后概括的写法。

丁有宽老师在训练时首先强调读，在读中第一步弄清每一段中哪些是概括写，哪些是具体写；第二步，从概括句理解整段的意思；第三步，学习课文是怎样围绕概括句进行具体描述的。其次再过渡到写：要求明确中心，在怎样具体描述上下功夫。如此读写结合，学生自然掌握了概括与具体相结合的构段方式。

## 第四节　篇章结构法

小学生在低、中年级学习中练好"句子结构法""句群结构法""段的结构法"，都是为高年级学好成篇的文章打好基础。四年级以后丁有宽的教学就着重在学习文章篇章结构法上下功夫。丁有宽将小学生应该学会的最基本的篇章结构法整理成以下几类：

1. 重点练好五项基本功：文章的审题、立意、选材、组材（包括开头、结尾、过渡和照应）、修改。

2. 按读写好一篇记叙文的要求，结合阅读教学掌握读与写的七条对应规律：

（1）在读中学习解题，作文结合练习审题和拟题；

（2）在读中学习归纳中心，作文结合练习怎样表现中心；

（3）在读中学会分段、概括段意，作文结合练习拟写作提纲；

（4）在读中学习区别文章主次，作文结合练习怎样安排详略；

（5）在读中学习捕捉文章重点段，作文结合练习怎样突出中心；

（6）在读中学习品评课文，作文结合练习自改作文；

（7）在读中学习作者怎样观察事物，作文结合练习观察方法。

学会"在读中学写，写中再读，读写结合"的学习方法，达到阅读时能做到四想、三议、二记、一问。四想：想一想这篇文章是记事为主的，还是写人为主的；是状物为主的，还是抒情为主的；是写个人的，还是写集体的；究竟是第几人称。想一想文章的中心思想是什么。想一想文章怎样布局谋篇，先写什么，后写什么。想一想哪一段是表现文章中心思想的重点段。三议：议一议题目怎样解；议一议段落大意，并加小标题；议一议课文哪些是重点词句。二记：记一记心得，记一记疑难。一问：遇到疑难问题先向自己发问，然后向字典、同学、老师发问。读书勤动笔，能使用圈圈、画画、勾勾、注注、记记等读记方法（圈出重点字音、重点词；画出重点句子、段落；勾出段落层次；注出段意、层意、标题；记出疑难、心得）。

在作文时做到四想、三拟、二写、一多。四想：想一想文章的中心，想一想能表现文章中心的材料，想一想文章的题目，想一想文章的布局谋篇。三拟：拟好题目，拟好提纲，拟好主次。二写：先写好稿子，后誊写作文。一多：多修改。写好稿子后，能从文章内容到语言做全面检查，最后才誊写，并能通过阅读课文、作文评讲、再观察等方面自觉地反复修改文章，培养自学自得、自作自改的自学能力和习惯。

## 一、学习审题与命题

训练（一）：学会审题方法

【读写提示】

审题方法主要有：

1. 审清题目要求。如《抢险》《赶羊》《飞夺泸定桥》等是记事的，《詹天佑》《我的伯父鲁迅先生》《列宁和卫兵》是写人的，《瑞雪》《鸟的天堂》

《桂林山水》是写景的，《桥》《壁虎》《太阳》是写物的，《别了，我爱的中国》是抒情的。

2．审清题目要求写的对象。如《董存瑞舍身炸暗堡》写的是个人，《狼牙山五壮士》写的是一个五人的集体，《飞夺泸定桥》写的是一个没限数的集体。又如《我的心事》是用第一人称（我）写的，《再见了，亲人》是用第二人称（你或你们）写的，《卖火柴的小女孩》是用第三人称（她）写的；《在寻美活动中》写的对象则不限，可以写个人或集体，可以写自己或别人。

3．审明题目要求写的时间或地点。题目表明的时间，有写过去的，如课文《十六年前的回忆》；有写现在的，如课文《参观人民大会堂》；有写未来的，如《我长大要当……》；《辛勤的园丁》可写现在的，也可写过去或将来的。题目表明的地点，如课文《八角楼上》《大雪山》等，只能写指定地方的事，不能写其他地方的事。

4．审明题目中的"题眼"。"题眼"即题目中的关键词，往往点明文章的中心思想。如《我爱故乡的杨梅》的"爱"，《伟大的友谊》的"伟大"，《飞夺泸定桥》中的"飞夺"。阅读时抓"题眼"，就能把握住文章的中心；作文时抓住"题眼"，就能避免各种不同的离题或"报流水账"的现象。

【读写训练】

1．根据审题的要求，写出下面题目的内容、重点、范围（时间、地点、数量等）和人称。

如《记暑假里一件有意义的事》——

内容：记事

重点：有意义

范围：暑假里、一件

人称：第一人称或第三人称

（1）《记一件尊师的事》

（2）《我和我的小朋友》

（3）《我爱我的×××》

2．标出下面几组题目的重点词（用"△"表示），并比较异同。

（1）《一件往事》《一件小事》《一件好事》《一件新事》《一件"傻"事》

《一件有趣味的事》《一件有意义的事》《一件难忘的事》《一件动人的事》

（2）《在校园里》《春到校园》《我爱校园》《校园变得更美》《校园的早晨》

（3）《可爱的教室》《我们的教室》《教室里的友谊》

（4）《一个熟悉的人》《一个陌生的人》《一个受尊敬的人》《学习的好榜样》

（5）《我的老师》《我和老师》《师生之间》

训练（二）：学会自己命题

**【读写提示】**

学会自己命题，才能做到"自能作文"。学生们要在提高审题能力的同时，学会自己给作文命题。

命题要达到三个基本要求：一要具体，如《擦门窗》；二要新颖，如《一个苹果》；三要简洁，如《放学路上》。怎样学会给作文命题呢？大体分两步走：

第一步，学习课文，模仿拟题。课文的题目大体可分几种：以"时"命题，如《课间十分钟》；以"地"命题，如《在炮兵阵地上》；以"事"命题，如《抢险》；以"人"命题，如《李时珍》；以借物命题，如《一个苹果》；以人物语言命题，如《"你们想错了!"》。课文《赶羊》《董存瑞舍身炸暗堡》都是以事作为课文的题目，可引导学生拟出《小林冒雨求教》《小明智抓坏蛋》等。《小木船》《一个苹果》等课文，都是以文中的一件事物作为课题，可引导学生仿拟出《一个钱包》《一支教棒》《一个灯罩》《一把雨伞》等。

第二步，大胆实践，多拟多改。引导学生随时把所见所闻及所想拟个标题作文，编入名为"我的作文"的作文材料本子里，定期送交家长批阅并在班上展出；平时写每篇小作文和日记都要加上标题；平时观赏图片，观察每处景物，也随手拟一个标题。实验班设有《标题集锦》栏，交流学生在课内外阅读中积累的好标题，集思广益；在阅读课或作文评讲课中，认真比较、品评文章标题。

**【读写训练】**

1. 读下面的短文，回答短文后面的问题。

我的家乡有一条河。从前，河上没有桥，只有一块木板。

一天，央金和桑布在木板上走着。央金脚一滑，掉到河里了。桑布吓得大叫："救命啊！救命啊！"对岸住的解放军叔叔一听到喊声，就飞快地跑过来，"扑通扑通"跳下河去。12月的河水冰冷刺骨，解放军叔叔什么都不顾，一心只想把央金救上来。后来，有个解放军叔叔抓住央金的手，把她救上了岸。

解放军叔叔想，河上只有一块木板，太危险了。他们就在河上架起了一座木桥。从那以后，我们就管这座桥叫"救生桥"。

(1) 给上面的短文命题。

(2) 参阅下面的题目，根据命题的几种形式，在题目后面写上其以什么形式命题。

《解放军下河救孩子》（    ）

《热爱人民的解放军》（    ）

《救生桥》       （    ）

(3) 根据命题的三个基本要求，讨论上面三个题目，选哪一个作为短文的题目为好？

2. 根据下面提供的三个写作内容，分别写出一两个具体、新颖、简洁的作文题目。

(1) 在寻美活动中，写一件表现社会主义新风尚的事。

(2) 写一个学习场面，反映同学们的学习热情。

(3) 写一篇关于冬天的作文。通过对景物、事或人的具体描写，表现人们不畏严寒、战斗在自己岗位上的精神面貌。

3. 读下面的短文，按要求拟题目，要做到突出中心。

一天中午，六年（1）班发生这样一件事：

李小冬清理书桌时，将一团碎纸扔到窗外的操场上。学校的卫生检查员发现了，要扣班级卫生评比分。王小宇找卫生检查员辩解，说李小冬不是有意的，不该扣分。组长张小丽知道了，就找李小冬和王小宇谈心，后来他们三人就一齐找卫生检查员表示了态度。

拟题要求：

（1）如果以写李小冬的表现为主：《　　　》

（2）如果以写王小宇的表现为主：《　　　》

（3）如果以写张小丽的表现为主：《　　　》

（4）如果写他们三人的表现：《　　　》


## 二、捕捉与表现中心思想

中心思想就是作者写作的目的。任何人写文章总有一个目的，或是为了介绍某一件事情；或是为了说明某一件事物；或是为了表彰某一个人物某一个集体单位；或是为了传播某一项经验……阅读一篇文章，要抓住文章的中心思想，理解作者的写作目的；写一篇文章，也要明确自己的写作目的，确定好文章的中心思想。这是评价一个人读写能力的重要标志。

训练（一）：捕捉和概括文章中心思想

【读写提示】

一般来说，中心思想包括"写什么"和"为什么写"这两个部分。"写什么"是文章的基本内容，在记叙文中主要是指文章所记叙的人物、事物或景物。"为什么写"是写作目的，指文章中作者表达的思想感情或观点。阅读一篇文章时，一般的步骤是：先看题读文，初步理解文章的基本内容写什么；再精读课文重点段，进一步理解作者在文章中要表达什么思想感情。阅读课文时，可以从以下几个方面捕捉中心思想。

1. 抓题目。如《富饶的西沙群岛》一课，从课题便可知道课文写什么（西沙群岛），写西沙群岛怎么样（富饶），了解到课文的基本内容是写西沙群岛富饶。

2. 抓中心句。有些文章的开篇、篇中和结篇有概括文章的中心句。如

《詹天佑》一课开篇首句"詹天佑是我国杰出的爱国工程师",直接点明课文的中心思想。《再见了,亲人》一课篇末"再见了,亲人!我们的心永远跟你们在一起",概括了本文的中心思想。《草地夜行》一课中间"我的心疼得像刀绞一样……他被这可恶的草地夺去了生命"表达了"我"对老红军深情的赞颂,也是文章中心思想所在。

3. 抓重点段落和关键词句。如《飞夺泸定桥》一课,可以抓住题目中的重点词语"飞夺",认真阅读重点段(课文的主体部分)"抢时间"和"攻天险"两个层次,从红军为什么能完成抢时间和攻天险任务找原因,就能捕捉和概括出文章的中心思想。

**【读写训练】**

按下面列举的捕捉文章中心思想的角度,试从学过的课文中各举 2 个课例:

1. 抓题目:《　　》《　　》。
2. 抓开篇点题:《　　》《　　》。
3. 抓结篇点题:《　　》《　　》。
4. 抓篇中点题:《　　》《　　》。
5. 抓关键词句或重点段点题:《　　》《　　》。

训练(二):确定和表现文章中心思想

**【读写提示】**

写文章要想好自己的写作目的,并且确定好文章的中心思想。确定文章中心思想时要做到:第一,文章的中心思想要鲜明正确;第二,要围绕文章中心思想选择真实和新鲜的材料进行具体描述;第三,可以从题目,或从开篇、结篇、篇中,或重点段、重点词句表现中心思想。

学生在写作时要克服两个常见病:一是"多中心",就是在一篇文章中有两个或两个以上的中心,中心思想不集中,必须记住一篇作文只能有一个中心;二是"无中心",就是东拉西扯,叫人读了不知所云。作文时应该有针对性地对学生进行指导。

**【读写训练】**

1. 阅读下面的习作，说说文章表达的中心思想是什么，是用什么事情表现中心思想的。

### 过中秋节

今天是中秋节，中午一放学，我就赶紧回家。

一进院子就有一股诱人的香味扑鼻而来，我馋得直咽口水。嗯，一定是妈妈给我做了可口的饭菜。想到这里，我三步并作两步跑上楼。可刚一进门，我愣住了。家里的情形跟我想象的完全不一样，只见锅里空空的，不见一点饭和菜。我见一张纸条放在桌子上，上面写着：今天有个急诊，妈妈给病人治病去了，让爸爸做饭。我看完纸条，气得一屁股坐在椅子上。

爸爸回来了，我把条子递给了他。爸爸看完后笑着对我说："妈妈出去给人看病，你还用得着生气？"我紧接着说："连饭都不做，就知道看病，看病！"爸爸听了这句话，严肃地对我说："医生的任务是什么？是救死扶伤、减轻病人的痛苦。如果你得了重病，别的医生为了给自己做饭，把你放下不管，你同意吗？"

爸爸的一席话，说得我火消气散，我只得俏皮地对爸爸说："我是不会得重病的。"说完，我跟爸爸情不自禁地笑了起来。

2. 下面两例在表述中心思想方面有什么毛病？

例1：一个同学写《一个勤奋学习的同学》，把这个同学从早晨预习、上午听课、下午做作业、晚上复习等一一写下去。

例2：一个同学写《团结友爱的×××》，除了写这个同学帮助同学补课外，还写这个同学尊敬老师、遵守纪律和为教室擦门窗。

3. 用下面提示的中心思想作文，你认为用什么材料表现中心好？

（1）×××是个心灵美的红花少年。

（2）×××真是个名副其实的三好学生。

（3）《中国少年报》给了我许多知识和本领，它是我的好朋友。

（4）秋天是收获的季节。我特别喜欢秋天。


4. 下面是一位同学以"敬爱的老师"为题写的几篇习作，仿照表达文章中心思想的几种方法写几篇习作。


　　▲一篇是开篇点题："金凤树下长方窗，窗前灯光分外明，呕心沥血为咱们，多少夜晚迎黎明。这是我对无比敬爱的年过半百的班主任的赞扬……"

　　▲一篇是篇中点题："……老师，痛了你的牙，正刺痛了我们的心，请您休息吧！您期望我们要为"四化"建设学好本领，我们学习您坚强的毅力，定能自学好的，请您放心。"

　　▲一篇是结篇点题："老师，敬爱的老师，您给了我们多少慈母般的温暖，您为我赶上队花了多少心血！您比我的亲爹娘还要亲哩！"


### 三、学习选材

训练（一）：要围绕文章中心思想选材

**【读写提示】**

中心思想是一篇文章的灵魂。文章材料的选择、取舍，文章的详略安排，都要为文章的中心思想服务。有用的则取，无用的则舍。重要的详写，次要的略写。凡与中心思想无关的材料，再生动也不能用。例如课文《董存瑞舍身炸暗堡》，文章中心是歌颂董存瑞为了人民的解放事业而英勇献身的高贵品质，作者围绕中心思想，选择董存瑞一生中"舍身炸暗堡"这一件最典型的事进行具体的描述。事情的起因和结果部分略写，事情的经过——舍身炸暗堡部分详写，其他没关系的就没有写。

**【读写训练】**

1. 从下列三组课文中选择一组，写出各课的中心思想和具体材料。

　(1)《寄菜刀》《大雪山》《爷爷》

　(2)《珍贵的教科书》《手》《我的伯父鲁迅先生》

　(3)《小抄写员》《桂林山水》《詹天佑》

2. 阅读下面习作，说一说文章的中心思想是什么，选择什么材料表现中心思想。(略)

3. 三好学生林小梅有很多感人的事迹，最主要的有以下14条：

　(1) 冬天早晨坚持体育锻炼。

　(2) 各门功课成绩都在90分以上。

　(3) 四年多来坚持不缺一节课。

　(4) 认真寻美作文，自设"颂美小花花"本子。在一学期里，写出百余篇作文，十多篇文章在报刊上发表。

　(5) 有好吃的先让给奶奶吃。

　(6) 天气冷了，用自己的厚被换奶奶的薄被。

　(7) 夜里冒雨到学校向老师请教。

　(8) 替奶奶补好破衣服，补得简直看不出痕迹。

　(9) 星期天和几位同学给学校操场补平洼坑。

　(10) 自己动手修理桌椅。

　(11) 从课文中学写作，多作多修改。

　(12) 常常向同学介绍学好功课的经验。

　(13) 喜欢阅读课外读物，常把优美的词句抄下来。

　(14) 顶着强台风，为学校教室关门窗。

4. 根据"围绕中心思想选择材料"的要求，给下面题目选择合适的材料，并写在题目后面（用条次表明，重要的材料在条次前面加上△）。

《敬老爱老的林小梅》

《热爱集体的林小梅》

《语文标兵林小梅》

《勤奋学习的林小梅》

训练（二）：选材要"真""小""新"

【读写提示】

选材时除了要扣紧文章的中心思想外，还要注意材料要"真"（真实），不要弄虚作假；要"小"（具体），不要又空又大；要"新"（新颖），不要人云亦云。例如课文《一个苹果》，作者选择了在一个战火纷飞的夜晚，在火线防空洞里，八名志愿军战士在整整七天没有喝一口水的艰苦战斗环境里，"吃不完"一个苹果的故事。文章选的材料不仅扣紧中心思想，表现战士们之间的友爱，而且注意到"真""小"和"新"。

【读写训练】

1. 阅读两篇短文。

（文章略）

2. 介绍一篇自己或同学写的在选材方面能做到"真""小""新"的文章，跟大家交流。

**四、学习材料安排**

【读写提示】

语文教材中的记叙文里，最常见的材料安排顺序大致有下面 4 种：

1. 按事情发展顺序安排材料。如《第一次跳伞》是按照"到机场——飞机起飞——跳伞——着陆"的顺序，写出作者第一次跳伞的过程。文章四个段落中"跳伞"这一段详写。又如《飞夺泸定桥》记叙顺序是：险桥必夺（起因）——抢时间（发展）——攻天险（高潮）——奔赴前线（结果）。文章四个部分中"抢时间"和"攻天险"两部分详写。这是记事文章最基本、最常用的一种记叙顺序。

2. 按时间先后顺序安排材料。如《一定要争气》开头写童第周童年时的艰苦生活，再写他上中学时怎样勤奋学习，最后写他到比利时去留学，如何为中国人争气。课文是按童第周"童年""上中学""去留学"这三个时间顺序写的。又如《我的战友邱少云》也是按时间先后顺序安排材料的：天还未亮——中午时分——半个小时后——黄昏时候。这类文章，常常用表示时间概念的词语或句子来标明文章的段落。

3. 按空间（地点）转换顺序安排材料。例如《参观人民大会堂》就是按参观各部分建筑物的顺序来记叙的：看到正门——进了中央大厅——步入大礼堂——上楼到宴会厅。又如《小站》：先写这个小站坐落在山坳里；再写车站的月台正面，月台中间的喷水池，月台两头的杏树，月台的设备；最后写山坳里的春意。写游记、参观访问记，以及描写静物、建筑物和场所环境的文章，常常按这种顺序安排材料。在这类文章里面，往往以表明地点概念的词语或句子标明段落。

4. 按事物性质分类安排材料。如《美丽的小兴安岭》一文材料的安排和记叙是这样的（见下面提纲）：

> 林海一年四季都是美丽的　　（先总述）
>
> 美丽的　　春
> 小兴安岭　夏
> 　　　　　秋　　美丽　　　　（再分述）
> 　　　　　冬
>
> 是一座巨大的宝库，也是一座美丽的大花园　（后总述）

这种安排材料的方法常用于写景和写物的文章。这种记叙顺序往往是采用先总述后分述或先分述后总述的形式叙述。给它划分段落，可以把总述和分述各分为一段，或把分述部分分为若干段。

上述四种最基本的记叙文安排材料的方法，在阅读时要认真学，作文时要灵活运用。三年级先练好记叙文材料组织的"三段法"（开头、中间、结尾）；四年级时，就要有重点地学习记叙文四种安排材料的方法。

训练（一）：按照地点转换顺序的记叙

**【读写训练】**

下面是丁有宽以《草原》一课为例，指导学生学习"按照地点转换顺序记叙"的教学过程。

1. 根据提示自学课文，理清思路、理解内容，完成"板书"。

提示问题：课文《草原》记叙了一件什么事？按什么顺序记叙？主要内容写什么？

板书如下：

地点转移：初见草原→初入草原→快到公社→蒙古包外→蒙古包内
所见所闻：　景色美丽富饶　　远迎客人　　盛情待客

2. 精读课文第一自然段，思考：作者到了草原，看到了草原的景色，产生了怎样的思想感情？为什么会产生这样的感情？草原景色有哪些特点？作者是按怎样的观察顺序写的？把课文中表现草原景色特点的词语找出来。读了这段课文你有什么感受？我们读了为什么好像亲见其景？

围绕上述问题，反复阅读、思考，认真想象，进行复述，直至熟读成诵。

3. 精读课文第二自然段，学习作者如何按照地点转换，抓住事物的特点来写。

提示问题：作者在去牧业公社的途中，初入草原和接近公社时所看到的景色有什么不同？画记相关词语并板书。

### 访问途中两个不同的环境

地点转换：　　　　初入草原　　　　　　　　　　快到公社

| 听不见一点声音<br>除了一些忽飞忽落的小鸟，<br>不见什么东西<br>…… | 远远望见一条河<br>牛羊多起来<br>隐隐有鞭子声响<br>主人来到几十里外的地方迎客<br>…… |
|---|---|

学生由此体会到：任何事物都是在一定的环境下产生的，事物的变化和环境的变化是互相联系的。

4. 练习写话：按下面环境和事物的变化关系，抓住不同特点，选写一个片段。

（1）你在课堂里学习，下课到操场上，这两个环境的事物表现出什么不同的特点。

（2）你在同一个教室里，第一节上的是语文课，第二节上的是音乐课，在这两节课上，课堂的学习表现，有什么不同的特点？

从课文中感知方法，从典型例文中学习方法，以读促写，读写交融。"文章写作顺序"的知识点就这样注入、固化。

5. 综合训练，学习安排写作顺序。

（1）引导学生回顾本文的写作顺序：作者是怎样写出草原的特点的？这样写有什么好处？

（2）请学生举出三篇按照地点转换顺序记叙的课文，并写出其材料安排及写作顺序。

（3）仿照课文写一篇参观访问记，要求按照地点转换先后顺序记叙，并把不同环境中事物的特点写出来。

训练（二）：按四种不同的记叙方法安排写作材料

【读写训练】

1. 根据上述四种安排和记叙方法，试从课本中各举两篇例文。

第一种按事情发展顺序安排材料：《　　》《　　》

第二种按时间先后顺序安排材料：《　　》《　　》

第三种按空间（地点）顺序安排材料：《　　》《　　》

第四种按事物性质分类安排材料：《　　》《　　》

2. 阅读下面几篇短文，回答有关问题。

（文章略）

（1）给它定个题目。

（2）说说它选择了什么材料，表现了什么中心思想。

（3）它用了什么记叙方法？

（4）给《小傻哥哥》拟提纲，并给重点段拟细纲。

3．以"营火会上"为题，选择不同的材料组成2份不同的写作提纲，并在提纲前面用"△"标明详写段落。

（1）奏乐、出旗活动开始。

（2）操场上群灯眨眼，一片欢腾。

（3）乐得老是不能睡着。

**五、开头训练五法**

古人认为文章的结构应该是"凤头、猪肚、豹尾"，意思是说，文章开头要像凤凰的脑袋，漂亮、优美。常言道，良好的开端是成功的一半。如何引导学生写好开头呢？丁有宽老师从小学语文课本中归纳出五种开头法。

1．交待四素（时、地、人、事）。

首先出示课文范例——《会飞的水》："不久以前，我访问了山里的喷灌区。"这个开头，虽说是一句简单短句，但时、地、人、事四素交待完整。

接着，要求学生从下面题目中选择一两个，用先交待四素的方法写开头：《记一次班队活动》《记一件好事》《记一件××的事》。

2．开门见山开头法。

开门见山的开头方法在小学语文课本中是最常见的，也是小学生写记叙文最常用的一种开头法。阅读教学时遇到这类课文，丁老师总是注意从开头处就让学生捕捉文章的主要内容和中心思想。如《詹天佑》："詹天佑是我国杰出的爱国工程师。从北京到张家口这一段铁路，最早是在他的主持下修筑成功的。这是第一条完全由我国的工程技术人员设计施工的铁路干线。"课文首句就告诉读者，詹天佑是我国杰出的爱国工程师（即文章的中心思想），接着用从北京到张家口这段铁路，最早是在他主持下修筑成功的事迹，表现他的"杰出"和"爱国"（即文章的主要内容）。

为了更深入地了解这类开头方法，接下来，丁有宽老师总是请学生在学过的课文或课外读物中，找到哪些文章是运用开门见山开头法的，并选择几个来说一说。

最后是学以致用，请学生把习题填写完整，并各选一题，用开门见山的方法写一段开头，要求准确把握文章的中心思想，用概括的形式，把要写的主要的人、事或物，一开头就表达清楚。

3. 提出问题开头法。

首先还是由课文入手，认识写法，如《海底世界》：“你可知道，大海深处是怎样的吗？”丁老师引导学生发现课文抓住课题“海底世界”的题意，直接用了一个设问句提出问题，引起读者对文章内容的关注。接着，趁热打铁，要求学生从“我心爱的一件东西”“一个钱包的故事”“×××的由来”“×××转变了”“我熟悉的人”“班级新风”等题目中选题，用提出问题的方法写一两个开头。

4. 描写引入开头法。

这样开头的课文在小学教材中也不少，例如《小英雄雨来》：“晋察冀边区的北部有一条还乡河，河里长着很多芦苇。河边有个小村庄。芦花开的时候，远远望去，黄绿的芦苇上好像盖了一层厚厚的白雪。风一吹，鹅毛般的苇絮就飘飘悠悠地飞起来，把这几十家小房屋都罩在柔软的芦花里。因此，这村就叫芦花村。12岁的雨来就是这村的。”

在这篇课文中，作者一开头就形象地描绘了芦花村的自然环境，并点明雨来生在还乡河边的芦花村。这使读者初读就能感受到祖国山河无限可爱，雨来生长在这样的环境中是无限幸福的。

丁有宽在指导学生学习这类课文开头时，总是着重启发学生思考几个问题：第一，为什么要这样写？让学生懂得这样写是为表现人物和文章中心思想服务的，不能为写景而写景；第二，这么写跟课题和正文有什么联系？让学生懂得这样写与题目和正文间要呼应自然，不能孤立生造；第三，它是怎样表达的？让学生懂得描写的顺序，描写要抓住特征，还要注意遣词用句，吸收语言的精华。最后根据学生的生活实际和作文实际指导学生模仿作者的观察、思维、表达方法，一一练习，例如，从“冒雨抢收”“摸黑求救”“晨读”“冬季锻炼”“运动会”等题目中任选一个，学一段以景物描写为主的开头。

5. 抒发感情开头法。

抒情的方法主要有借人抒情、借事抒情、借景或借物抒情几种。《十六年前的回忆》这一课便是借事抒情："一九二七年四月廿八日，我永远忘不了那一天。那是父亲的被难日，离现在已经十六年了。"这一开头抒发了作者和母亲对亲人李大钊忠于革命事业，对敌斗争的大无畏精神的无比崇敬以及对军阀凶狠残暴本质的无比憎恨之情。

这种开头方法，在课文中出现得不多，因此丁有宽老师常选编一些类似的补充材料，指导学生阅读一些有关的革命回忆录文章。在指导学生练习这种开头法来进行写作时，丁老师总是设置情境，极力引导学生回忆生活，在激起学生感情的基础上，再进行仿写。同时，他还不忘提醒学生，只有在自己确实需要借什么来抒发自己的思想感情时才使用抒发感情开头法，而不是为了仿写而套写。

### 六、结尾训练五法

结尾是作文的最后一道重要"工序"。精彩的结尾被称为"豹尾"。文章有了精彩的"豹尾"，能唤起读者的思考与共鸣，增强感染力。那么如何引导学生写好结尾呢？丁有宽从小学语文课本中归纳出五种结尾法（事情结果、指明主题、展示未来、抒情议论和描写），指导学生认识课文的不同结尾方法，然后模仿练习写各种不同的结尾。

1. 事情结果结尾法。

以一事表人的记叙文往往用事情结果做文章的结尾。例如《草船借箭》："二十条船靠岸的时候，周瑜派来的五百个军士正好来到江边搬箭。每条船大约有五六千支箭，二十条船总共有十万多支。鲁肃见了周瑜，告诉他借箭的经过。周瑜长叹一声，说：'诸葛亮神机妙算，我真不如他！'"

在教学这个结尾时，丁有宽老师着重启发学生理解最后那句话（诸葛亮神机妙算，我真不如他）和开头那句话（周瑜看到诸葛亮挺有才干，心里很妒忌）的关系（既是照应的关系，又是事情的因果关系），并体会到这样写更能起到表现诸葛亮才干的作用。之后再举一反三，请学生列举所学课文或课外读物中运用事情结果结尾法的范例，并总结写法："运用这种结尾法，要掌握事情的'尾'在哪里，使人能从'尾'中看出事情的结果，了解事情的意义，做到有利于表现文章的中心思想。同时，还要做到紧密地照应文章的开头，文字要干脆利落，不要拖泥带水，节外生枝。"

2. 点明主题结尾法。

文章结尾总结全文，点明文章的中心，可以使文章的中心思想更加明确或深化。丁有宽老师在指导学生学习这类课文时，指导学生在阅读上下功夫，学懂文章中心内容是什么，并学习作者是怎样通过结尾总结全文，提炼主题，点明或深化文章中心思想的。

例如教学《伟大的友谊》的结尾，"马克思和恩格斯合作了四十年，共同创造了伟大的马克思主义。在四十年里头，在向着共同目标的奋斗中，他们建立了伟大的友谊"，丁有宽着重引导学生思考和讨论几个问题：

①文章中心是写什么？

②马克思和恩格斯的友谊为什么是伟大的？

③这样的文章结尾有什么好处？跟文章的开头有什么关系？重复吗？为什么？

由此感受到文章结尾处点明马克思和恩格斯合作时间达 40 年之久，他们的友谊是建立在共同目标——为共产主义事业奋斗的基础上，所以是伟大的友谊。结尾跟文章开头紧密照应，不是重复，而是对文章中心思想的进一步深化。

接着，引导学生读写迁移，模仿课文结尾，以"我的好伙伴"或"我和我的××"为题，写好文章的结尾，并对照范例评点、修改。

3. 展示未来结尾法。

课文《富饶的西沙群岛》的结尾，"富饶的西沙群岛，是我们祖祖辈辈生长的地方。随着祖国建设事业的发展，可爱的西沙群岛必将变得更加美丽，更加富饶"，便采用了这种方法。这一结尾，紧扣标题"富饶的西沙群岛"，照应文章开头"那里风景优美，物产丰富，是个可爱的地方"，这样的结尾不但引起读者对全文的回味，加深对文章中心思想的印象，而且受到很大的启示和鼓舞。

在教学这一课时，丁有宽老师除了引导学生理解这种用展示未来做文章结尾的作用，更是独具慧眼地指出：如果文章开头是点明中心，文末一般是以展示未来的方法做结尾，但展示的内容一定要与文章的中心思想有关，防止生造硬套。

4. 抒发感情结尾法。

　　"再见了，亲人！再见了，亲爱的土地！

　　列车呀，请慢一点儿开，让我们再看一眼朝鲜的亲人，让我们在这曾经洒过鲜血的土地上再停留片刻。

　　再见了，亲人！我们的心永远跟你们在一起。"

读到《再见了，亲人！》的结尾段时，学生能感受到志愿军战士对朝鲜人民真挚而强烈的情感。丁有宽老师在教学这篇课文时，侧重于指导学生在朗读中体会作者怎样通过结尾抒发自己的思想感情。让学生体会，作文时如果对所写的人物或事物有较深的感情时，就可以采用这种结尾法直抒胸臆。丁有宽还结合学生开展的"向生活里找美"等拓展活动，指导学生试用抒发情结尾法，写一篇反映美好事物或感动人物的文章。

5. 描写结尾法。

用描写方法作为结尾的文章，往往能给读者留下深刻的印象，引起读者的联想和深思。

例如，《穷人》：

　　"你怎么啦？不愿意吗？你怎么啦，桑娜？"

　　"你瞧，他们在这里啦。"桑娜拉开了帐子。

作者将桑娜和她的丈夫的语言描写作为文章结尾，巧妙地揭示了劳动人民乐于助人的无私品格，文章戛然而止，但给读者留下的是无穷回味。

在教学这一结尾时，丁有宽变换文章的结尾："渔夫进了屋，听了妻子的话后，同意了妻子的做法。"让学生多读多思考，通过比较体会到描写式结尾法的好处。

### 七、学习观察与描写

1. 读写结合，培养学生观察能力。

《语文课程标准》指出：要养成留心观察周围事物的习惯，有意识地丰富自己的见闻，珍视个人的独特感受，积累习作素材。可见，观察既是思维、想象的基础，也是写好作文的前提。

为了培养学生的观察能力，丁有宽老师还是走"读写结合"的路子。因为从阅读来说，教材中很多课文写得具体、生动、形象，这是作者细致观察的结果，通过借鉴课文，可以学会如何观察；从作文来说，观察是作文的开始，通过观察，可以学会如何表达。因此，丁有宽老师经常结合教材的读写要求指导学生借鉴范文，用心设计练习，引导学生到生活中、到习作的源泉中去实践，使他们逐步形成观察能力，养成良好的观察习惯。

第一，指导学生学习次序观察法。丁老师总结出一系列的次序观察方法，即由近及远或由远及近，从上而下或从下而上，从左到右或从右到左，先中间后四周或先四周后中间，从人到物或从物到人，从因及果或从果及因，从静到动或从动到静，由表及里或由里及表等。这些观察次序方法的指导都是渗透在阅读教学过程之中，与阅读教学融为一体的。例如教学《参观人民大会堂》，丁老师在学生初读课文时提示：作者参观了什么建筑物，是按照什么次序观察的？在板书的辅助下，学生清晰地看到作者是按从外到内的次序观察的。同时丁老师以"正门"一段为例，让学生找出作者看到了什么建筑物，按什么次序看，让学生知道是按从上到下的次序观察的。学完课文后，丁老师组织学生学习作者用从外而内的观察方法观察自己的教室，然后拟写观察提纲，相互交流，启发修改。

第二，指导学生学习综合观察方法，即学习先局部后整体或者先整体后局部的观察方法。综合观察法有效地克服了认识事物的片面性。例如在教学《课间十分钟》时，丁有宽老师指导学生先拟出课文提纲，了解到作者是先观察操场活动的沸腾场面，再分别观察各个角落的活动情况。然后，要求学生按这种观察方法，自己选择内容，或从教师提供的内容如"班里早读""课堂上""拔河比赛"等选择一项进行观察，并写一个片段。

第三，指导学生学习重点观察法。学生学习可突出中心部分的重点观察法，既可以促进学生思维的纵深发展，又可以使学生作文中心突出、具体生动。教完《避雨》一课，丁老师引导学生思考：这篇课文为什么我们读了很受感动？随之引导学生进入细节，启发学生学习作者如何抓住人物表情、语言的细节，仔细观察，具体描写。

第四，指导学生学习比较观察的方法。用比较的方法观察事物，目的在于区别事物的特征。通过《亮亮》及《我的弟弟"小萝卜头"》两篇课文中儿童外貌描写的比较分析，学生懂得了，只有学习运用比较观察方法观察事物，才能抓住事物的特点，不然，描写的人物就会出现"人人一个样子"的毛病。教师还介绍了一组描写少年外貌较好的习作，指导学生比一比，说出人物外貌描写的共同点和不同点。同时要求学生各选择一个有特点的同学写一段话，在班里交流，教师指导学生再比较，再点评。

第五，指导学生学习观察结合合理想象的方法。根据心理学的研究成果，小学阶段是丰富和发展想象思维能力的最佳时期，因此在观察中引导学生开展想象，既能使学生思维向深度发展，又能使习作更加生动感人。如教学《荷花》时，教师在指导学生理解课文的基础上，让学生反复朗读和想象，入景入情，体会作者是如何认真细致地观察事物和展开合理想象的，在此基础上进行拓展训练：当你看到燕儿往北飞去的时候，你是怎样想的？当你看到早晨或晚上的云霞变化时，你是怎样想的？……并要求学生把看到、听到、想到的写在日记本上。

2. 分类训练，教给学生描写方法。

有了细致的观察，还要掌握一定的描写方法，这样，写起作文来才会言之有物，得心应手。为此，丁有宽老师紧扣教材，读写结合，分别教给学生描写景物、动物、植物、人物、场面的方法。

（1）景物描写法。

小学生很喜欢描写景色，但常爱犯两个毛病：不是干巴巴地说几句，就是为写景而写景，不能为文章中心服务。怎样练好景物描写这项基本功呢？丁有宽老师设计了如下的训练步骤。

首先，学习抓住季节特征描写景物。丁有宽老师出示了课文中分别描写春夏秋冬四季的不同文段，让学生比较阅读，画记词语，找出不同季节的代表性景物，感受不同季节的特点。接着让学生仿照课文，选择一棵树或一盆花，把它在不同季节的特点写下来，看看前后有什么不同。由此让学生懂得：进行季节景物描写，先要在观察上下功夫，抓住最能反映季节的景物来写；同时，描写时要有次序，并用好词语。

其次，学习描写景物要服务于中心思想。例如在教学《大雪山》一课时，丁有宽老师重点指导学生读文中三段景物描写，并思考：课文是怎样描写大雪山自然现象的变化的？为什么要这样着力描写？如果把课文第二、三自然段中关于描写自然现象的文字改为"红军翻越大雪山时，遇到了风雪、冰雹、大雨等带来的各种困难"，你觉得怎样？为什么？由此让学生体会到作者之所以这样着力描写大雪山自然现象的变化，目的是为了更好地衬托出红军战士勇往直前的英雄气概。在此基础上，丁老师还为学生提供了仿写素材，请学生任选下面一个内容或自选内容，着重叙述人物是在怎样的天气下进行的：小梅坚持冬晨体育锻炼（要求叙述中突出"冬晨"的寒冷）；小勇冒着暴风雪给客人引路（要求叙述中突出"暴风雪的猛烈"）；小明夜里摸黑到学校向老师求教（要求叙述中突出"摸黑"）。

（2）动物描写法。

在我们的生活中，常常接触到一些动物，小朋友们很喜欢它们，可一旦描写起来就会犯"不像样"或"一个样"的毛病来。那么，丁有宽老师是如何进行这方面的专项训练的呢？

首先，结合《松鼠》《燕子》等课的教学，教学生学会有次序地描写动物的外形，并能综合动物的特点按照先总后分或先分后总的方法来写。

其次，结合《鸟的天堂》等课教学，学写动物的动态。并仿照《鸟的天堂》中群鸟动态的描写，任选一种动物群态（蝴蝶纷飞、蚂蚁觅食、蟋蟀互斗、白鹅池中游……）进行片段训练，学会抓住群体中最惹人注目的一两只动物做重点描写，并注意准确地运用动词。

最后，结合《壁虎》《翠鸟》等课的教学，教学生学会动静结合地写动物。如在教学《壁虎》一课时，丁有宽老师便反复引导学生体味有关描写壁虎动态和静态的词语，说说壁虎的静，静得怎么样；壁虎的动，动得怎么样。

讲一讲这样写有什么好处，作者为什么能写得这样逼真。着重学习作者精细观察事物的态度，注意事物一刹那间的形态变化。接着请学生仔细观察一只正在活动的动物，抓住它一刹那间的形态，写出它的静态和动态。

（3）植物描写法。

植物描写主要是写好花果和树木。怎样写好呢？关键在于观察，抓住它的特征，再有次序地写，并用好词语。

因此，在学《荷花》一文时，丁有宽老师带领学生剖析范文，弄明白课文分两段话写荷花的美。其中第一自然段共六句话，第一句话总写荷花"开了"，第二、三句写荷叶只是衬托，一笔带过。后三句依次分成"半开的""全开的""待开的"描写，把荷花各种形态、颜色写得形象逼真，给人以美感。第二段则把一池荷花想象成一幅佳作，这是合理的联想，是对荷花的高度赞美。由此掌握描写花果的顺序。

丁老师还抓住《鸟的天堂》一课的教学，引导学生从作者观察的角度读课文的第一、二段，并思考：作者两次看榕树，各站在什么地方看？看到的榕树样子是怎样的？为什么看到的榕树的样子有所不同？课文是怎么写的，这样写有什么好处，为什么？最后，丁老师要求孩子们自己选择一种景物，分不同时间观察，说出不同的观察结果，还要求孩子们在不同的季节观察班级门口的金凤树。这样结合课文的学习，联系孩子的生活观察，自然有了好的效果。

（4）人物描写法。

写人是记叙文的重要内容，是记事和状物的综合提高。为了让学生学会抓住人物特点，具体生动地刻画人物性格和人物精神境界，丁有宽老师重点指导学生练好写人的八个基本功：外貌描写、语言描写、行动描写、心理活动描写、人物综合描写、一事表人、几事表人、几方面品质表人（前四项作为单项训练，后四项作为综合训练）。同时，注意梯度训练，三年级侧重于写人的单项训练，高年级则侧重于写人的综合训练。

其中，外貌描写强调写得像、写得当；语言描写强调有中心、话得体；行动描写强调有变化、有条理、有重点；心理描写强调心理活动的描写要为表现人物的思想性格服务。

（5）场面描写法。

无论是记事的文章，还是写人的文章，都常要进行某种场面的描写。恰如其分地进行场面描写，能使文章生动感人。丁有宽老师的具体指导如下：

首先是抓住场面特点具体写。例如在教学《课间十分钟》时，丁有宽老师在引导学生理清作者描写顺序的基础上，重点学习作者描写"丢沙包"活动中的动作描写，学习点面结合，抓住人物活动的特点，有重点地进行具体描写，并从丰富多彩的生活场景中，如早读、考试、课间游戏、学校各项比赛、家庭办喜事等场面中寻找素材练习场面描写。

其次是学习结合抒情进行场面描写。丁老师在教学《草地夜行》时，便抓住文中老红军深陷泥潭而壮烈牺牲的一段场面描写，引导学生边读边思考："我"的心为什么疼得像刀绞一样？作者是怎样赞颂老红军的？这样抒发感情有什么好处？由此让学生感受到，场面描写结合适当的抒情、议论，能烘托场面的气氛并加深文章的表达效果。

# 第五章

## 小学语文读写结合实验教材

　　丁有宽小学语文读写结合实验得到国家教委和广东省教育厅领导的充分肯定。为巩固、发展并推广丁有宽语文教学改革的成果，丁有宽根据上级行政部门的指示精神，于 1987 年着手主编小学语文读写结合实验教材。经过两年多的艰苦努力，丁老师于 1988 年 10 月完成"五年制小学语文读写结合实验教材"全套十册课本编写工作。1989 年这套教材通过全国中小学教材审定委员会的审查，由广西教育出版社出版发行。1989 年，丁有宽依据《九年义务教育全日制小学语文教学大纲》的要求，又主编了"六年制小学语文读写结合实验教材"全套十二册。这两套小学语文实验教材于 1992 年春通过全国中小学教材审定委员会的审查，被定为全国九年义务教育小学语文试用教材，于 1993 年秋季推荐全国小学选用。据统计，1993 年秋季，全国有 28 个省市、5 500 所学校、11 000 个班，约 50 万学生使用这两套教材。[①] 丁有宽集 40 多年语文教学研究与经验之大成，以个人名义主编了这两套小学语文实验教材，朱作仁教授称"这是中国小学语文教材改革的一个突破"[②]。

---

　　① 刘达中，李学明. 丁有宽教育思想与实践（卷一）. 爱心教育［M］. 广州：广东人民出版社，2009：131.
　　② 朱作仁. 丁有宽的教育思想与教学法［M］. 广州：广东教育出版社，1993：106.

# 第一节  实验教材的主要特色<sup>①</sup>

丁有宽主编的小学语文实验教材（以下简称"丁版教材"）以科学的小学语文读写结合教学理论为基础，以编者归纳出来的小学记叙文读写结合五十法为主线，遵循儿童的认识规律和教学记叙文的自身规律，制定读写结合系列训练的内容和要求。教材根据训练系列的需要选文组编单元，练习题和预习的设计以读写训练为中心，注重"法"的训练，从整体着眼、局部入手，紧扣读写结合对应点，确定每一项训练重点、要点、特点的内容、目的、要求、时间和方法，使训练在整体设计中进行。整套教材内容系列化、要求规范化、训练序列化，可操作、可检测，是独具一格的训练型教材。

## 一、工具性和人文性统一

语文课程是一门学习语言文字运用的课程，这门课程"对继承和弘扬中华民族优秀文化传统和革命传统，增强民族文化认同感，增强民族凝聚力和创造力，具有不可替代的优势"。教育部 2011 年颁发的《语文课程标准》指出："语文课程丰富的人文内涵对学生精神世界的影响是广泛而深刻的，学生对语文材料的感受和理解又往往是多元的。因此，应该重视语文课程对学生思想情感所起的熏陶感染作用，注意课程内容的价值取向，要继承和发扬中华优秀文化传统和革命传统，体现社会主义核心价值体系的引领作用，突出中国特色社会主义共同理想，弘扬以爱国主义为核心的民族精神和以改革创新为核心的时代精神，树立社会主义荣辱观，培养良好思想道德风尚，同时也要尊重学生在语文学习过程中的独特体验 。"<sup>②</sup>

---

① 本节内容参照广东省教育厅教材编审室主任蔡柏崇的《丁有宽小学语文"读写"结合教材的特色》一文，原文载：刘达中，李学明. 丁有宽教育思想与实践（卷一）. 广州：广东人民出版社，2009：65-70.

② 教育部. 全日制义务教育语文课程标准 [S]. 北京：北京师范大学出版社，2011：3-4.

丁版教材虽然是在 20 世纪 90 年代编写的，但是在教材编写过程中充分关注了语文课程工具性与人文性相结合的特点。实验教材从"教书育人"的思想出发，在例文和习题的内容中都突出地体现了"两史教育"和国情教育，增强人文教育、环保教育和科普教育意识，提倡"五爱"教育，弘扬艰苦创业、奋发进取、无私奉献的革命精神，贯穿着审美教育，重视小学生日常行为规范的培养。

全套教材共计编入了 54 位革命领袖、革命家、优秀教师、工程师、医生、科学家和少年英雄等人物形象，作为儿童学习的榜样。对学生进行人生观和价值观的教育，使学生更加热爱中国共产党，热爱社会主义，热爱革命领袖和革命英雄。

每册教材开始都编有做人篇、勤学篇，引导学生学会做人、做事，学会学习、求知，学会健身心，学会求生存，培养创造精神和实践能力，如一年级的《做个好孩子》《爱惜时间》，二年级的《努力学习》《文明礼貌用语》等课文。每册教材还有歌颂祖国山河的佳作，如《祖国山河多美好》《可爱的家乡》《日月潭》《赵州桥》《长城》等课文，展现了祖国山河的壮美，表现了我国劳动人民的聪明智慧和才干，使学生受到爱国主义教育。

教材还突出了语文课程的审美教育（道德美、人格美、人际美、环境美等），并安排对应性的学美、寻美、颂美、创美活动。写作教学也融入在其中，使学生发现美的素材，写出真情实感的文章。

教材还注意把语文本身的工具性和实用性与时代性很好地结合起来。从我国国情实际出发，根据学科知识和学生的学习能力选取范文。在教材的范文中，65%选自经过长期实践检验的传统的名家名篇，同时也选编了当代一些优秀作品，如《家乡变了样》《深圳，腾飞吧！》，反映 20 年改革开放社会主义建设的新貌，体现教材的时代性。选编的一些科学常识短文，如《地图》《电灯、电话、电视机》《祖国的农产品》《奇妙的舌头》《庄稼的好朋友》等，使学生在学习语文知识的同时，学习一定的科学知识。此外，还选编了一些应用文，如"广告""电报"等，反映了生活实际，体现了教材的实用性。特别应该指出的是，这套教材还适当选编了少量学生作品，如反映师生情谊的《一根教鞭》《窗前灯光》，和反映同学之间友爱的《墨水滴到她的裤子上之后》等。精选学生习作为课文，让学生看得见、摸得到、学得上，贴近学生生活和写作实际，更具有吸引力和鼓励作用。教材还编写了以"三字经"为形式，以家具、农具、电器、交通工具为内容的课文，增强了教材的工具性、实用性和时代性的结合，使教材更能适应时代发展的需要。

### 二、以"读写结合五十法"为教材编写主线

如何将语文能力训练序列化，是语文教材建设的一个根本问题。我国当代中小学语文教材改革，一般趋向于以培养语文能力为主线架构教材，但在训练序列化方面，各有不同的取向，有的侧重于阅读、理解能力的培养，有的直接按听说读写四项基本能力确定训练点、编排训练系列等，呈现不同特色。丁有宽独树一帜，以"读写结合五十法"为主线，形成读写训练的教材编写体系，为小学语文能力训练序列化问题开拓了一条新路，这也是丁版教材的一大特色。

丁版教材中记叙文占80%以上。丁有宽对记叙文进行了深入系统的研究，从文章的语言结构和表达（描述）方式两个方面归纳出读写记叙文"五十法"（即五十个基本功），作为编写教材的结构主线。

丁老师"读写结合五十法"来自教学实践，这是他进行小学语文读写结合教学从词到句、从句到段、从段到篇的方法，也就是从学会一句完整的"四素句"（人、地、时、事）到写好一篇文理通顺的记叙文的方法。这"五十法"本身有个序列，总的就是字、词、句、段、篇，反映了小学阶段语文教学的一般程序。科学的训练方法告诉我们，系统而有目的的训练，必须有一个科学的训练序列，同时要有一定的训练精确度。以往语文教材也是强调字、词、句、段、篇训练，然而在教学过程中往往失之笼统，难以实施。丁版教材的独到之处就是将笼统的字、词、句、段、篇训练分解成一个个内容明确的教学单位，把大单位分解为适于训练的小单位，从而明确训练内容，提高训练的实效性。丁有宽根据小学语文教学大纲要求，将"读写结合五十法"分解组合成1-6年级"读写结合、系列训练"的训练序列，从整体着眼，局部入手，由分到合进行训练。基于这一科学原则（简称五步系列训练），作为架构全套教材的主线。

表 5—1  丁版教材 1—6 年级系列训练安排①

| 年级 | 组合原则 | 教学要求 | 训练重点 | 记叙要求 |
|---|---|---|---|---|
| 一 | 从句着眼 从字入手 | 掌握识字方法，培养识字能力 | 四种句式（陈述句、疑问句、判断句、描写句）三种句型（四素句、连续句、并列句） | 明题目 有中心 |
| 二 | 从段着眼 词句入手 | 运用部首、音序查字，阅读 | 四种句群法：连续、并列、总分、概括和具体 | 明题目 有中心 有次序 |
| 三 | 从篇着眼 句段入手 | 初读、细读、精读 | 四种构段法：连续、并列、总分、概括和具体 | 明题目 有中心 有次序 有重点 |
| 四 | 从篇着眼 单项入手 | 读（重在精读），记（摘录、评注、列提纲、写读后感） | 六个单项：选题、立意、选材、组材、观察、修改 | 明题目 有中心 有次序 有重点 有特点 |
| 五、六 | 从篇着眼 综合训练 | 看题学文，看题作文（自命题作文） | 七个读写对应法 解题与审题、拟题 归纳中心与表现中心 分段、概括段意与拟写提纲 区分主次与安排详略 捕捉重点段与突出中心 品读课文与自改作文 从写中练方法 | 明题目 有中心 有次序 有重点 有特点 有感情 |

---

① 根据刘达中、李学明的《丁有宽教育思想与实践（卷一）》广东人民出版社 2009 年第 459 页整理。

以上表格系统、全面、具体地显示了这套教材以"五十法"为主线的结构特征。丁版教材按五步系列训练编排，纵成系统，横有系列。从词到句，从句到段，从段到篇；从识字法、查字法、读书法、读记法到读写对应法；记叙要求从明题目、有中心到明题目、有中心、有次序、有重点、有特点、有感情。训练从整体着眼、局部入手，从有法到无法，让学生练出听、说、读、写、思等各项语文基本能力，练出自学、自得、自作、自改的能力。

### 三、根据读写训练需要选文组编单元

一套好的语文教材，所选的课文理应是文质兼美的典范性文章。课文是进行语言教育的好材料，也是进行思想政治、道德品质教育的好材料。选择文质兼美的文章做课文，几乎是所有语文教材编者所追求的。但如何将选文组编成单元，每个版本的教材都有不同的编排取向。传统的课文单元，多以文章内容或文体归类组编，然而每篇课文往往没有明确的教学重点，特别是整册教材缺乏明确的训练序列。丁版语文教材因为有明确的记叙文训练体系，并且根据读写训练目标选文组编单元，因此每个单元的训练目标非常明确，单元和单元之间的内在联系也非常清晰。

丁版教材五年制修订本共编 40 个单元，80 个组文，精选例文 800 篇，安排 800 题次训练。六年制教材共编 48 个单元，96 个组文，精选例文 420 篇，安排 1000 题次训练。每册教材以单元为训练点，突出训练重点；单元分组文，突出训练要点；组文分课型（精读课文、略读课文、自学课文），突出训练特点；课文定习题，突出训练侧重点。整套教材的训练从学年、学期、单元、组文、课文、预习、习题等进行多层次优化组合，形成计划化、规格化、序列化的新型训练体系，可操作、可检测。

以五年制三年级第五、六两册教材为例，两册教材共选文 100 篇，按照训练序列的要求，组编 12 个单元。每单元之首，均有一篇"读写提示"，点明本单元训练重点、要求和方法。如第六册第一单元，选文 8 篇，训练重点是掌握审题学文的方法，要求学生能看题学文，学习作者审题立意、围绕中心选择材料的能力，练习写片段，教学时间 14 课时。单元分两个组文，突出训练要点——训练学生审题，掌握题与文的统一性。每一篇课文突出训练重

点，如课文《刻苦学习的董老》，题目点明文章中心，因此主要训练学生审题明意；《珍贵的教科书》，题目没有点明文章中心，因此训练学生掌握如何根据文章内容领会文章中心，等等。每篇课文课前有预习题，课后有练习题，每组课文之后有综合练习，训练的目的、要求、内容（例文、例段、例句）、时间和方法都非常明确，使训练在整体设计中进行。

语文教育家叶圣陶强调课文只是教学的例子，可是每篇课文到底是学习什么样的例子呢？不同编者和教师往往是"仁者见仁，智者见智"。丁版教材按训练需要选文组编单元，按单元分组导练的要求与程序，把每一篇课文都串在一定的训练系列上，起"确定"的例子作用。这既使"读写结合，系列训练"得以实现，又能具体地帮助语文教师规范教学，把语文课教成语文课，避免出现"语文政治课""语文常识课""语文历史课"等非语文教学现象。

**四、以读写结合训练为中心设计练习题**

丁版教材设计的习题，从内容上可分三大类：一是单元训练重点习题，二是语文"双基"习题，三是思想教育、道德教育习题。这三类习题在中年级以上教材中，每单元平均有30—40道，其中紧扣单元训练重点设计的习题约占一半。

小学语文各年级练习配置多少才恰当，是一个值得探讨的问题。我们对第六册第一单元做了粗略的分析统计：这个单元8篇课文，分2个组文，课后习题共有33道，综合习题2个，共13道，总共46道。这46道习题中，理解课文内容与表达方法的18个题次；划分段落层次的10个题次；精读、默写段落10个题次；朗读课文4个题次；复述课文4个题次；仿写、写片段、写短文7个题次。总的练习量，特别是精读、背诵、复述、仿写等练习比其他版本同年级教材要多得多。心理学家的研究显示：一个知识点的掌握，一般需要同类练习20次。少于这个练习量，学生不易掌握，大于它又会加重学生的负担。这里我们当然不能简单地用这一研究成果作为评价标准机械地衡量丁版教材的练习量，但是至少能说明，对学生语文能力的训练必须要有足够的习题量。丁版教材大范围的实验结果反馈证明，教材中的练习配置量比较恰当，学生负担不重。学生通过这样的练习，能较好地掌握训练项目的知识和能力。当然，教材中如何恰到好处地编写"习题数量"，是个需要深入探讨的问题，各式习题数量的比例如何控制，还有待通过实践进一步研究改善。

丁版教材设计的习题，内容丰富，形式多样，主要习题的设计突出以读写结合训练为中心，呈现出四个层次：

第一层次由表及里，侧重于理解课文思想内容。这类习题有阅读、默读、划分段落、概括中心等等。

第二层次由里到表，侧重于理解语言文字。学习课文如何贴切地表达思想内容，在遣词造句上的精妙之处，和篇章结构上的匠心巧思等等。这类习题有分析领会词语、句子、段落，评析文章的语言结构、表达（描述）方式以及篇章结构等等。

第三层次表里结合，精读评析重点句、段。丁版教材除诗歌等少数课文外，每篇课文之后都有这类练习题。这类习题也是紧扣单元训练重点和课文特点设计的，例如，单元训练重点是四素句，课后必有精读、背诵、评析课文里的四素句这类习题。单元训练重点是并列构段法，课后必有精读、熟读，评析课文里的并列结构段这类习题，等等。

第四层次由仿到作，模仿、创作互补。教材中除诗歌等少数课文外，多数课文之后都有这项练习。这类习题有仿句（造句），仿段（写片段、短文），仿范文（改写、续写），写一篇完整文章，等等。

上述四个层次，在丁版教材的练习题里不是截然分开，而是有机地组合在一起的。这四个层次的练习，从理解到运用，从知识到能力，从课文本身扩展到其他，既反映了学习一篇课文的基本过程，和凭借课文这个"例子"提高听说读写能力的一般程序，又体现了以读为基础，从读学写，写中促读，读写结合，突出重点，多读多写等原则。

丁版教材的练习题设计，以读写结合训练为中心，紧扣单元训练重点，结合每篇课文的特点设计形式多样的训练题目：封闭式习题、开放式习题、单项训练式习题、综合训练式习题、模仿式习题、创造式习题，应有尽有，生动活泼，符合儿童心理特点和语文教学特点，鲜明地体现出丁版教材读写结合的特色。

**五、注重学习方法指导，培养学生自学能力**

丁版教材十分注重学习方法的指导，培养学生的自学能力。除了系统地训练"读写结合五十法"外，每学年还安排方法学习的重点：一年级识字法，二年级查字法，三年级读书法，四年级读记法，五、六年级读写对应法。学习这些方法的一个最终目的，就在于提高学生的语文自学能力。丁有宽说："我不主张只给学生'猎物'，而是交给学生'猎枪'。给'猎枪'就是给规律、给方法，让学生自己阅读、写作，培养分析问题和解决问题的能力，探索新的境地。"

丁版教材在给学生"猎枪"的同时，还适当地设置"猎场"，让学生拿起"猎枪"去获取"猎物"。预习便是一个很有特色的"猎场"。丁版教材的预习是作为教学过程中的一个重要环节来设计的，预习的目的是为了让学生运用已有的知识和能力，特别是运用已掌握的各种"法"，通过预习学得新的知识。例如，三年级学生开始学习预习课文，首先碰到的是生字生词问题，预习题的设计就运用一、二年级学过的识字法、查字法，让学生拿起这两管"猎枪"去自学生字生词，获取"猎物"。又如，四年级的预习，要求学生初步了解课文内容，提出疑难问题，预习设计就运用三年级学过的读书法，引导学生一步一步地理解课文的内容，从而提高学生的阅读能力。

丁版教材特别重视训练学生自学自得、自作自改的能力，高年级教材安排了七个读写对应法训练。语文教学中的阅读和写作训练，各有内容、要求和方法，但是阅读和写作的关系又十分密切，彼此间有许多共同点。语文教学心理的研究表明，阅读是自外而内的意义吸收，写作是自内而外的思想表达。这两个心理过程之间是可以互相沟通的，关键是找出读写之间的联结点，即读写对应点。如阅读时进行的课文分段、概括段意可以对应编拟作文提纲，阅读时学生会理清文章思路，作文时就容易做到思路清晰。学义理文路，作文定思路，就是一个读写对应。丁有宽在教学实践中找出许许多多读写对应点，归纳出读写对应七法。抓住读写之间的联结点，按照"七法"有序地进行读写训练，就能使读写两种能力相互转化、相互迁移、相互促进，就能不断地有效提高学生的读写能力。

丁版教材读写对应训练很有特色，下面以第九册课文《老科学家下乡》为例。教材是这样进行读写对应训练的：

（1）文章选择了哪些人物来写？为什么这样写？（文中选了老农、青年农民、老科学家、科学家的助手、少先队员等人物来写，这样选择，从年龄、身份都较有代表性）

（2）文章怎样处理详写和略写？为什么要这样处理？（文中详写老农和老科学家，略写其他人。因为老农和老科学家是文章的重点人物，应详写，其余的人是次要人物，应略写，这样处理才能做到重点突出、主次分明）

（3）这篇文章在表现人物上有什么特点？（通过描写人物的外貌神态、行为动作和心理活动来表现人物；在写几个人时，突出重点人物）

（4）仿学课文写法，看看练习第三题《我的弟弟》一文有什么毛病，加以修改。（文中在描写弟弟的外貌时不恰当，同时写了几个人，没有突出弟弟这一重点人物。另一方面是中心不突出，《老科学家下乡》的人物描写围绕"土壤调查"这件事，而这篇文章没有一个中心。可针对这几方面进行修改）

（5）仿学课文，以"改难题"为题写一个片段，要求写几个人，分清主次，突出重点；通过写人物的外貌、神态和心理活动，表现人物在全神贯注地思考问题。

这一课练习，指导学生运用了"区别主次与安排详略""归纳中心与表现中心"以及"品评课文与自改作文"等读写对应法。丁版教材注重教给学生从读中学写、写中再读的方法，从读写实践中让学生掌握读写对应规律，培养学生自学自得、自写自改的作文能力。这是丁版教材的又一个特色。

## 第二节　实验教材的结构体系

丁版语文教材是依据教育部 1990 年颁发的《九年义务教育小学语文教学大纲（初审稿）》各年级具体教学要求和国家全日制五年制、六年制教学计划（修改草案）编写的。这一节我们从教材选文和教学内容两个方面介绍这套教材的结构体系。

## 一、实验教材选文

实验教材选文 65% 选自人教社统编教材以及经过长期语文教学实践检验的传统名篇，同时也注意选取部分学生佳作，使学生有亲切感，并且有利学生学习写作。

选文坚持下列原则：

第一，有利于完成小学语文教学的目的、任务和要求，正确反映语言文字训练和思想教育的辩证统一关系。

第二，符合语文本身的规律，注意字、词、句、篇之间的联系和听、说、读、写之间的联系。入选课文，注意反映两个文明建设和改革开放的时代精神，语言合乎规范，力求文质兼美，体裁多样。

第三，根据儿童的年龄特征和接受能力，做到由易到难，由浅入深，由具体到抽象，循序渐进，逐步提高。

每册教材以单元为编写单位。每个单元都安排一个训练重点，编写两组课文。单元分组编写结构由读写提示、三类例文（精读课文、略读课文、自学课文）、综合练习和课外训练这四个部分组成。"读写提示"放在单元之首，总领这一单元各篇课文，在提示中把单元的读写要求和方法教给学生，使学生明确学习目的，掌握学习方法，能自学自得。每单元围绕单元读写要求安排一至三组课文，其中又分精读课文、略读课文自学课文三类。课文后面的习题设计注意突出单元训练重点，每个题目都明确提出训练的目的、要求、内容、时间和方法，使训练按照整个设计步骤进行。习题的设计，从不同类型习题的目的、要求、内容和形式，以及不同程度的学生的操作时间都进行了较周密的考虑。

## 二、各年级读写结合教学内容体系

整套教材在设计中特别注意各个年级、各个单元训练重点的前后衔接和循序渐进。每一学年单元重点训练内容都在教材中以标题形式加以说明。重点训练项目一般都有两次循环，上册侧重于基础知识和基本技能的训练，下册侧重于综合提高的训练。

下面是丁版小学 1—5 年级《语文》教材各单元的读写序列教学重点内容及具体安排。

表 5—2　各年级读写结合序列安排①

| 学期 | 单元 | 读写训练内容 | 课文 |
|---|---|---|---|
| | | 一年级 | |
| 第一册 | 一 | 看图学拼音 | 1 组 18 课 |
| | 二 | 看图学拼音识字 | 3 组 22 课 |
| | 三 | 看图学词学句 | 2 组 8 篇 |
| | 四 | 看图学习四素句 | 2 组 6 课 |
| 第二册 | 一 | 看图学词学句 | 2 组 7 篇 |
| | 二 | 学习四素句 | 2 组 7 篇 |
| | 三 | 学习连续句 | 2 组 7 篇 |
| | 四 | 学习并列句 | 2 组 7 篇 |
| | | 二年级 | |
| 第三册 | 一 | 看图学词学句 | 2 组 8 篇 |
| | 二 | 学习连续句群 | 2 组 7 篇 |
| | 三 | 学习并列句群 | 2 组 8 篇 |
| | 四 | 学习总分句群 | 2 组 7 篇 |
| 第四册 | 一 | 看图学词学句 | 2 组 8 篇 |
| | 二 | 学习写一件事 | 2 组 7 篇 |
| | 三 | 学习外貌描写 | 2 组 8 篇 |
| | 四 | 学习先概括后具体 | 2 组 7 篇 |
| | | 三年级 | |
| 第五册 | 一 | 学习连续结构段 | 2 组 8 篇 |
| | 二 | 学习并列结构段 | 2 组 4 篇 |
| | 三 | 学习总分结构段 | 2 组 6 篇 |
| | 四 | 学习概括与具体结构段 | 2 组 6 篇 |

---

① 根据丁有宽主编的九年义务教育六年制小学语文试用课本《语文》(广东教育出版社 1991 年)整理，第 6、11、12 册教材数据阙如。

| 第六册 | 一 | 学习连续结构段 | |
| | 二 | 学习并列结构段 | |
| | 三 | 学习总分结构段 | |
| | 四 | 学习概括与具体结构段 | |
| 四年级 | | | |
| 第七册 | 一 | 文章记叙的要素 | 2组6篇 |
| | 二 | 文章记叙的顺序 | 2组6篇 |
| | 三 | 文章的段落和段意 | 2组6篇 |
| | 四 | 文章的主要内容 | 2组6篇 |
| 第八册 | 一 | 文章的题目和内容 | 2组6篇 |
| | 二 | 文章的段与段的联系 | 2组6篇 |
| | 三 | 文章的重点段 | 2组6篇 |
| | 四 | 文章的真实和具体 | 2组6篇 |
| 五年级 | | | |
| 第九册 | 一 | 文章的中心思想 | 2组7篇 |
| | 二 | 文章材料的选择 | 2组6篇 |
| | 三 | 文章的段落提纲 | 2组7篇 |
| | 四 | 文章内容的主次 | 2组7篇 |
| 第十册 | 一 | 审清文章的题意 | 2组7篇 |
| | 二 | 文章的段落和层次 | 2组7篇 |
| | 三 | 仔细观察事物 | 2组7篇 |
| | 四 | 记叙中的描写 | 2组7篇 |

　　从以上各年级读写训练内容可以看出，丁版语文教材从编写形式上看也是选文式教材，每册教材编排课文 30 篇左右，但这套教材不是按照人文主题来组织单元的，而是以记叙文读写为主线来确定每个单元教学重点内容，并且以标题的方式在课本目录和单元首篇的读写提示中标明。这样编写语文教材的最大优势，在于可以使执教者非常清楚地把握整册教材应该完成的教学内容，以及每个年级、每个学期和每个单元教学内容之间的内在联系。教师教得清楚，学生才能学得明白。

### 三、单元组合内容

与通常小学语文教材编写相同的是，丁版小学语文教材也是分单元选文式的，每单元有七八篇课文，分精读课文、略读课文、自读课文、综合练习四类。与其他按单元编写的语文教材的不同之处是：一是每册教材四个单元，各单元都有一个明确的读写结合训练重点，二是每一单元围绕单元重点目标编写两组（个别有三组）课文，按单元重点目标把每篇课文有目的地串联在一起，作为训练的"例子"。第一组课文是认识重点训练目标，第二组课文意在强化、迁移、深入理解和掌握训练目标。各单元的重点训练目标特别注意前后衔接，每一学年重点项目在教材中都有说明。每个重点训练项目一般都有两次反复，上册侧重于基础知识和基本技能的训练，下册侧重于综合提高的训练。一、二年级每学年的第一学期有个导学单元，对整个学年教学目标起统领的作用。从三年级开始每个单元增加"读写提示"，"读写提示"放在单元之首，总领这一单元两组课文的教学目标。"读写提示"中把单元的读写要求和方法教给学生，增强师生教与学的自觉意识。这样编写教材能够抓住单元的训练重点、组文的要点、每课的特点，明确每组课文为完成本单元训练所担负的任务和所起的作用，以及每篇课文在本组文中的地位、所担负的任务和所起的作用，并且使读写紧密结合，在扎扎实实的语言训练中培养学生的读写能力。这些充分体现出丁有宽把阅读与写作融为一体，使听说读写训练形成整体化和系列化的教学主张。

丁版语文实验教材每个单元一般由读写例话、三类课文、基础训练和课外活动四部分组成。各部分都有比较明确的职能分工。

1. 读写例话。丁有宽认为："它作为独立阅读课文进行教学。它的'例'是以本单元的主要文章为例，它的'话'是从'例'申导出本单元读写训练的重点和要求的提示。采取指导学生三学'例话'的做法：一是在组文教学开始进行，让学生明确本组文的学习要点和重点，调动他们自学的自觉性；二是随学习主文进行，使学生加深对课文的理解，培养他们的阅读能力；三是在学习了三类课文之后进行，让学生自我检查学习效果，培养他们的自检能力和提高读写责任感。"①

2. 三类课文。同一单元中有"讲读课文""阅读课文""独立阅读课文"等三种类型课文。教学中重在体现培养学生的自学能力这一原则。精读课文是教给学生知识和方法的课文。精读课文前有预习提示，后有练习题。预习提示可以提高学生的自学能力和学习效率，增强阅读能力。练习题注意语文的知识性和语文技能的训练性。通过精读，训练学生的基本功。略读课文供学生运用从精读课文中学到的语文知识、读写知识和方法进行自学训练，以巩固学过的基础知识，掌握基本技能。自学课文是在教师指导下学生自己独立阅读的课文。采用"一篇带多篇"的做法，即"讲读课文"一篇，带"阅读课文"两篇，"独立阅读课文"若干篇，每组课文一般五至七篇，把精读和泛读结合起来，加强对学生自学的指导，使学生喜读好用。

3. 基础训练。丁有宽主张，语文基础知识的训练一般应随课文训练，特别是结合在每组课文读写重点的教学内容中进行训练。如识字（包括生字和回生字）除每课明确列出外，还有结合学生习作中出现的错别字在每组课文的"基础训练"中集中进行复习巩固；结合景物描写和人物肖像描写的单元教学重点，在基础训练中编进名词和形容词的训练和积累；结合人物行动描写的单元训练重点，在基础训练中安排动词的训练和积累。还有结合各种句型训练，将描写句结合在描写景物中进行训练；将陈述句结合在描写人物中进行训练；将祈使句结合在描写人物的语言、心理活动、作者抒情中进行训练。基础训练中安排这样的运用练习，不仅使学生比较扎实地掌握语文知识，而且使学生学到语言文字的知识规律。

4. 课外活动。丁有宽根据语文训练的内容和特点，把语文课的训练与课外活动紧密结合，开展形式多样的课外活动，如结合班、队经常开展"寻美颂美"和阅读报刊活动，举办朗诵会、读书会、习作展览、习作评论、演讲比赛、作文比赛、猜谜、科学幻想等活动，做到有计划、有目的地设计和指导训练。通过多种渠道的活动，培养学生的语文能力，让学生开阔视野，发展思维，积累知识。

---

① 朱作仁. 丁有宽的教育思想和教学法. 广东教育出版社，1993：206-207.

田本娜教授对丁有宽按单元编写教材的特点做过如下评价①：第一，根据读写知识特点，每项读写知识作为训练目标其内涵是较丰富的，不可能在一两篇课文中都体现出来；第二，根据学生掌握知识的特点，学生掌握知识需要一定的过程和阶段。以第五册第三单元为例，学习总分结构段。总分结构段有总－分、分－总、总－分－总三种不同形式。第一组精读课文《松鼠》第一自然段是先总后分结构，《喜鹊》的第三自然段是先分后总结构。第二组精读课文《赵州桥》第二自然段是总－分－总结构。学了这三篇课文，就可以初步理解总分结构的三种不同形式。当学生初步理解总分结构形式之后，每组教材后边还有略读课文、自读课文：如第一组课文中的略读课文《飞向联合国》的第4、5自然段和自读课文《放风筝》，第二组课文中的略读课文《海滨小城》第4、5自然段和自读课文《小闹钟》。通过这些课文的读、写练习之后，学生才能逐步掌握和巩固不同形式的总分结构段。这样学生掌握的知识才能有消化的过程，才能形成能力。

### 四、单元组合和习题设计

丁版教材课后习题的设计从内容上大致分为三大类：单元训练重点练习题，语文"双基"练习题，思想道德教育练习题。从题目的量上看，中年级以上教材中每篇课文3－5题，紧扣单元训练重点的约占一半以上，体现突出重点、多读多写的原则。

下面我们例举第一册第四单元和第二册第二单元教材的练习题目。这两个单元的训练重点都是"学习四素句"。

第一册第四单元训练重点"看图学习四素句"是延续第三单元训练重点"看图学词学句"的，也是学生在学习"二素句、三素句"的基础上开始学习四素句。

首篇课文《扫落叶》课堂练习②：

---

① 田本娜. 小学语文教学研究［M］. 天津：南开大学出版社，1998：474.

② 丁有宽. 九年义务教育六年制学习试用课本语文第一册［M］. 广州：广东教育出版社，1990：111.

1. 看图，读课文。找出生字拼一拼、读一读。说说什么时候谁在什么地方干什么。

2. 读一读，比一比。

小学生扫落叶。

小学生在学校门口扫落叶。

秋天的一个早上，小学生在学校门口扫落叶。

第一题是引导学生复习第三单元"看图学词学句"能说出完整句子，学生说出的是二素句，"谁干什么"。第二题是引导学生通过三个句子的比较，让学生在二素句、三素句的基础上，温故知新，认识什么是四素句（时、人、地、事）。

这一单元编写了《扫落叶》《送伞》《小小的船》和《公园里的花》《过桥》《鹅》两组课文，还包括两个基础训练，这几篇课文中都有比较典型的四素句。这两组课文以及基础训练中先后设计的四素句练习共计 8 次，包括四素句填充、四素句修改，看图说四素句，看图写四素句，用四素句说写好人好事等多种形式的练习题，让学生练得活泼又有实效。

第二册教材第二单元的重点教学目标也是学习四素句。这一单元选编《在学校里》《我爱爸爸妈妈》《客人来了》《我自己做》和《皮球浮上来了》《司马光》《星空》两组共 7 篇课文和 2 个综合练习。这一单元中设计了四素句练习共计 14 次，练习形式有表格填空、四素句辨认，看拼音读四素句，仿写四素句，用带点的词说四素句，看图说四素句，用四素句写班级里的好人好事等。这单元综合练习 4 设计了 6 道习题，其中 3 道题目是围绕四素句练习设计的①：

4. 分别用下面的词语写一个四素句。

请＿＿＿＿＿＿＿＿＿＿＿＿＿＿＿＿＿＿＿＿＿＿＿＿＿

＿＿＿＿＿＿＿＿＿＿

① 丁有宽. 九年义务教育六年制学习试用课本语文第二册［M］. 广州：广东教育出版社，1990：54-55.

5. 看图，说一个四素句，再写下来。

6. 请你把班里学雷锋的好人好事用四素句写下来，看谁写得多，写得好。

从以上例举的课堂练习设计可以看出，第一册第四单元主要是认识四素句，然后再围绕四素句以各种形式进行练习；第二册第二单元是在此基础上延伸和综合运用。学生通过两个学期20多次各种形式四素句强化练习，对写好四素句的掌握应该是非常扎实了。

下面再看丁版六年制小学语文教材第十册第二单元"文章的段落和层次"的教材设计。

这一单元在"读写提示"中对什么是文章的段落和层次以及两者的关系作了如下解释：段落是文章各部分的主要内容；层次是一个段落里面相互联系的语句的先后安排。段落包括自然段和意义段两种。一个意义段可以是一个自然段，也可以包含若干个自然段。一个自然段或一个意义段，都可以按文章叙述的先后顺序划分层次。这里还提示了本单元的学习目标：要初步学会在阅读中围绕中心给课文划分段落，概括段意，重点段还能分层。作文时，先要审清题目的意思，按文章内容安排次序，编写作文提纲，重点段编写详细提纲，然后有条理地、有主次地表达出来。

第二单元共七篇课文，两个综合练习，分为两组：第一组三篇为《抢险》（精读课文）、《跳水》、《草船借箭》（略读课文）。第二组四篇为《伟大的友谊》（精读课文）、《心愿》、《我爱故乡的杨梅》（略读课文）、《湖》（独立阅读课文）。

下面是第一组课文的课堂练习。①

《抢险》课堂练习：

1. 说说课文写了一件什么事，按什么顺序记叙；课文可分几段，各段写了些什么。

2. 精读第二段。说说这一重点段讲了几层意思。

3. 听写课文开头段和结尾段，并说说课文开头段和结尾段这样写跟课题和课文的中心思想有什么关系。

4. 读读写写，积累词语。（略）

《跳水》课堂练习：

1. 学习课文。说说这里的"跳水"与我们常说的"跳水"有什么不同。课文写了一件什么事，按什么顺序写，可分几段，各段写什么？

2. 阅读课文，回答下面问题。

（1）猴子是怎样把玩笑开到孩子身上的？孩子为什么哭笑不得，为什么脸红？孩子是怎样追猴子的？猴子又是怎样戏弄孩子的？

（2）当孩子丢开桅杆走上横木时，甲板上的人们表情有什么变化？

（3）当孩子往下一望，脚底下摇晃时，船长看见后是怎样处理的？他为什么叫孩子跳水？结果怎样？

3. 精读课文第二段。说说这一重点段写什么，可分成几层意思。

4. 读读写写。给下面带点词语各造一个句子。（略）

《草船借箭》课堂练习：

---

① 丁有宽. 九年义务教育六年制学习试用课本语文第十册［M］. 广州：广东教育出版社，1990：33-62.

1．"草船"怎么会"借箭"？课文究竟讲的是什么故事？是说谁的？

2．说说课文的开头段和结尾段有什么关系，这样写对表现人物的品质特点有什么作用？

3．细读课文。说说诸葛亮用了什么办法"借"了十万支箭，把这故事讲给大家听。

4．读读写写。用带点的词语各造一个句子。（略）

综合练习3

一、阅读下面的建议书，然后回答问题。

建议书（略）

1．建议书的结构可分几个部分，书写的格式怎样？

2．建议书的正文部分分几层，各层意思是什么？

二、模仿上面建议书的写法，针对班里开展课外活动存在的问题向班委会提出搞好课外活动的合理化建议，并写成建议书。

三、把下面句子里用错的字改正过来。

（略）

四、把前面课文中学过的词语，按描写人物和描写景物两类抄写，积累起来。

（略）

五、读读下面的句子，再用带点的词语造句。

（略）


下面是第二组课文的课堂练习。


《伟大的友谊》课堂练习：

1．"伟大的友谊"，课文选择哪几方面的事例来说明马克思和恩格斯的友谊是伟大的？课文的开头段和结尾段是怎样写的？

2．精读课文第三段。

（1）第一段写什么？可分成几层？

（2）这一重点段通过哪些具体事例来说明马克思和恩格斯的友谊是

伟大的？简要地把它写下来。

（3）第四自然段"在生活上……亲密合作"这一段和前后几段有什么联系？如果删掉这一段，你觉得怎样？为什么？

3. 仿照课文开头点明题意，中间围绕中心分别写具体事例，结尾归纳中心思想的写法，给《我和×××》或《他（她）和×××》拟写作提纲。

4. 读读写写。用带点的词语各写一句话。

（略）

《心愿》课堂练习：

1. 看课题再读课文，说说课文写了哪些人，记了什么事，表达了他们什么样的共同心愿。

2. 课文按什么顺序写？可分成几段？哪些是重点段？为什么？

3. 读下面句子，理解含义。

（1）这是我最爱坐的长椅，因为我喜欢那几丛花，在春天的北京，这样的花是经常见到的。

（2）是那些不说话的中国人，把真诚的友谊带进了一个普通的法国人的家庭，而且生根发芽，开出了美丽的花朵。

（3）我希望她学中文，以后到中国留学，做架设友谊桥梁的工程师！

4. 听写课文结尾段，并加上标点符号。

5. 读读写写。

（略）

《我爱故乡的杨梅》课堂练习：

1. 从课题你能想到课文会写些什么，表达作者什么样的思想感情？

2. 阅读课文，说说课文是按怎样的顺序来写故乡的杨梅的。给课文分段，归纳段意。

3. 精读课文第三段。说说这一段按什么顺序来描写惹人喜爱的杨梅果。

4. 学习课文先总后分的写法，以"我爱×××"为题，写一篇短文。

5. 读读写写。

（略）

《湖》课堂练习：

1. 阅读课文。说说课文按什么顺序记叙，抓住有关的句子给课文分段，归纳段意。

2. 课文从哪两个方面写湖的"美"？这两个方面之间是怎样连接起来的？

综合练习4

一、阅读短文，回答文后的问题。

今天我当家（短文略）

1. 按要求填写下面的表格。

| 时间范围 | 人称 | 重点词 | 内容 |
|---|---|---|---|
|  |  |  |  |

2. 给文章编写段落的提纲。

3. 写出文章的中心思想。

4. 文章中较好地运用了过渡和照应，找出来，说说它的作用。

二、续写下面短文，注意段落清楚，层次分明，同时要注意前后照应，过渡自然。

我爱我的家（短文略）

三、多音字组词。

（略）

四、照例子，在括号里填上恰当的字。

（略）


从以上例举的课堂练习可以看出，丁版语文教材每篇课文的课堂练习一般从三个方面进行设计：一是从整体着眼，引导学生理解课文内容；二是围绕单元重点，训练读写重点项目；三是掌握课文中的生字词语等基础知识。这一单元训练重点是"文章的段落和层次"，具体要求是"给课文划分段落，概括段意，重点段还能分层"。两组7篇课文除了字词教学等语文基础训练以及理解课文思想内容的练习外，主要练习均围绕分清课文段落、划分重点段落层次这个重点目标设计，这类题目占了约 50%，这样可以引导学生反复训练，形成能力。这一单元的两个综合练习还设计了写建议书和编写段落提纲的练习，将阅读和写作融为一体，通过写作实践运用阅读中学到的方法。

# 第三节　实验教材的效果及评价

丁老师主编的教材，既不同于地区协作编写的如沿海版教材，也不同于科研机构编写的如中央教科所语文教材，亦不同于学校组织编写的如景山、黑山实验教材，它是全国独一无二的以个人命名的教材。丁有宽从 20 世纪 50 年代起步进行教改实验，经过 20 世纪 60 年代的初试，20 世纪 70 年代的再试，到 20 世纪 80 年代的实践验证，先后在 26 个教学班进行八轮试验，一直到 1986 年开始编写五年制实验教材，1989 年开始编写六年制实验教材。从开始实验到编写成教材，前后历时 28 年。1993 年，两套教材都获全国中小学教材审定委员会审定通过，向全国推荐使用。据不完全统计，全国有 27 个省市，647 个实验点，近 20 万学生使用这套教材；实验点中城市占 10%，乡村占 85%，边境占 5%。中国港澳台地区及日本、朝鲜、德国等国家的专家也来信交流研究。教材编写历时之久、使用之广、影响之大，在全国教材编写史上实为少见。

## 一、实验教材使用效果

根据各地大多数实验点反映，使用丁有宽主编的"一纲两制"实验教材后，效果良好。

1. 提高了教学质量。通过书面统测、习作检查、抽查、面试、座谈等方式，对潮州市六联小学，广州市白云区永泰小学，广东省河源市源城区下城小学、增城县新塘镇小学等 20 所有代表性的学校进行调查的结果表明：

（1）学生喜读爱写。低年级学生每人每学期写句段 110 个，最高的 200 个，最低的 50 个；中高年级学生每学期每人平均作文 60 篇，最高的 180 篇，最低的 45 篇。

（2）学生读写能力提高。近两年里，实验班的学生发表于报刊上的习作有 880 篇。其中六联小学选送 6 篇文章参加全国作文邀请赛，获集体优胜奖，6 篇文章全都获奖。增城县出版了《小苗苗》学生习作集 6 册。顺德县翠竹小学出版了《翠竹青青》习作集 4 册。更可喜的是一年级学生听说读写能力协调发展。学生掌握了一句四素完整话后，发挥了创造性，办起了"小灵通"记者站和"颂新人新事小花花"小报，怕作文的心理逐渐消除。

2. 提高了教师队伍的素养。实验班的教师热爱教育，热爱孩子，偏爱后进生。他们的教学工作逐步从经验型向科研型转化，极大地调动了广大实验班师生的积极性，消除了教师怕教、学生怕学的心理，激发了师生进行教改的创造精神。据统计，实验班教师发表在各家报刊的教研文章 2658 篇；获省部级论文奖的有 35 篇；晋升为特级教师的有 18 名；评为省市级青年教改积极分子的有 58 名。

3. 实验教材经得起实践的检验。实验教师反映，丁有宽主编的实验教材信得过，不搞花架子，不搞一刀切，不靠行政命令推行，教师愿教，学生爱学。教材理论联系实际，有方法、有示范。此外，教材还配有各种辅导资料，一般的教师用得上，且符合农村实际，能大面积提高农村小学的语文教学质量。

1988 年 12 月，广东省教育厅教材编审室组织部分专家学者、教研人员和教师对丁有宽主编的小学语文读写结合实验教材进行了鉴定，通过听课、与师生座谈，一致认为丁有宽主编的实验教材具有如下的特色：①有鲜明的实践性。它是丁有宽长期教改实践的产物，经受了长期教改实践的检验。②教材以"记叙文为主体，读写结合，五步训练"的新教学体系，在全国小学语文教学改革中具有鲜明的独创性。③读写结合的研究，立足实践，而又高于实践；教材编写的实践又提出了一些值得深入探讨的问题，具有一定的理论性。

1989 年 1 月 13 日，全国中小学教材审定委员会小学语文教材学科审查委员会对丁有宽主编的实验教材进行严格审查后认为："该教材集丁有宽同志多年教学实践经验而成，较系统地编排了读写结合的对应点，体现了读中学写、写中促读、读写结合的指导思想，具有独创性。这是一套很有特色、有希望的教材。"

## 二、教师、专家、领导对实验教材的评价

原国家教委基础教育课程教材研究中心游铭钧主任在参加丁有宽小学语文读写结合实验教材鉴定会上作了如下发言[①]：

对丁老师的读写结合的研究，我认为有三条值得重视：文道统一的原则；思维和语言统一，语言是思维的载体；读和写的关系问题。

我认为，文道统一、读写结合不是丁老师发明的，中国过去和现在都有许多专家和教师在探索、研究、总结。问题在"怎么结合"上，丁老师确实探索出一套科学的、符合孩子的心理和认知规律的，也符合我国国情的、符合我们国家文化传统的、行之有效的语文教学理论。他解决了怎么去结合的问题。

中国传统的语文教学，是读和写的具体结合，但到底怎么读怎么写？在读的过程中写？在写的过程中读？读读写写？有的读了半天，写了半天，到头来还是糊里糊涂。袁老师在探索，霍懋征老师也在探索，很多人都在坚持探索。但是，丁老师的创造，我认为更加完整、更加完美、更容易操作，有其独到之处。

在读和写的关系上，丁老师提出"以读促写"，这个大家都听过，至于"以写促读"，以前没提过。通过写进一步加深对课文的理解。写可以促读，读可以促写，实际上是辩证的，这一点我认为很了不起，是一个发明创造。

在读和写的结合上，丁老师提出了一系列的结合。一是在小学一年级"认字"和"识字"结合上他有具体的要求："识字"和"组词"结合，"读句"和"造句"结合，"句子"和"句群""句段"结合。特别是他提出的"四素句"，这是记叙文的基础，抓住了核心。到了篇章结构，他有七个结合点，更全面地体现了读和写的结合。国家教委教材审定委员会觉得这七个结

---

①　刘达中，李学明. 丁有宽教育思想与实践（卷三）[M]. 广州：广东人民出版社，2009：4-5.

合点抓得实在太好了，受到审查委员的一致赞扬。

提出"同步进行"是他的又一个创造。过去的语文教学，总是提"先读后写"，但实际上应是"同步进行"，它有几种好处，确实效果好。吴立岗教授从思维和语言的关系上，对丁老师这一成果作了新的阐发，我们应进一步探讨。

丁老师在读写的作用上、读写结合上、读写的同步进行上，还有读写的训练程序上，已形成一个系列，这个系列是科学化的、程序化的。整个程序设计得很好，有独到之处。这是丁老师的"知识产权"，是丁老师对于教育科学的贡献。

以上这几点非常可贵，是丁老师一生的探索，也是他爱心的结晶。

全国著名特级教师，原全国政协常委、国家教委教材审定委员霍懋征老师认为丁老师的教材很有特色，是一套很好的教材，在使用教材的同时，抓教学方法的改革，这是教育思想的体现。① 教材还注意减轻学生负担。现在学生的负担，可说是有史以来最重的，减轻了负担，改进了教材和教法，才能提高教学质量。

丁老师取得如此突出的成绩，原因在于：第一，有先进的教育思想。他全面贯彻国家的教育方针，而且注重美育，在教材中、教学中，不仅引导学生寻美、颂美，而且引导学生审美，了解自然美、社会美，学习意识美，培养学生具有对美的鉴赏能力。这很重要，它可转化为对集体、对人民、对祖国的热爱，是思想教育的深化。第二，忠诚人民的教育事业，爱学生是重要表现。丁老师提出"没有爱就没有教育"很深刻，教师的爱不同于父母的爱，它更体现广泛和一视同仁的爱。它代表着党和国家爱我们的下一代，体现出对下一代的期望。第三，真正做到了教书育人。教书育人，从古到今，各阶级都如此，不同的是教何种书、育何种人。

原国家教委教材审定委员、全国著名特级教师袁瑢对丁有宽老师这套教

---

① 刘达中，李学明. 丁有宽教育思想与实践（卷三）［M］. 广州：广东人民出版社，2009：13.

材中读写结合的训练体系也作了很高的评价。① 袁老师说，丁老师的科学研究，建立在扎实的实践基础上，是他经验的结晶。他最大的特色，是建立了一套独具一格的训练体系。语文能力要通过语文课进行训练，这已成为共识，但如何训练、如何体现在教材和教法中，看法就不同了，这中间仁者见仁、智者见智，无什么标准。丁老师这个训练体系，着眼于基本功的系列训练，且一步一个脚印，训练六年，达到了一定的质量水准，很有独特之处。

丁老师对小学语文教学的毛病，概括了四个字："杂""乱""华""死"，提出了四个对策："精""序""实""活"，很有针对性，很管用。

精，是精彩，少而精。课文精选，内容好，语言规范。练习精要，教学意图、教学要求体现在练习中。

序，是序列清晰，能让师生掌握。在听课中，读的序与写的序还是有一定差别的。写的序清楚，读的序是否应更详细些，以便于教师掌握？训练点如何提得更准确些、鲜明些？还有待于进一步研究。

实，切实、扎实、实在。教学中，突出重点，基本功训练落实，很好。但"突出重点"不是只抓重点，重点与一般的关系如何处理好？如重点段与其他段的关系，课文局部和整体的关系都应解决好。

活，教材活，教法活。课堂教学活，体现在学生思维活跃，把学生教活、不教死，培养学生发现问题、分析问题、解决问题的能力。而这其中，发现问题更重要。教活，就要创造让学生发现问题的环境。

华南师范大学黄绮华副教授认为："丁版教材遵循读写结合这个学习语文的客观规律，在教学实验中，既重视继承符合规律的教学法，更刻意发展与创造。在深入认识、驾驭这一规律的基础上，结合小学语文的教学实际，把教材、教法、学法作出优化合成——编写了这一套读写结合实验教材。这套教材有着鲜明的丁氏个性，是丁老师在近 40 年的小学教育实践与研究中逐步形成的，是一份很宝贵的财富。"

广西教育出版社副总编李人凡提出了丁有宽主编的实验教材的四个特色：

---

① 刘达中，李学明. 丁有宽教育思想与实践（卷三）［M］. 广州：广东人民出版社，2009：14.

①全国独一无二以个人主编的教材；②全国时空跨度最大的实验教材；③富有特色的体系完整的教材；④受学生和教师广泛欢迎的实验教材。关于实验教材的理论，李人凡认为：丁有宽吸收国内外教学论的精华，融化在教材编写和练习设计之中，使先进的教学思想和灵活的教学方法变得切实而具体可行。这套教材运用心理学、工程学、经济学等原理处理各项内容，体现了"全局观""系统观""重点观"的辩证统一，使传统的"劳于阅读、逸于作文"的教学得以改造、升华，不仅体现了教学理论的指导作用，而且为探索语文教学的民族化、科学化提供了宝贵经验。

广州市芳村区教育局教研室主任钟治祥以"勇于创新、别具一格"为题，高度赞扬了丁有宽主编的这套实验教材："这套教材不仅具有坚实的实践基础，还显现出勇于创新、别具一格的特色：①教材的读写结合实验的命题别具一格；②实验教材的读写结合逐步训练系列结构别具一格；③实验教材的单元组合别具一格；④实验教材十分重视导学、导练的设计，使教师感到易教，学生感到易学，相得益彰。"

汕头市同平区郑承振、陈绍承、叶仰松指出："读写结合实验教材，重视学习迁移规律的运用。学生掌握了读写原理，形成类化，使读写知识发生了内部迁移，学生易学爱学，教师易教好教，有效地保证了语文教学质量的扎实提高。"

广州市白云区永泰小学在使用丁有宽主编的六年制实验教材一、二、三册后认为，实验教材相比别的教材降低了要求，减缓了教学坡度，难度不大，好教。梁桂兰老师说："实验教材第一册好教。学生学完一句完整的话后，接着就学四素句，循序渐进，不觉得有什么难。"林鸣娥老师说："以前的第二册中有总分句，学生难以掌握。总分句与并列句混淆。实验教材第二册删掉了总分句，只剩下并列句和连续句，学生容易学了。"冯秀珍老师也说："以前的第三册有六种句群，学生很难掌握。实验教材的第三册只有三种句群（连续、并列、总分），学生容易掌握。学生普遍反映，实验教材好学易学，他们喜欢学，也喜欢写。一年级一学期平均每人写 100 句以上，二年级学生写句群至少也有 70 个以上，出现了不少好的习作。"

# 第四节　实验教材对我国小学教材编写的贡献

丁版教材编写以唯物辩证法为指导，引进现代科学、心理学、工程学、经济学的理论，"树一宗、学百家，求创新"，吸收国内外母语教材的成功经验，突破陈旧的语文教材编写思路和编写方法，坚持语文教材编写中工具性与人文性、思想性、科学性、时代性的统一，是特色鲜明又独具一格的训练型教材。这套教材对我国小学语文教材编写有着多方面的借鉴意义。

## 一、编写阅读和写作同步的语文教材

我国现代中小学语文"以阅读为重点"的课程取向非常鲜明。我国中小学语文教材基本上是以阅读为中心来编写教材的，无论是中学还是小学语文课本，从第一课开始到最后一课，主要是供阅读的课文，课文是构成教材的基本框架。这样的语文教材当然也有优点，就是能够最大程度地强化对学生道德品质的熏陶和人文精神的培养，但也存在明显的缺点：其最突出的缺点是难以保证"表达"在语文课程中的重要位置。心理学研究表明，阅读和写作是两个不同的技能，前者是自外而内的意义吸收，后者是自内而外的思想表达。这两个心理过程之间是可以互相沟通、相互促进，但是不能替代的。其实就学生语文学习而言，"表达能力"是其学习的难点，也是评价学生语文能力的主要标志。语文作为一种社会交际工具，其核心功能在于能够熟练"运用"口头和书面语言参与社会交际。倾向于表达能力培养是多数发达国家母语课程的主要取向。日本"坚持从言语教育的立场出发的国语教育"，非常明确地认定"国语教育首先是言语教育，其首要任务是培养学生的表达能力"。美、英、法等国家在其母语课程标准一类的文件中也非常明显地体现出了以言语表达为重的倾向。然而我国的语文课程却始终坚持阅读为重点的课程取向，语文教材主要是提供师生阅读的课文，语文课用于阅读的时间占了3/4，而用于表达教学的时间不足 1/4，造成语文课程"阅读"和"表达"教学时间的结构性失调。可以说以阅读为重点的课程取向与培养学生社会交际能力的课程目标是不相称的，这也是造成大多数学生"语文不过关"的直接原因。现在社会各界对语文课的意见主要集中在学生表达能力不过关，而语文课却将大量时间花费在效率很低的"文本讲读"上，始终没有将提高学生表达能力作为语文课程的重点。40年前吕叔湘先生曾经说过"十年时间，2700多课时用于学本国语言，却大多数不过关"。如果语文课不改变读写失衡的课程形态，那么可以预见，再过40年我们的学生语言能力还可能过不了关。语文课程必须调整课时结构，"均衡读写"，建构"理解"和"表达"并重，并且适当朝向"运用"的课程结构。

20世纪60年代北京景山学校开展语文教学整体改革实验，在国内外产生了广泛而深远的影响。景山学校语文教学改革实验不是在现行模式的基础上加以修补和改良，而是破旧立新，对语文课程实行全方位的整体改革。景山学校语文教材在科学理论的指导下，根据中小学生学习语文的规律，以"作文为中心"，创造性地设计出有效的语文课程训练体系。按照景山学校语文改革实验计划，要求学生每天要进行动笔练习，从遣词造句到描写一段风景、一个人物、一个事件，进行写作素描练习。三年级起开篇，每周写一篇作文，从命题、选材、确定中心等方面进行严格的训练。低、中年级提倡写综合性的"儿童小品"，不拘泥于写某一种专门的体裁；高年级训练学生写好记叙文和论说文，并懂得应用文的各种基本格式，力求文章写得通顺，有内容，并会正确使用标点符号。① 景山学校的语文改革实验为我国中小学语文课程的整体改革开辟了一条切实可行之路。可惜的是，由于景山学校提出的"以作文为中心"编写语文教材的思路与"以阅读为重点"的传统教材编写思路不一致，因此这项实验没能得到当时主流观点的认同，始终没能得到大范围的推广。但景山学校语文改革实验对丁有宽"读写结合"教材编写的影响是显而易见的。丁有宽没有旗帜鲜明地打出"以作文为中心"的旗号，而是提出了广大语文教师更容易接受的以"读写结合"为主线编写语文教材的思路。他主编的实验教材，既是阅读课本，又是作文课本，读写同步，互相促进，把

---

① 顾黄初. 中国现代语文教育百年事典［M］. 上海：上海教育出版社，2001：405-408.

语文教学构建成为一个更加科学的并且容易为广大语文教师认同的读写结合训练系统。

丁版教材表面看也是选文式的，每册教材入选课文 30—50 篇，但这套教材很明显地呈现出以记叙文写作为主线的编写特点。每册教材安排的单元不是按照人文主题组织，而是以记叙文写作要素来确定每个单元主题，并且以标题的方式在课本目录和单元首篇的读写提示中标明。比如实验教材第三册的四个单元的标题：

第一单元，看图学词学句

第二单元，学习连续句群

第三单元，学习并列句群

第四单元，学习总分句群

第九册的四个单元标题：

第一单元，文章的中心思想

第二单元，文章材料的选择

第三单元，文章的段落提纲

第四单元，文章内容的主次

以记叙文写作要素作为教材编写主线的特点非常鲜明。在每篇课文的课后练习设计上，这套教材也很明显地体现出读写结合，以读促写，读写同步的编写思想。比如《董存瑞舍身炸暗堡》这一课，传统教材的课后练习多从课文思想内容方面编写课后习题，例如：

思考·练习①

1. 默读课文，回答问题。

（1）董存瑞是怎样冲到筑了暗堡的桥下，又是怎样炸掉暗堡的？

（2）"同志们，为了新中国，冲啊！"表达了董存瑞怎样的思想感情？你是怎么体会到的？

---

① 人民教育出版社小学语文室. 语文第九册［M］. 北京：人民教育出版社，1996：58-59.

2. 读句子，说说带点部分表达了董存瑞怎样的思想感情。

(1) 董存瑞瞪着敌人的暗堡，两眼迸射出仇恨的火花。

(2) 火光照亮了他那钢铸一般的脸。一秒钟、两秒钟……他像巨人一样挺立着，两眼放射着坚毅的光芒。

3. 读读写写。

4. 有感情地朗读课文。背诵第八自然段。

同样是这篇课文，丁版实验教材的课后练习是这样的①：

1. 精读课文，理解董存瑞当时所处的环境。边读边思考，课文是怎样描写他的表情、行动、语言的，逐句逐词地认真体会，再现英雄的形象。

2. 读下面两段话，与课文中的人物描写作比较，你觉得哪种写法好？为什么？

（体会作者综合描写人物的作用。）

董存瑞看（或望、眺）着敌人的暗堡，两眼放出仇恨的火花。他跑到连长身边，说："连长，为了新中国，我一定要把暗堡炸掉！"

在这紧急的关头，董存瑞昂首挺胸，托起炸药包，猛地一拉导火索，高喊着："同志们，冲啊！"

3. 阅读下面这段短文，回答有关问题：这段短文写了一件什么事？主要写谁？表现他的什么思想品质？作者是怎样描写人物具体的行动和语言的？把有关的词语画出来，体会这样的写法有什么好处。

4. 以"我的××"为题写一个人物，仿照上述范文的段落或上面举例的短文的写法，写一篇记叙文。注意综合运用人物神情、动作和语言进行具体描写。

---

① 根据刘达中，李学明的《丁有宽教育思想与实践（卷一）》广东人民出版社 2009 年第 401-402 页整理。

从教材单元组合方式和课后练习题的设计可以发现，丁版实验教材强调读写结合，充分利用课文范文对学生进行习作方法的指导，在很大程度上改变了我国小学语文教材以阅读为重点的教材编写思路。丁有宽取消了语文课专设的作文课，把作文课和阅读课融为一体，把语言（字、词、句、段、篇）训练和记叙（事、景、物、人）训练紧密结合起来，把听、读、说、写训练形成整体和体系，强化了语文课程的表达训练，一定程度上缓解了语文课程读写失衡的不正常状况，"这在我国小学语文教材编写史上是一个创新"①，这对语文课程形态的改变和教材编写的改革，都是很有启示的。

## 二、语文教材要构建完整的教学内容序列

一门成熟的课程，必须要有结构化的教学内容，否则这门课程的合理性就会受到质疑。有学者认为，"语文学科与经学的分离，并不表示它已经获得了与传统课程不同的内涵，只有当它建立了属于学科自身的新的自足的价值与体系时，才谈得上被赋予意义与价值"②。现代各种版本语文教材提供的课文，只是解决了"教材内容"问题，至于每篇课文"教什么"即"课程内容"，基本是凭执教者的个人经验和认识去判断、选择，这样就不可避免地会造成语文课程内容的随意、零散、无序和经验化。笔者曾经对 10 位教师设计的《家乡的桥》这一课的教学目标进行分析，结果发现 10 位教师在这篇课文思想情感教育和生字、词语教学方面的教学内容基本一致，但是在语文知识、方法和技能方面所选择的教学内容五花八门，完全不同。其实语文教师研究教材和把握教材的能力与数学、外语等学科教师相比并不呈劣势，为何其他课程不存在"教什么"问题，而语文课上"教什么"的问题会如此严重？其深层原因并不是语文教师的能力不济，而是语文课程本身缺乏结构化的课程内容所致。这是长期困扰语文教师的难题，也是导致语文教学效率长期低下的症结所在。按理说，一门课程"教什么"，即课程的"教学内容"应该由课程专家规定，并通过教材具体呈现。教师是课程的执行者，所承担的应该是

---

① 朱作仁. 丁有宽的教育思想与教学法［M］. 广州：广东教育出版社，1993：148.
② 刘正伟. 语文教育现代化的百年诉求［J］. 教育研究，2008（1）.

"怎样教"的任务。但是由于我国语文课程与教学理论对中小学语文教学内容的系统研究非常薄弱，语文课程标准对教学内容的表述过于笼统，语文教材也没有明确呈现序列化的教学内容，而是将专业要求极高的教学内容确定权下放给具体执教的教师，这实在是难为我们的语文教师，并直接导致语文课堂教学实践中教学内容的混乱。

丁版教材的一大特点就是改变传统语文教材编写"杂乱无序"的通病，力求实现"有的、有点、有序、有法"的教材编写体系，合理地编制出每个年级、每一学期重点的教学内容，形成完整的小学语文读写训练系列。这套教材以丁有宽归纳出的记叙文读写结合"五十个基本功"为主线，确定"读写结合，系列训练"的组合原则、内容和要求。他把整个语文教学在识字的基础上，按照句、段、篇的总序，从易到难、从简到繁进行多层次的训练，提出了在全国独树一帜的"读写结合五步系列训练"，体现了"目的明、内容精、方法活、时间少、效果高"的要求，循序渐进，稳扎稳打。这五步系列训练是：

一年级：以字为重点，从句入手。侧重练习一句"四素"（时、地、人、事）完整的话，作为训练写记叙文基本功的起点单位，兼及连续句、并列句和总分句。

二年级：以词句为重点，从段着眼、从句入手，侧重练好九种句法（连续、递进、概括与具体、总分、并列、主从、点面、因果、转折），而以前五种为训练重点。

三年级：着力培养学生"三读"（初读、略读、精读）能力，养成读书习惯。以句段为重点，从篇着眼、从段入手，侧重练习八种构段法（连续、递进、先概括后具体或相反、先总述后分述或相反、先点后面或相反、先记叙后抒情或相反、先概括次记叙后抒情、对比），兼及文章开头五法（交代"四素"、开门见山、提出问题、描写引入、抒发感情）和结尾五法（事情结尾、点明主题、展示未来、抒发感情、描写）的读写训练。

四年级：以篇章为重点，着重进行构篇五法（审题、立意、选材、组材、修改），兼及记事四法（事序、时序、地序和以事序为主，综合时序、地序），状物五法（景色、建筑物、植物、动物、场面），写人八法（外貌、语言、行

　　　　　　丁有宽语文教学艺术研究

为、心理活动、人物综合描写、一事表人、几事表人、品质表人）的读写训练。

五年级：以综合训练为主，以培养学生自学自得、自作自改的能力为重点，达到全面提高语文能力的目的。

五步读写系列训练，包含着有计划地依次完成上述五十个基本功（记叙文读写训练五十法）的训练，以及与五十个基本功相对应的近 300 题次的训练，而这些都体现在丁老师主编的有较完整体系的十册读写结合实验教材之中。

朱作仁教授评价丁版教材"大处着眼、小处入手，在全局指导下进行局部训练"。基本功五十法，法法过关。一课一得，一岁一个脚印，扎扎实实地前进。这就使得每一项基本功的训练，都承担大纲任务的一部分，使每一课所确定的教学重点，逐步由点连成线、由线织成面，体现了全局观和重点观的高度统一，达到训练计划化、序列化和规格化的科学要求。这样，在教学实践上就带来了以下好处：①每课教与学的目标意识明确。学生学习、教师自检、领导听课都有了评价的依据和标准。②减少了教学内容不合理的重复。③保证了大纲要求的落实。④方便了教师的备课。

丁版教材很大程度上化解了语文教学目标不明、序列不清的弊端，建立了有的、有序、有点、有法的教学体系，使得语文教学不再是"模模糊糊一大片"，而是有点、有线、有块，优化组合。五年制十册教材四十个单元，六年制十二册教材四十八个单元，每个年级、每个单元独有明确的教学重点，前后年级和单元之间有着比较密切的内在联系。所以使用丁版教材的全国 28 个省市自治区的实验班教师都有一个共识，他们说："没有使用丁版教材之前，我们都很羡慕数学老师，他们的教材'清清楚楚一条线'，可是语文教材'模模糊糊一大片'，不知从何下手。使用丁氏教材，心里有底了。"这些教师为何会心里有底，其根本原因就是丁版教材有一个完整的语文读写训练系列。

### 三、语文教材要突出方法和规律的指导

中国人强调整体思维方式，比较重视直观感受、形象思维等方法，因而传统的语文教学强调多读多写，重视语文实践和语言感受。这些固然是非常

宝贵的教学经验，但是在教育学、心理学研究不断取得新成果的今日，这种"语感教学法"，从语文教学科学化的角度来看，肯定存在诸多不足，有待进一步发展和完善，因为它忽略语言规律的自觉和指导作用。

其实语言本身是有规律的，是按一定方法构造的。语言构造的各因素之间的关系是极密切的：由字组成词、词组成句、句组成段、由段成篇。不论是理解语言还是表达语言，除理解和表达语言反映的内容外，还要理解和掌握语言各因素之间的关系。例如要理解文章的内容和思想，就要理解各段之间的关系，尤其是重点段与其他各段之间的关系；要理解段的含义，就要理解段内句子及句与句之间的关系；要理解句子，就要理解一句之中的词语及词与词之间的关系。所以阅读一篇文章，在初读全文的基础上，一般是先由字词理解，再到句、段、篇。作文一般在先有内容材料和要表达的思想的基础之上，拟出提纲，构思各段之间的关系，再按提纲逐段写下去；写每一段时还要把句子的先后关系表达清楚，最后考虑词语运用是否恰当。阅读与作文是两个相反的过程，在这两个过程中都要考虑语言构造各因素之间的关系。语言构造也是讲究方法的，字、词、句、段、篇都有一定的构成方法。因此，在读与写的过程中，还要使学生理解和掌握语言构造方法。只有使学生理解和掌握了语言构造各因素之间的关系及其构造方法，才能有效地提高学生的读书、作文能力。

丁有宽就是这样做的，他很明确地说："我是搞记叙文教学的，小学以记叙文为主，我的起点概念是'四要素'，后面句群也好，段落也好，篇章也好，都是'四要素'的展开。"他的"四要素"起点概念就是辩证思维的概念。从理论上来讲，也许他不是很自觉的，但他抓住了起点的概念，然后逐步深化、丰富，这实在是个非常值得重视的问题。丁版教材的可贵之处，就是他没有停留在传统的多读、多写的经验水平上，他不是让学生盲目地在暗胡同里摸索语言规律的知识和方法，而是自觉地、有计划、有目的、有步骤地将语言规律的知识和方法，明明白白地教给学生，作为帮助学生学习的范本，了解作者如何叙事、状物、写人，以及表达思想感情和谋篇布局的一把钥匙，这不仅体现了教学的理解性原则和理论指导原则，而且也大大地缩短了学生继承前人文化、历史遗产的过程，提高了教学效率。

丁版教材创造了以"四素完整句"作为读写结合语言训练的开端法，句子是语言运用的基本单位，从语言运用的基本单位——句子进行训练，这也是我们语言训练的传统法，如古代的"属对"训练，就是作文的基础训练，近现代的说话、造句训练，也是为作文打基础的。但丁老师提出以"四素句"作为语言训练的开端，是具有创造新意的。因为"四素句"是记叙文的基本组成结构，从"四素句"开始训练，可为学习记叙文奠定牢固的基础。

丁版教材将"四素句－连续句－并列句－总分句"这四种构句法作为语言训练的基础。由四种构句扩展到四种句群结构法：连续句群、并列句群、总分句群、概括与具体句群。再由这四种句群结构法，扩展到这四种段的结构法。以句段训练作为篇的训练基础。从句子结构法开始，到句群结构法，再到段的结构法，最后到篇的结构法，既体现了语言构成各因素之间的关系，又突出了语言构造方法。

文章结构方法很多，丁版教材根据小学生以写记叙文为主的特点，突出了记叙文的四要素，并以"四素句"训练起步，还有记叙顺序，文章的开头、结尾，记叙文的写事、写景、写人等文章结构法。丁有宽所总结的七条读写对应规律、读写结合五十个基本功正是从一个方面反映了语言规律对学生读写训练的指导作用。此外，丁有宽还总结出了高一层次的"识字法""查字法""读书法""读记法""对应法"，在更深层面上明确了各个年级的方法学习的重点，并且解决了字、词、句、段、篇的融会贯通问题，使学生达到自学、自得、自作、自改、自能的目的。

有人对丁有宽读写结合五十法提出质疑，认为太多、太难，负担太重了。其实如果静下心来分析一下就会改变认识。丁版教材五年制十个学期，如果五年学五十法，每个学期才学习五个法，何多之有？丁版教材三至五年级每册教材四个单元，才四个训练重点，与当时的人教版语文教材每册编写六个例话相比，数量并不为多。至于说五十法难，其实是因为丁有宽概括的五十法中不少方法是新的，大家不熟悉，比较陌生，因此感觉不容易。其实这五十法都经过多轮教学实践检验，只要循序渐进进行教学，小学生都是可以学会的。

#### 四、语文教材要突出语文课程实践性特点

语文课程标准指出："语文是实践性很强的课程，应着重培养学生的语文实践能力，而培养这种能力的主要途径也应是语文实践，不宜刻意追求语文知识的系统和完整。语文又是母语教育课程，学习资源和实践机会无处不在，无时不有。因而，应该让学生更多地直接接触语文材料，在大量的语文实践中掌握运用语文的规律。"认识论是研究人类认识的来源、内容和发展过程的科学。辩证唯物主义的认识论强调认识对实践的依赖关系，指出在人类社会实践是认识的唯一源泉，即坚持"实践第一"的观点。课堂教学中的语文实践，主要是语言听说读写的实践，让学生在听说读写的实践活动中学习语言，提高语言运用能力。丁版实验教材以训练为主线，力求体现语文学科实践性特点。这套教材以单元为中心编写，每个单元教材按照学生学习语文的规律进行多层次的设计。①

1. 指导读写提示，了解本单元读写方法。"读写提示"是单元的导练篇（低年级没有读写提示），交代了单元的重点，分析了课文的特点，提出了训练的要点，意在引导学生自学读写提示，明确单元的读写重点，了解单元的读写方法，建立学习、理解单元内容的整体概念。

2. 指导精读课文，掌握读写方法。"精读课文"是单元的讲练篇。它是单元重点的集中体现，是作为学法的典型引路和具体示范。旨在指导学生精读课文，提示读写知识的规律，进一步掌握读写方法。课文重点部分要求达到五会（会理解、会品评、会复述、会背诵、会仿作或积累）。

3. 指导略读课文，试用读写方法。"略读课文"是单元的学步篇。教学时根据学习迁移规律，引导学生试用从"精读课文"中学过的读写方法，让学生通过反复训练，逐步把知识转化为技能。

4. 指导自学课文，运用读写方法。"自学课文"是单元的放手篇。教学时放手让学生运用学到的知识和方法，并在自学中自己发现问题、分析问题

---

① 根据刘达中、李学明的《丁有宽教育思想与实践（卷一）》广东人民出版社 2009年第 481 页整理。

和解决问题，从而达到"教是为了不教"的目的，使学生从"学会"进入"会学"的境界。

5. 指导综合练习，强化读写方法。"综合练习"是单元的综合篇，也是应用篇。教学时，要让学生独立审题，尝试训练，帮助学生理解前后知识的内在联系，将局部的、零碎的知识纳入完整的知识系统中去，进一步强化学习过的读写知识和方法。

6. 指导课外活动，实践读写方法。课外活动是单元的开放篇，要做到得法于课内，得益于课外。根据单元的训练重点要求和学生的年龄特点、身心需求，指导学生制订活动计划（定目标、定内容、定时间、定地点、定形式）。活动始终要充分发挥学生的自主精神（自我表现、自我完善、自我创新）和"四性"（主动性、积极性、协作性、创造性），活动形式要服务于目标，时变时新，这样做有利于促进学生的身心健康和全面发展。

丁有宽对语文课的语言训练提出明确要求，即目标要明、重点要准、内容要精、时间要少、效果要高，对每项训练目标掌握要死，运用要活。在训练方法上有以下特点：

在分项训练基础上进行综合性训练，在语言训练中着眼于独立训练。教材是这样写的：先是句的训练、句群训练，再到段的训练；不但训练读句、读句群、读段，且训练写句、写句群、写段，在写的基础上还要训练自己修改；在句、句群、段的教学中，要依据结构方法去训练。这样就形成若干个训练点和层次，由浅入深，由易到难，多次反复，螺旋式上升。分项训练为篇的训练打好基础，再进行篇的训练，而篇中又有分项练习，在分项训练中也不忘整体。

注重多层次训练。在认知基础上，一般先进行巩固性练习，后进行发展性练习；先进行模仿性练习，后进行创造性练习。前者目的一般是巩固训练目标，后者目的在于发展能力。尤其重视学生从读到写、从写到改自己习作的练习，从修改自己写的句子、句群、段到修改文章，而且都体现在教材中，这就把读写的主动权交给学生，提高学生的读写能力和学习的自觉性、自信心。

重视多角度训练。一篇文章，多次教，多次练，每练一次换一个训练目标。根据教材特点和学生学习情况，有目的地选择典型篇目适当地进行多角度训练，能较快地提高学生的读写能力。

强调大面积训练。重视教学要面向全班学生，尤其是偏爱后进生。要求各项训练都要落实在全班学生身上，使全班学生人人都有语言实践的机会，实现大面积训练。丁老师总结出帮助学生提高学习成绩的宝贵经验：克服偏见，热爱后进生；转化双差生，重在扬长补短；转化弱智生，重在发展智能；转变心理变异型，重在启发自尊等。

丁版教材始终如一地强调语文课程实践性的特点。丁有宽坚持"华中求实，突出重点，精讲多练"的方法，每教一课都安排两次以上的片段仿写训练，重点课更多一些。他取消了作文课，把作文融合在阅读教学过程中。三至五年级实验班，每学期人均作文 50 多篇，少数学生达到一二百篇。他还大量增补课文，如第七轮的最后两学年中，除学完原课文 123 篇外，还增学 124 篇文章，古诗 80 首。实验班学生喜读爱写，蔚然成风。丁有宽的实践又一次证明，只有在大量的读写活动中，才能实现由知识向能力的转化，读与写也才能真正结合。

# 第六章
## 丁有宽访谈

本章以"访谈"的形式呈现，主要意义有两点：一是突显丁有宽老师教育思想所独有的特色，如对于"品质语言"的认识与实践，这是一个很新鲜且有创意的表述，它把语言提升到"品质"的高度来认识，而且将其作为语文教学追求的核心目标，以引起人们对学习语言的充分重视，这是丁老师的重大创举。二是突显丁有宽老师遵循学生身心发展规律，顺应目前课程改革潮流的思想。丁老师总结了培养学生自主学习的十个"给"：给学生一个问题，给学生一个困难，给学生一个冲突，给学生一个机会，给学生一个对手，给学生一个权力，给学生一个条件，给学生一个时间，给学生一个空间，给学生一个课题。这十给，闪烁着生本教育的光芒，也体现了丁老师把学习的主动权、学习的时间"让给"学生的理念。

## 第一节　上好读写导练课，侧重解决三个问题①

记者：丁老师，您的读写结合实验取得了令人叹服的成绩。请问，读写导练要怎样上，才能提高效率，发展好学生语文素养？

丁老师：这是一个很值得大家继续研究的问题。我以为，从大的角度讲，至少要解决三个问题：一是读写导练的教学思想问题，二是读写导练的教学原则问题，三是读写导练的教学模式问题。

记者：请您先说一说读写导练的教学思想问题。

---

① 丁有宽. 上好读写导练课，侧重解决三个问题 [J]. 广东教育，1999（7、8）.

丁老师：要坚持以发展语言为中心，体现练语言、练思维、练思想感情三者统一的教学思想，做到文道交融，读写结合。

记者：在练语言方面，您有哪些探索？

丁老师：练语言要依据大纲、课标的要求和学生的实际，进行以下几个方面的语言训练。

1. 练语言品格。

（1）语言完整性训练。要求听、读、说、写每一句话都要完整。教材要求一年级主要通过"四素句"的训练，使学生初步掌握构成句子的基本因素，为此后的语言发展打下良好的基础。

（2）语言条理性训练。要求学生说写言之有序。如一年级教材安排学习四素句、连续句、并列句训练，要求学生懂得句子本身的条理性；二年级教材安排学习连续句群、并列句群、总分句群、概括与具体句群，使学生理解句与句的逻辑关系；三年级教材安排的训练重点是连续结构段、并列结构段、总分结构段、概括与具体结构段，使学生理解段中层与层的逻辑关系；从四年级开始，教材要求学习连续结构篇、并列结构篇、总分结构篇、概括与具体结构篇，使学生理解篇中段与段的逻辑关系。由于给学生揭示了句子、句群、构段、构篇中的各种逻辑关系，并按各种逻辑关系训练语言，不仅有利于提高语言的条理性、系统性，同时也促进了学生逻辑思维的发展。

（3）语言具体性训练。要求学生言之有物。整套教材是编者经过长期实践后，选编的学生喜读爱写的近 300 篇记事、状物、写人的记叙文。围绕训练重点，精选课文中近 800 个片段（句群或段落）指导学生进行训练，注重关键词语在句子中的作用，抓住用词精妙的句子，让学生品评，反复体会、反复读。

（4）语言准确性训练。教材根据学生的可接受性和可发展性，每册课文课堂练习题中编有用词准确的句子，采用比较法，通过换词句、改词句、增减词句等与原文比较，让学生评议、反复体会，使学生理解课文遣词造句的精当，特别要抓住学生回答问题是否准确及学生习作中不通顺的地方，给予指导，不可训斥。

（5）语言速度训练。新世纪的要求，小学语文教学务必使学生听、读、说、写能力协调发展，并都要有一定的速度。读写结合语文教材，是以读写相互迁移为突破口，促进听、读、说、写能力整体性、层次性的发展，不能错误地停留于只重视读、写而忽视听、说能力的训练。

2. 练理解语言。

阅读课主要训练学生理解语言，包括朗读、默读、背诵、复述等项的训练。读写结合教材按大纲的要求结合学生的年龄特点和心理需求，每册课文中都设计上述各项定量定质的训练。各年级学习法训练编排有序：一年级着重训练识字三法（笔画笔顺识字法，偏旁部首识字法和音、形、义比较识字法）；二年级着重训练查字法；三年级着重学习精读法；四年级着重训练读记法（在阅读中摘记优美词句和精彩片段、记概括提纲、写读后感）；五、六年级着重训练读写对应法（前面已谈及）。教材单元分组导练的三类课文读书方法也有区别：精读课文侧重精读法，略读课文侧重略读法，自学课文侧重浏览法。实验班不少教师在导练实践中总结了很多有效的方法，如训练背诵法有：理解层意背诵法、理解构段逻辑背诵法、理解写作顺序背诵法、按课文提纲背诵法、记住重点句子背诵法、反复熟读背诵法等。根据不同的课文，采用不同的方法。

阅读课不仅要重视学生读书的语感训练，而且要重视以语言规律指导学生读书。一年级读、说句子，从二素句到三素句再到四素句进行训练，使学生真正掌握构成句子的因素及基本句式。读篇时，先理解构段的各种逻辑关系，再理解段与段之间的逻辑关系，通过内容理解构句、构段、构篇的语言逻辑形式。通过迁移，反过来以语言逻辑形式进一步理解内容，这就是在语言规律指导下进行读写训练。这种训练方式，不仅会让学生加深理解，而且实际上也是一种思维训练，把练语言和练思维统一起来。

3. 练表达语言。

我的主张是读写结合。读为基础，从读学起，以写促读；从仿到作，从说到写。具体有以下几种方式。

从句到篇的训练，从读中学写作方法。从句入手，着眼于篇。一年级着重练好一句四素完整句。从练好一句主谓句的话开始，如谁干什么，谁是什么，谁怎么样，什么干什么，什么是什么，什么怎么样。这些都是语言形式，也是语言规律，用这些规律指导说、写句子，使句子内容和形式结合，使学生掌握基本的主谓句，接着进一步练习四素完整句。教材第一册第四单元训练重点"看图学习四素句"是在第三单元训练重点"看图学词学句"的基础上进行，即学生在学习"二素句""三素句"的基础上开始学习"四素句"。

由句群到段的训练。从段入手，着眼全篇，练好四种句群、四种结构段。不仅练读，还要练写。教材精选范例，设计仿写、补写、扩写和修改句子等练习。

由段到篇的训练。在三年级训练的基础上，着重进行审题、立意、选材、组材、修改、观察等项目的训练，这些训练都是通过读来掌握七个对应关系（解题与审题、拟题；归纳文章中心与表达文章中心；分段、概括段意与拟作文提纲；区别主次与内容详略；捕捉重点段与突出中心；品评课文与自改作文；从读学习观察事物与作文练观察方法）。

在以上各项训练中要注意：①连续性。要一项一项扎扎实实地训练，不要跳跃。②由仿到创。每项训练，课文都有例句、例段、例文，从模仿中理解要领，进行模仿。模仿内容要扩展，由仿到创。③由内容到形式，由形式到内容。每项训练项目，都要从内容入手，通过内容理解语言表达形式。掌握了语言表达形式后，会提高学生的读写能力。这其中切忌以语言形式去套内容，要明确语言形式是为内容服务的。④课内外读写结合训练。通过读书要求学生写读书笔记、心得；通过课外活动，开展"寻美颂美"活动，举办读书会、朗诵会、习作评论会、习作比赛和优秀习作展览会等活动。近几年来，有不少实验校、班有目的、有系列、有特色地坚持课内外读写结合训练，创出新成绩，写出新经验。如潮州市湘桥区实验学校全国先进工作者、特级教师唐丽云主持的"课内外读写结合系列训练"科研实验，从一年级起，课内与观察自然结合练四素句，组织学生找四季、画四季，一句话说自然；二年级把课内与身边事结合练句群，开展互帮互助活动，写几句"颂美"报道；三年级把课内与家务劳动结合练结构段，指导学生参与家务劳动，写真情日记；四年级把课内与课外活动结合练篇章，开展校外助残活动，编颂美小报，初步训练读写对应规律；五、六年级将课内和社会实践结合，练记叙文，采访先进人物，写广播稿，办广播台，进一步掌握读写对应规律，从而培养学生"自学自得，自作自改"的能力。三年实验，效果显著，被省里评为"读写结合教材教法科研示范学校"。

记者：关于练思维、练思想感情，您有哪些探索？

丁老师：练思维，要重视边听边思、边读边思和思而后说、思而后写的经常性训练，让学生养成自觉、主动的良好习惯。练思想感情，要求教文与教做人相统一，练语言与练思想感情二者是统一的，情与理是寓于文章之中的。

课文的思想感情不是靠讲解传递的，而是要引导学生感受真情。作者是先有情思而后成章，读者是看了文章再体味作者的情思。语文导练教学就要教会学生咬文嚼字、品味词句所蕴含的情感。例如《再见了，亲人》，写五次战役时，由于敌机的封锁，食物送不到阵地上，战士们饿着肚子和敌人拼了三天三夜。就在这个时候，一位朝鲜大娘带领全村妇女，冒着炮火，穿过硝烟，给战士们送来了打糕。志愿军战士们激动地说："这真是雪中送炭呀！"当时有很多同志感动得流下眼泪。在大娘的帮助下，志愿军战士打胜了那次阻击战。同样教学这段课文，有的教师在一般讲读的基础上，要求学生当堂背诵教师教的"雪中送炭"一词的注释，立即以"雪中送炭"为题说一段话，结果是只有几名学生站起来念念抄袭的习作，其余的学生举目相望。这样的课能叫做读写结合导练课吗？有的教师在指导学生精读课文的基础上，用"一位朝鲜大娘带着全村妇女，给战士们送来了打糕"这句话跟原文作比较，让学生体味朝鲜妇女对志愿军的真情，同时结合课文启发学生：读到"雪中送炭"中"雪"和"炭"时会想到什么？这个成语在这一课中表达了什么感情？这时学生的思维活跃起来了。有的学生说，"雪"使人联想到志愿军战士在冰天雪地战场上饿着肚子跟敌人拼了三天三夜的艰苦，从中表现了志愿军战士对朝鲜人民的深情；从"炭"字想到温暖和热情。朝鲜大娘在炮火硝烟中送来的哪里是打糕，而是一颗炽热的心。一个"雪"、一个"炭"正表达了中朝人民之间的深厚情谊。这样，就把"雪中送炭"这个词的情味咀嚼、体会出来了。学生结合课外开展的"向灾民献爱心"活动，写出了一篇篇如赞颂江泽民爷爷、李鹏爷爷、朱镕基爷爷，还有各行各业人员、海外侨胞给灾民"雪中送炭"的动人习作。这样的导练课，才是达到文道交融、读写课内外结合的语文导练课。

记者：这个实例的确能说明许多问题。那么，请问读写导练的教学原则是指什么？

丁老师：读写结合导练坚持"三个为主"的教学原则，即"以教师为主导，以学生为主体，以训练为主线"。具体说来，要解决以下问题：

1. 要树立学生主体观念。

我们要从三个方面来认识这一问题。

一是从历史看，长期以来，应试教育一直是维持我国教育秩序正常运转的主要内驱力，形成了一套完整的求同思维的教学体系和照本宣科、知识传授型的教学模式。师生被"考分第一""升学第一"牵着鼻子走，被物化为应试的工具，哪还有什么"主导"与"主体"可言？由此造成学生怕读厌写，高耗低效，差生越来越多的恶果。历史的经验值得借鉴。

二是从现实性看，由于应试教育观念根深蒂固，而素质教育体制尚未建立，学生的主体位置未能真正摆正，当前语文课上仍然存在不少问题。如：①"一言堂"式：教师讲得多，演得多，学生练得少。②"马戏团"式：教师既当指挥者，又当主角，几名优生当配角，跟教师一唱一和，中等生、后进生跑龙套或当听众和看客。③"单打一"式：单向式问答，教师问、学生答，很少鼓励学生问教师，未能让全体学生参与。④"牵鼻子"式：学生的学习活动随着教师团团转，不能越雷池一步。⑤"打棍子"式：对答错问题的学生不是热情帮助，而是严厉指责。学生的书包越背越重的现象更是普遍。凡此种种，都说明在我们的语文教学中树立学生主体观念是个悬而未决的问题。

三是从时代性看，当前世界是高科技竞争的时代，其实质是一个培养人才的竞争时代，才优则胜，才劣则败。发展学生健全的个性，强调对主体价值的终极关怀，已成为当今世界各国普遍的教育观念和国民教育改革的总体趋势。国家教委三番五次强调基础教育必须迅速由应试教育向素质教育转变，其意旨在为新世纪培养人才，使我中华屹立于世界之林。素质教育的本质就是主体教育。因此，在教育教学中树立学生主体观念，乃是当务之急。

从上述三个方面，我们可以认识到，在读写结合导练课中树立学生主体观念的重要性、必要性和艰巨性，也会感到今天的教师，既光荣又任重。在教育管理体制尚未完全走上素质教育轨道的情况下，要敢为人先，摆脱应试教育的羁绊，站在素质教育的育人高度上，一切为了学生的现在和未来，面向实际，勇于实践和研究，切切实实地把课堂还给学生，把学习的主动权还给每个学生，实现八个转变：一是从"学服务于教"向"教服务于学"转变；二是从"逼我学"向"我要学"转变；三是从"教师讲堂"向"学生学堂"转变；四是从"僵化程式"向"现代的启发式"转变；五是从"单向交流"向"多向交流"转变；六是从"只重学会"向"注重会学"转变；七是从"只重优生、弃后进生"向"面向全体学生"转变；八是从"只重课内"向"课内外结合两轨运转"转变。

2. 要做到五个坚持。

在落实"三个为主"导练教学原则的全过程中，要认真做到五个坚持。

一是坚持做到"整体设计，动静结合"。这是导练课的准备阶段，要充分准备，不要仓促上阵。所谓"整体设计，动静结合"就是要求教师在"读写结合单元分组导练"的教学设计中，备教材要做到胸有全册，单元着眼，从课入手。首先，要弄通弄懂本单元在全套书中的位置、作用和单元前后的联系。其次，从组文、各类课文、综合练习题的钻研，把握单元训练的重点、组文训练的要点、课文训练的特点和习题训练的难关。在备学生上，要做到"心中有生"，不仅要深入了解各类学生原有的知识基础、理解能力、表达能力、兴趣爱好、学习态度、个别差异等情况，还要摸准学生的心理动态与思维障碍。在明确教学目标，把握主攻方向的基础上，要认真思考和选择能够真正把学生推到主体地位参与学习的导练方法，设计出环环相扣、步步深入的导练教案，并要求教师把教材死的知识化为教师活的知识，把教材的内容化为教师的思想感情，把教学的思路化为学生学习的思路。这样做到四备（备教材、备学生、备教法、备学法），才能达到掌握好"整体设计，动静结合"要领的要求。

二是坚持做到"抓住主轴、敢放会收"。这就要求在教师的指导下，抓住训练的目标和重点，让学生自己读书、自己思考、自己作文、自己改文，能发现问题、提出问题、争论问题和解决问题，培养学生敢于自我表现、自我完善、自我创新的主体精神。在我们的试验点中，有不少教师在解决"敢放会收"这个问题上已下了功夫，放得开、收得拢，效果好。我们已初步总结了培养学生自主性十法：

①给学生一个问题，让他自己找答案。

②给学生一个困难，让他自己去解决。

③给学生一个冲突，让他自己去讨论。

④给学生一个机会，让他自己去抓住。

⑤给学生一个对手，让他自己去竞争。

⑥给学生一个权利，让他自己去选择。

⑦给学生一个条件，让他自己去锻炼。

⑧给学生一个时间，让他自己去安排。

⑨给学生一个空间，让他自己去开拓。

⑩给学生一个课题，让他自己去创造。①

三是坚持做到"多向反馈，善于调控"。读写结合导练教学的过程是一种信息交流的过程，要在充分发挥教师的主导作用下实行"多向反馈，善于调控"的教学形式。它是针对"教师讲，学生听""教师问，学生答"单一的教学模式化而改革的。它有利于教师及时得到学生学习的信息，及时取优补缺和调整教学提高教学的针对性；有利于突出学生主体性的地位，让学生畅所欲言，广泛交流，集思广益，取长补短，互动合作；有利于在心灵和智慧的碰撞中实现优、中、差生的共同发展，实现民主化教学和社会化教学的高效教学。"多向反馈"形式图示如下：

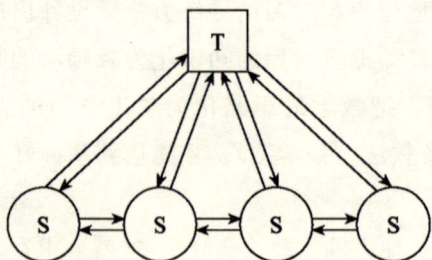

①  丁有宽，戴汝潜，朱作仁. 丁有宽小学语文读写结合法［M］. 济南：山东教育出版社，1999：91-92.

四是坚持做到"面向全体，培优扶差"。读写结合导练课是面向全体还是面向少数学生，这是素质教育与应试教育的分界线之一。衡量导练课是否面向全体，培优扶差的标准，可以从三个方面看一看：①看难度。教学要求、重点和难点的确定是否以教材和学生为依据，符合学生的实际。实践经验显示：一般以中等学生的水平为依据，可以兼顾优生和后进生。如果仅仅以优生的水平为依据，就会脱离大多数学生的实际。②看广度。课堂重点训练项目是否每个学生都有参与的机会，让全体学生都能实际进入学习过程并得到训练和提高，还是把完成教学的希望寄托在优生身上，视他们为教学活动顺利的得力助手，视后进生为消极因素，拖教学进度的后腿。③看抓两头。对优生是否提供发展的机会，对后进生是否加以"偏爱"。总之，在导练教学中，注意是否做到面向全体，培优扶差，以优带差，以优促差，拉动中间，共同进步。

　　五是坚持做到"十要"的导练要求。即训练目标要明、要求要实、重点要准、内容要精、时间要省、方法要活、容量要大、教情要真、学情要浓、效率要高。这是单元分组（各类课型）导练课的共性要求。它们之间有密切的联系：第一至第九个要求是因，第十个要求是果；第三至第九个要求都要为第一、第二个要求服务。教材从学段、学年、学期、单元、组文、课文至习题都明示了导练的目标、要求、重点、内容，教师通过钻研教材可以领会和操作。关于训练时间要省、训练方法要活、容量要大和教情要真、学情要浓，教材中不明示，教师要根据不同年级学生的知能、思维状态和心态特点而决定。

　　记者：关于读写结合导练的教学模式，您主要指哪种模式？①

　　丁老师：教学模式是教学理论和教学实践的中介。它是从宏观上揭示教学活动整体及各要素之间的内部联系，为完成教学目标和教学内容而形成的教学程序。"读写结合"导练基本模式是我长期实践，经历"总结经验""形成风格""升华理论""建立体系""编写教材"的系统程序而构建起来的。共有六个模式：

---

① 田本娜. 论丁有宽读写结合导练教学模式［J］. 小学语文教学，1996（9）.

一是"阅读、观察、思考、表达一体化"模式，二是"读写同步，读、仿、写三步转换"模式，三是"读写结合五（六）步系列训练"模式，四是"单元分组导练教学"模式，五是"三类课文课堂教学过程"模式，六是"课堂教学为主，课内外结合"模式。这里着重介绍第四种读写结合"单元分组导练教学"模式。

教材的编排采用单元分组组合，分步训练，综合提高。

1. 教材设计以单元为中心，层层突出训练重点。

单元分组文，突出训练要点；组文分课型，突出课文特点；课文有重点，突出练习点。

2. 课文分精读课文、略读课文、自学课文。

精读课文重在教规律和方法；略读课文重在试用规律和方法；自学课文，在于自学运用规律和方法。

3. 课文中安排不同类型练习题。

预习题是给学生初读课文时的提示，也是教师指导学生预习课文的要求；课堂练习题是学习课文、进行训练的提要；综合练习题是本单元知能的综合和提高。

教材是以单元为中心进行多层次的设计，那么，教法、学法就要根据教材的特点，发挥教材优势，采用"单元分组导练"的基本模式。

单元分组导练的基本模式，教学过程共分为六步：

1. 指导读写提示，了解读写方法。

"读写提示"是单元的导练篇（低年级没有读写提示），它交代了单元的重点，分析了课文的特点，提出了训练的要点。教学时，要引导学生自学读写提示，明确单元的读写重点，了解单元的读写方法，建立学习、理解单元内容的整体概念。

2. 指导精读课文，掌握读写方法。

"精读课文"是单元的讲练篇。它是单元重点的集中体现，是作为学法的典型引路和具体示范。课文重点部分要求达到五会（会理解、会品评、会复述、会背诵、会仿作或积累）。教学时，要指导学生精读课文，提示读写知识的规律，进一步掌握读写方法。

3. 指导略读课文，试用读写方法。

"略读课文"是单元的学步篇。教学时，要根据学习迁移规律，引导学生试从"精读课文"中学过的读写方法运用于略读课文，让学生通过反复训练，逐步把知识转化为技能。

4. 指导自学课文，运用读写方法。

"自学课文"是单元的放手篇。教学时，要放手让学生运用学到的知识和方法自学课文，并在自学中，自己发现问题、分析问题和解决问题，从而达到"教是为了不教"的目的，使学生从"学会"进入"会学"的境界。

5. 指导综合练习，强化读写方法。

"综合练习"是单元的综合篇，也是应用篇。教学时，要让学生独立审题，尝试训练，帮助学生理解前后知识的内在联系，使局部的、零碎的知识纳入完整的知识系统中去，进一步强化学过的读写知识和方法。

6. 指导课外活动，实践学习方法。

学习要做到得法于课内，得益于课外，课外活动是单元的开放篇。教师要根据单元的训练重点要求和学生的年龄特点、身心需求，指导学生制订活动计划（定目标、定内容、定时间、定地点、定形式）。活动始终要充分发挥学生的自主精神（自我表现、自我完善、自我创新）和"四性"（主动性、积极性、协作性、创造性），活动形式要服务于目标，时变时新，有利于学生身心健康。

## 第二节　培养良好的学习品质，提倡三种精神

记者：丁老师，您在教学中很重视培养学生良好的学习品质，能说说这方面的想法吗？

丁老师：学习品质是决定学习行为的倾向和特征的心理依据。学习品质和学习行为的辩证关系表明，学习品质的形成，是学习行为的结果。例如，创造精神只有在富有创造性的学习活动中才能形成、发展起来，因此，学习品质的形成和学习行为的完善是互为条件的。优良的学习品质的培养，既是

学法指导的任务，也是学法指导取得真正成效的条件。这就要求教师在学法指导的同时，培养学生优良的学习品质，将两者统一起来。

记者：请问丁老师，培养优良的学习品质，您是从哪些方面着手的？

丁老师：从我的教学实践看，优良学习品质包括自主精神、向上精神、刻苦精神等。①

## 一、自主精神

学习的自主精神是指学生有目的、有计划地主动学习的意识，这种意识是在学生自主学习的过程中产生并发展起来的。而学生在学习上的自主，一个重要前提是对学习方法的掌握。学习方法是学生自主学习的工具。教师教给学生学习方法后，就必须引导学生运用这些学习方法进行学习。一种学习方法，只有当它被学生有效地运用来进行学习时，才算真正被掌握。学生的这种自我实践活动，同样也是自主精神得以发展的条件。学习方法的掌握以及由此带来的学习的成功体验，可以大大增强学生自主学习的信心。我的语文教学的基本思路是：教师为主导，学生为主体，训练为主线，极力主张学生"自学自得，自作自改"，这就促使学生在语文学习方面自主地、生动活泼地得到进步。

## 二、向上精神

学习的向上精神指的是在正确的动机和浓厚的兴趣支配下，自觉完成或逐步加深学习内容的意识。要求不断地掌握新的学习方法和技能的愿望是向上精神的具体表现之一，而这种愿望又是促使学生不断掌握新的学习方法的内在动力。循序渐进地掌握学习方法，自然会产生向上攀登的意念和情感。语文学习方法的形成不是一次完成的，具有渐进性。因此，学法指导也必须循序渐进地进行，难度适当，拾级而上，诱发学生积极向上的意识。

从语文教学全过程看，应根据循序渐进的规律，引导学生不断上进。从

---

① 教育部师范教育司. 丁有宽与读写导练［M］. 北京：北京师范大学出版社，2006：89—90.

纵的角度看，是"由浅入深，由易到难，反复出现，螺旋式上升"。如读写结合基本功的训练，从识字、学词学句到句子、句群结构，再到段、篇章结构，以至记事顺序、人物描写。又如识字教学，先打好语音基础，再通过汉字基本笔画、部首结构的学习，掌握部分独体字，接着借助学词学句，扩大识字量，随后逐步学习第二、三、四册的音近、形近归类字和出现在课文的生字词。至于编入课本的"读写提示""综合练习"和各类课文也脉络清楚、深浅适度。从横的角度看，是"整体着眼，部分着手"，即"着眼于全套教材、整册课文和一个单元，用系统的、整体的观点来分析课文，突出训练中心，围绕训练中心落实双基训练，培养学生读写能力与习惯，发展学生的智力"。在这整体观的导向下，着手设计各部分（每篇课文）的教学目的、内容和方法，以便完成各部分的教学任务（一课一得）。总之是逐步引导学生向上。

### 三、刻苦精神

学习上的刻苦精神指的是学生为完成确定的学习任务而顽强地与各种困难做斗争的意识。掌握了正确的学习方法，并不意味着学习过程由此而变得一帆风顺，学习方法只是克服困难的钥匙。教师在进行学法指导时，必须指导学生自觉地运用学习方法来克服困难，从而一方面巩固学习方法，另一方面培养学生学习上的刻苦精神。当前，小学语文有"乐学"与"苦学"之争，众说纷纭，莫衷一是。我从辩证法的高度，提出了对"乐学"与"苦学"两者之间关系的看法："先苦后乐，苦中有乐，乐中有苦，苦苦乐乐，乐乐苦苦。"要十分注重培养学生的苦练精神。

# 第三节　访谈的启示

与丁有宽老师对话，是一种享受。丁老师的话语中，闪烁着智慧的光芒，从中我们可以发现：丁老师不仅是一位充满爱心、性格坚定的仁者，也不仅是一位勇于实践、善于教学的师者，还是一位在教育理论上不断创新的探索者。

## 一、关于语言品质

如前所述，"品质语言"这一新鲜且有创意的表述，把语言提升到"品质"的高度来认识，以引起人们对学习语言的充分重视。

丁老师说的语言品质，其内涵包括五个方面：语言的完整性，语言的条理性，语言的具体性，语言的准确性，语言的速度。它比较全面地概括了语言文字的基本特点，而且符合小学生的实际，为我们指明了语言文字训练应达到的具体目标。语文课程是一门学习语言文字运用的课程，然而学习语言文字的运用要达到多种具体目标，不论是过去的大纲还是现今的课标，都含糊其词。一门学科，对自己的核心目标只有含糊其词的笼统要求，而无具体的细则标准，这样的学科，其科学性就会大打折扣，落实目标常常会走偏方向。

把语言品质作为语文教学追求的核心目标，是丁老师的重大创举。对此，我们还可以做更加深入的研究。

## 二、关于课内外训练相结合

丁老师的读写结合实验，一个重要特点是课内与课外相结合。坚持课内课外两手抓，是语文教学的一种大智慧。吕叔湘先生曾指出，对于学习语文，课内与课外的功效，大概是三七开。课内只有三成功效，而课外却有七成功效。凡是语文能力比较强的人，都有这样的体会。因为语文这门课，以实践性为基本特点，读得多自然会读，写得多自然会写，任何人的语文能力都不是听教师讲解、看教师示范能够形成的。学语言与学数学的一个重要区别在于：做数学题，一般都需要教师先结合实例讲透一个道理、一条规律，你才会做题目；学语言则不然，它不必先懂语法规律，它可以在反复实践中学会。因此，语文教学要特别重视课外的读写结合。

抓课外读写，花时少，而功效大。舍得花时间抓课外读写，是一个聪明而高效的办法。

课内外结合，并非丁老师的创造。丁老师的可贵之处在于，他是根据学生年龄特点，有计划地进行训练：

一年级：以观察自然为主要内容，学生找四季，画四季，说四季，练四季句。

二年级：把课内学习与身边事结合起来练句群，开展互帮互助活动，写几句"颂美"的报导。

三年级：把课内与家庭劳动结合起来，指导学生参与家务劳动，写真情日记。

四年级：把课内与课外活动结合起来，练篇章，开展课外活动，开展课外助残活动：编颂美小报，初步练习读写对应规律。

五、六年级：把课内与社会实践活动结合起来，练习续文，采访先进人物，学广播稿，办广播台，进一步掌握读写对应规律。

以上安排，既关注了年段的层次，又关注了活动的层次，还关注了学习语言的层次，是课内外结合的一个好的范例。


### 三、关于三个为主的训练原则

"以教师为主导，以学生为主体，以训练为主线"，这是丁老师读写结合的训练原则，这一原则虽然不是丁老师最早提出来的，但他用得最好，也坚持得最好，今天重温这一原则，仍然意义颇深。

1. 为"训练"正名。

训练一词，在上个世纪八九十年代，曾在语文教学研究中广泛运用，本世纪以来，有人对训练一词提出了质疑，认为语文是一门人文性强的课程，而人文情怀是以感受、体验为主的，不宜采用训练之法，于是"训练"便逐渐在课标中以及语言教学研究中退出乃至消失，给语文教学带来严重危害。其实这是对语文课程性质的认识出现偏差的一种表现。语文课程既具有工具性，又具有人文性，这是我们的共识，然而，语文课程的基本属性是工具性还是人文性，这就有不同认识了。"语文"与"课文"不是同一概念，"课文"是文章，既有内容又有形式，既有人文性又有工具性。一般说来，内容决定形式，内容往往是摆在第一位的。"语文"则不同，语文教学主要不是学习课文的内容，而是学习课文的表达形式，因而强调的是工具性的一面，而掌握工具学会运用语言，是非走训练之路不可的，要反复练才能巩固；词和句，要反复练才能运用；文章，要反复练才能写得好。有训练，才有语言文字能力的提高，不训练，岂非自毁于语文？

2. 为"主体"呐喊。

"学生是主体"，这是我们的共识，也是流行不衰的一句口号，然而，看看我们的语文课堂，特别是观摩课，又有几堂课学生能唱主角？尤其是大型观摩课，大都以展示教师个人魅力为目标，教师往往强势主宰课堂，学生被动应答，难以发挥主体作用。

丁老师的课堂教学，学生的主体作用发挥得比较充分。原因在哪里呢？

第一，他把学习的主动权、学习的时间"让给"学生。要"让"就要压缩教师的讲解、发问、表演，要"给"就要舍得砍掉教师的活动，丁老师总结了培养学生自主学习的十个"给"：给学生一个问题，给学生一个困难，给学生一个冲突，给学生一个机会，给学生一个对手，给学生一个权力，给学生一个条件，给学生一个时间，给学生一个空间，给学生一个课题。这十给，闪烁着生本教育的光芒。

第二，他非常重视为学生的自主学习创造条件。"给"，其实不是简单地给予，不是教师撒手不管，而是舍得花功夫，精心设计学生的语文实践活动，如精心设计预习提纲，精心设计主题，精心设计动笔情境，学生自主学习都是在教师的精心设计中展开的，这就保证了自主学习的方向和质量。

3. 为"主导"松绑。

"主导"与"主宰"，一字之差，天壤之别。我们的很多课，教师的嘴巴很难停下来，课上得很辛苦。真正的"主导"应该像丁老师那样，在课前做足功夫，上课时教师问得少讲得少，悠闲从容，这就为教师上课松了绑。

### 四、关于课堂教学模式

近30年来，各地自创的教学模式有千余种之多，但能坚持下来并推广开去的却非常鲜见，其原因恐怕与教学模式的建构有关。

教学模式不可太抽象，太抽象不好操作，教学模式又不可太具体，太具体地规定每一步具体怎么教，怎么学，就没有普适性。教学模式一头连接教育前沿理论，一头连着教学实践，既要有丰富的理论内涵，又要有操作性，是理论与实践的中介。我们许多教学模式常常用"四步五步"等形式建构，把教学的一些具体过程上升为通用的教学模式，这就难免变成了一个框框，从而导致教学千篇一律的模式化，这是很值得引以为戒的。

丁老师创造的教学模式共有六种，多种教学模式适用于不同的教学内容。而关于阅读教学的课堂教学模式，过去未做充分探讨，我们在这里不妨来做一番研究。

纵观丁老师的阅读教学，从流程来看，有以下特色：

一是起始阶段的全面预习，教师设计了预习提纲，项目涉及文体、文题、字词、主要内容、课文思路、朗诵以及难题的提出。这一环节舍得花时间让学生自学预习，再反馈交流，涉及多种教学目标的达成。

二是课中阶段的重点探究。所谓重点探究，是指从读写结合的角度抓住一个（或两个）重点问题，师生共同探究，领悟课文的某种写作特点。

三是课尾阶段的对应练笔。"对应"，是指读写对应，在课尾用练笔的形式学习表达运用。教师侧重设计好语用的情境和题目，然后反馈、展示、评价、修改。

这种"全面预习—重点探究—对应练笔"的课堂教学模式，符合阅读教学"由总到分""由读到写"的特点，符合语文课程注重"语用"的性质，符合"师导生主"的教学原则，并且能反映阅读教学的一般规律，可以操作。这是一种低耗高效的具有普遍适应性的阅读教学的课堂教学模式。其难点在于：教师要善于设计预习提纲，要善于从学习语言的角度抓准一两个重点学习项目，要精心设计学生的练笔活动。说是难点其实也不难，关键在于备课时要下工夫备学生的学习活动，要由"备教"为主转变为"备学"为主。如此，语文教学的面貌可期发生重大改观。

# 附录一　丁有宽经典课例评析

本书选的课例虽然只有四课，但具有代表性，有精读课文也有略读课文，有写人记事的内容也有写景抒情内容。从四篇课文的教学与评析中，我们可以看到丁老师始终注意读和写的交融，读中有写，写中带读，写作知识、方法均在阅读教学中自然完成。精读课文侧重学习表达方法，略读课文侧重运用方法。为了让孩子们的体会更加深刻，丁老师每教学一篇课文都注意创设一定的情境让孩子们在生活体验中运用写作的手法，让孩子们在过程中学习，在体验中学习。其基本教学设计程序为"阅读课文—学习表达手法—迁移方法—运用方法"，从口头语言到书面语言，从课内到课外，从课前预习到课后练笔，学生言语实践活动充分。

## 一、《第一次跳伞》教学设计与评析

（丁版六年制小学语文第七册第二单元第一组课文）

**【教学要求】**

1. 学习作者细心观察一件事的方法，按事情的经过顺序，抓住重点写具体。

2. 练习习作：说一说自己第一次××（洗衣服、做饭等）的经过，用"第一次××"作题目，仿照《第一次跳伞》的写法，按事情发展的顺序列好提纲，再有重点地写下来。

**【整体设计】**

1. 结合班级开展的"学雷锋，从我做起"主题活动，要求学生先从家里做起，学洗衣服、做饭、挑水等活儿，并准备讲第一次学习干活的过程和体会。这既有利于培养学生良好的劳动习惯，又使这次习作有话可说。

2. 安排两课时：第一课时，指导学生读懂习作例文；第二课时，指导学生仿照习作例文作文。

### 第一课时

【课堂预习】

1. 教师出示预习提纲：

①初读课文后，查字典，自学"蔚、飕、凌"等字的音、形、义，联系课文理解"蔚蓝、凌空、飘飘悠悠"等词语的意思。

②思考几个问题：课文写的是谁？写什么事？写什么时间的事？地点在哪里？

③再阅读课文，着重思考下列问题：课文题目中为什么要写出"第一次"？课文按怎样的顺序把第一次跳伞的经过叙述出来？分几段？各段写什么？

④哪一段是课文重点段？作者怎样分四步具体地写从跳伞到着陆的过程？

2. 检查预习情况，教师板书课题，学生齐读课文。

①检查学生自学生字词情况，教师纠正读音，重点帮助分析"蔚"和"飕"的字形。

②让学生提出疑难问题。（略）

【理解课题】

1. 看看这篇课文的课题，你能否知道这篇课文主要是写人还是记事？从哪里知道？（记事，"跳伞"）

2. 课题中为什么写上"第一次"？（"跳伞"可以有多次，题目写的是"第一次"，更能如实反映作者初次跳伞时的特殊心情）

【理清思路】

教师启发学生理解课文思路：说说课文按怎样的顺序把第一次跳伞的经过叙述出来？课文可分几段？各段写什么？哪段是课文的重点段？

让学生思考、议论、回答后，教师板书及小结。课文可分为四段：

1.（第1自然段）到机场→（第2自然段）飞机起飞→（第3－6自然

段）跳伞经过→（第 7—10 自然段）着陆后。第 3 段是重点段。

2. 如果把课文顺序改为"跳伞→飞机起飞→到机场着陆后"，好不好？为什么？（让学生明确写一件事要按事情经过的顺序来写，才能使人读清楚）

**【学重点段】**

教师指导学生精读课文第三段，思考下列问题，并读一读有关课文，理解它的意思。

1. 跳伞之前伞兵长怎样嘱咐，"我"是怎样跟着同志们跳下去的？

2. 降落伞是怎么张开的，"我"看到什么？听到什么？感受到什么？

3. 着陆之后，"我"有什么感觉？

4. 作者是怎样有重点地写从准备跳伞到着陆的过程，分哪四步来写的？学生读读议议后，教师着重点明：作者是着重写从准备跳伞到着陆的这个过程，是按"跳伞前→跳伞→张伞→着地"这四步有顺序地写的。

5. 课文中，哪些地方突出了题目中的"第一次"，把有关句子找出来，并读一读，说一说它的作用。学生回答后，教师指出：课文中写"我"跳伞时"来不及想什么""头有点儿晕"，张伞时"我好像到了另一个世界""又好像穿着救生衣漂浮在碧蓝的大海上"，将着地时"我飘飘悠悠"，一着地"心一下子就平静下来"。这样写才能突出题目中的"第一次"。

6. 大家想一想，如果把这些内容删去，你觉得怎样？为什么？（让学生进一步明确，这样写才能扣紧题目"第一次"，不然就只表现题目中的"跳伞"了）

7. 在精读课文的基础上，为了使学生更好地理解例文的写作顺序，突出重点扣紧"第一次"写得具体，师生共同归纳，出示板书：

第一次跳伞

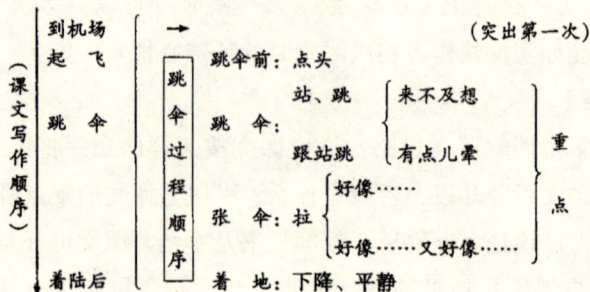

丁有宽语文教学艺术研究

8. 分组复述"跳伞经过"部分。

9. 作者为什么能把第一次跳伞的事写得这么完整和具体呢？（让学生学习作者仔细观察，按事情经过顺序写，把重点部分写得具体）

10. 结语：教师鼓励学生选择自己在家庭里学干活儿的一件事，仿照这篇习作例文，试着写一写。

## 第二课时

### 【课前分析】

全班学生 56 名，交上初稿 55 篇，大多数学生能按事情经过顺序写，部分学生还能写得具体。学习成绩中等的学生小陈是家里的独苗，由于主动学洗衣服，观察比较细致，写出来的初稿较好。小珊也写得不错。大部分学生写得不够具体，未能突出题目中的"第一次"。我决定选择有代表性的习作初稿为学习习作例文"搭桥"。

### 【课堂指导】

1. 复习《第一次跳伞》的写法。

2. 分组交流：主要交流写的题目、提纲，及对照习作例文谈体会。提出作文中的困难问题。（略）

3. 指导修改习作。

下面这篇习作，请同学们读一读，讲一讲有什么优点，跟习作例文比一比，有什么问题，该怎样修改。大家分组议一议。

### 第一次洗衣服

星期六下午，我在家里洗衣服。

洗衣服开始了，我先洗顶领，后洗袖口。我和妈妈到河边洗衣服。洗了一会儿，我觉得不容易就不洗了。妈妈对我说："肥皂放多些。"

分组讨论后评议：

——"文章基本能按洗衣的顺序写。"

——"文章能扣题目，但写得很简单。"

——"文章中洗衣地点有矛盾，又说'在家里'，又说'到河边'。我建议把'我和妈妈到河边洗衣服'删去，在第一段末添上'妈妈在一旁帮助我'。"

——"怎样洗？只写'洗了一会儿'，写得不具体，也没写碰到什么困难。'我'搓衣服时，两手不听指挥，肥皂水溅到'我'的脸上了。"

——"洗衣服的过程没有写完整。应写妈妈教他怎样洗后，他继续洗下去，并过上清水，把衣服拧干，晾在竹竿上。"

——"文章还不能很好地扣紧题目的'第一次'，只简单写'我觉得不容易就不洗了'，应写当时的心情。"

4. 指导学生参阅两篇学生习作，评一评：按什么顺序写的，哪部分写得具体？从哪些地方突出题目"第一次"？还有什么地方必须修改？（习作略）

**课例评析**

这堂课在整体设计上体现了"求简为丰"的教学智慧，紧扣语言文字的学习，围绕"学写一件事，能按顺序写，把重点部分写具体"这一教学目标，科学取舍，强调一课一得，真正将"读写结合"落到了实处。

1. 教学目标重点突出。教学中，教师主张"华中求实，突出重点"，先后通过引导学生"深入体会写作顺序""通过重点段的学习来领悟如何将'第一次'写具体"的教学过程，来落实其教学目标的完成。为了突出"第一次"，教师组织学生通过读一读、找一找、说一说等形式，引导学生感受文章是怎样写的，并领悟这样写的妙处，明白了不仅是在写"跳伞"，而更多的要关注"第一次跳伞"与众不同的经历和感受，懂得课文的语言都是紧扣"第一次"来展开叙述。整个过程的处理环环相扣，严谨扎实，能促使学生自主、深入地走进课文，开展极为有效的学习。这样的设计看似简单，其实内容有厚度和深度，值得我们好好揣摩。

2. 教学过程与目标全程融合。丁老师的教学设计，其过程与教学目标全程融合。这里特别要提出教学设计的"课前阶段"，这也是丁老师开展"读写结合"成功的一个重要法宝。在开课之前，丁老师结合班级开展的"学雷锋，从我做起"主题活动，有目的性地要求学生先从家里做起，学洗衣服、做饭、挑水等活儿。这样的课前安排，既有利于培养学生良好的劳动习惯，又为本次习作积累了素材，让习作有话可说，有内容可写。这种"课前阶段"是指导习作的基础，没有这样一个环节的介入，学生只有写作方法和技巧的积累，却没有生活的亲身经历和体验，一切都是纸上谈兵，空谈而已。课中引导学生"读"出作者如何将一件事情表述具体，课后运用方法具体描述一件事，目标集中，全程融合。

3. 学生语言实践活动充分。因为目标集中，重点突出，没有任何的旁逸斜出，所以课堂上可以腾出足够的时间，组织学生开展语言文字实践活动，即"写自己第一次做的一件事"。并通过提供有问题的典型作文组织学生进行进一步的交流、修改。在"学习课文—进行仿写—复习写法—指导修改"呈螺旋式上升的教学过程中，学生的书面表达能力得到进一步的提升。丁老师这样的教学举措，其实就是今天新课标里所提出的"重视引导学生在自我修改和相互修改的过程中提高写作能力"。好文章是改出来的，光指导如何写，不注重修改，学生的表达难以突破，难以真正得到提升。丁老师以他的高瞻远瞩，为我们今天的习作教学做出了最好的示范。

简，是为了丰。丁老师以"语用"为核心目标，读中促写，立足目标，不贪多求全，根据学段情况，从学生实际出发，找准一个切入点，层层推进，在有限的时间里，实现了最有效的教学效果。一课一得，全程融合，这就是现在我们所提倡的"找到一个点，拉成一条线，画成一个圆"的理想课堂。

## 二、《十里长街送总理》课堂实录与评析

（精读课文，丁版六年制小学语文第十册第四单元第一组课文）

**【教学要求】**

1. 激发热爱和怀念周总理的思想感情。

2. 学习课文真实具体地描写首都人民向周总理告别的感人情景的写作方法，克服习作中写假、写空的毛病。修改有关文章，并进行片段练习。

3. 完成课后作业，理解有关词句，给每段课文加上小标题，有感情地朗读课文，背诵第二段。

**【教学设计】**

1. 结合班级活动，举行"我们的好总理"主题活动，展出有关周总理的图片，简介周总理的光辉业绩和逝世前后的情况，以便使学生带着热爱和怀念周总理的感情学习这篇课文。

2. 本课是本组"一真实，二具体"读写训练的重点精读课文，教学的重点放在指导学生学习课文如何写得真实，写得具体。

3. 安排两课时：第一课时检查学生预习情况，导读课文第一段；第二课时导读课文第二、三段，并指导练习。

**【预习提示】**

1. 参阅本组读写例话《一真实，二具体》及基础训练 8 第 6 项习作，明确本组文的读写训练的目的和要求。

2. 参阅课后作业，明确本课学习的任务和要求。

3. 反复阅读课文后思考几个问题：

（1）看一看课题，你知道这篇课文是写人为主还是记事为主？为什么？

（2）这篇课文是按什么顺序写的？你能不能给课文拟提纲（给每段写上小标题）？

（3）这篇课文哪些地方写得真实，哪些地方写得具体？把有关文字画出来。（用"△△△△△"标明）

4. 对不懂的问题，要自己认真思考和解决。确实解决不了的，可在课前跟同学交流，或者带到课堂上提问。

### 第一课时

**【谈话明要求】**

师：同学们参阅了本组文的读写例话、基础训练和课后作业，能不能说一说本组文读写训练重点的要求和怎样学习《十里长街送总理》这一课？

生：从读写例话最后一段可以看到，本组文读写训练的重点是要求我们写文章要写得真实具体，不说假话和空话。

生：《十里长街送总理》这篇课文，是一篇描述 1976 年 1 月，首都群众在长安街告别我们敬爱的周总理的情景，是一篇写得真实又具体的例文，我们要重点学习写得真实和具体这一方面。

生：读好这篇文章，我认为还要完成课后的作业。

师：同学们说得好，参阅资料能力有了提高，今后还应坚持下去，学会参阅资料方法，是终生受用的。

【检查预习】

检查预习情况和指点，教师板书课题。

（1）指名朗读课文，师生纠正读音。（略）

"挽幛""肃穆"两个词按教参词语注释理解。其他有关词语随课文理解。

（2）理解课题。

师：这篇课文是写人为主，还是记事为主？你怎么知道？

生：这篇课文是记事为主。从题目中"送总理"这词语可以看出来。

师："送总理"中的"送"表示什么意思？

生：是表示告别的意思。

生：为什么"十里长街"能送总理？我不理解。

生：课文是写告别周总理的"灵车"，为什么题目写"送总理"？（教师不急于解答，启发学生再理解课文，探索和解决所提出的问题）

师：两位同学提出了疑难问题，看谁能帮助解决？

生：告别周总理的是首都群众，"十里长街"，从课文第一段第二句话就可以知道"长街"是指告别周总理的地点长安街；"十里"是表示很长，实际是说人数众多的意思。

生：课题定为"送总理"，不定为"送灵车"，能更突出地表现人民对周总理的热爱。

师：两位同学对问题的理解很不错，这说明对课文有比较认真的学习。课题告诉了我们事件"送总理"，事件发生的地点"长安街"，谁能用补齐四素的方法，用一句话来说这篇课文的中心内容？

（学生纷纷举手争着发言）

生：这篇课文是写1976年1月，首都群众在长安街上和周总理告别的情景。

生：课文是记叙了1976年1月周总理的灵车经过北京长安街时，首都人民群众向周总理告别的感人情景。

（3）理清文章思路，交流拟写的课文提纲。

师：这篇课文是按什么顺序写的？

生：是按"送总理"这个中心事件的顺序写的。

生：是按"等灵车""迎灵车""送灵车"这样的顺序写的。

（学生分组交流各自所拟的课文提纲情况）

教师从中选出几份学生拟的课文提纲，板书如下：

提纲一：等着灵车到来→灵车徐徐开来→灵车渐渐远去。

提纲二：等待灵车→眼望灵车→心跟灵车。

提纲三：等灵车→迎灵车→送灵车。

提纲四：写灵车到来之前，人们等待灵车的情景→写灵车到来时，人们眼望灵车想念周总理的悲痛场面→讲灵车过去了，人们仍不肯离去。

学生议论、交流。

生：第一、二、三份提纲都拟得好，第四份写的是段意，不是小标题。

生：我认为第三份提纲拟得最好，既简明，又能抓住重点，表达当时首都人民群众告别周总理的情景。

......

师：同学们评得好。标题不同于段意，段意要求意思完整。标题不一定是完整句，却要简明扼要，抓住重点。

（4）交流课文哪些地方写得真实和具体。

师：你们学了课文，觉得哪些地方写得真实、具体？请朗读有关课文。

生：课文中写了一位老奶奶，一对青年夫妇和他们的儿女，一群红领巾等待灵车的神情和动作，写得很真实，很具体。（读课文略）

生：课文第二段中写他们怎样向灵车致敬、哭泣，想念周总理，写得很真实，很具体。（读课文略）

生：课文第三段中写灵车渐渐远去了，人们怎样追灵车，又怎样在夜色中站立，写得具体、真实又感人。（读课文略）

（学生自由朗读课文中写得真实又具体的那部分文字）

【精读第一段】

师：现在希望同学们再认真学习课文，想一想人民群众是怎样热爱和怀念周总理的，课文是怎样真实又具体地描写告别周总理的感人情景的。大家先默读课文第一段。课文是怎样描写人们等待灵车的情景的。按下面几个提示阅读、评注、交流。

（1）这段课文怎样有条理地描述，分几个层次描述？用"‖"给课文分层次，理解句子间相互的联系。

（2）课文怎样描写人们等待灵车的表情动作，用"·"标明重要词语，想一想人们心情怎样。

（学生阅读课文后师生谈话）

师：这段课文怎样有条理地描述？分几个层次来描述？

生：课文先描述当时的天色"灰蒙蒙的，又阴又冷"，接着总的描述人们等待灵车的衣着、神情动作，再具体分述一位老奶奶、一对青年夫妇和他们的儿女以及一群红领巾等灵车的具体表情动作。

生：课文先写天气"又阴又冷"，后写在这严寒的天气中，十里长街的群众等着灵车。这层先总写人们，后分述三种有代表性的典型人物。

生：我认为这段课文分两层写，先总写人、时间、地点和人们等着灵车，后具体分述三种人物等待灵车。

师：同学们都能掌握由总描述转入具体分述这种方法，现在给这一段分层。请同学们仔细读课文，第二句中"挤满""望不见头""望不见尾"是表示什么意思？

生："挤满"是表示站在长安街两旁人行道上人们的"密"，"望不见头""望不见尾"是表示站着的人们行列的"长"。

生：写在长安街两旁人行道上人的"密"和行列的"长"，实际意思是表达告别周总理的人多，还有"男女老少"表示人物"多"的方面，这些都是为了突出表现人民对周总理的热爱和怀念。

师：刚才两位同学对这一句子的重点词语理解得比较好，当时告别周总理灵车的首都群众达百万。请同学们读一读课文第三个句子"人们臂上都缠着黑纱，胸前都佩着白花，眼睛都望着周总理的灵车将要开来的方向"。如果把句子中三个"都"字抽掉，请读一读，通顺吗？

生：（齐声）通顺。

师：那么，对人们的表现描述相同吗？为什么？

生：不相同。用上三个"都"字可以突出表现所有的人都怀着一样的心情。

师：这段课文，先是写出"又阴又冷"的天气，接着总述等周总理灵车的人们之多和人们同样的心情。第二层课文三句话再以老人、青年和一群红领巾为代表进行具体的叙述。请同学们逐句仔细地读，体会课文是怎样抓住特点、具体地叙述各种人的神态和动作的。先来理解写老奶奶的。

**（学生齐读后回答）**

生：写老奶奶"满头银发""手拄拐杖""背靠洋槐树"可以看出年迈体弱的老人是怎样热爱周总理。但是我对"焦急而又耐心地等着"中的"焦急而又耐心"不理解，既是心情"焦急"，又怎么能是"耐心"，这不是前后矛盾吗？

师：你们谁能理解，请说一说。

生："焦急"是写老奶奶年迈身体弱，等得很累；"耐心"是写老奶奶一定要等着看到周总理的灵车。

生：我认为"焦急"是说老奶奶盼望早一点看到总理的灵车，"耐心"是表现老奶奶一定要看到灵车的心情，突出老人爱戴和敬仰周总理的真挚思想感情。这样的用词是很贴切的。

**（大多数学生同意这样的理解）**

师：再来看看那一对青年夫妇。

**（学生齐读后回答）**

生：一个抱着小女儿，一个领着六七岁的儿子，说明全家都出动了。课文用"挤下""探着"表现他们热切地要看到周总理的灵车。

师：理解得比较好，大家读一读写一群红领巾这一句。请同学们说一说。

生："泪痕满面"表示他们对周总理很热爱，心里很痛切。

生：他们"扶着""踮着""望着"，表现想看一看周总理的急切心情。

教师随着谈话板书如下：

（一位）老奶奶：满头银发　拄着　背靠　焦急而又耐心

（一对）青年夫妇：抱着　领着　挤探　张望

（一群）红领巾：泪痕满面　扶着　跪着　望着

师：大家学习了课文对这三种人物的分别描写，觉得怎样？

生：都是写他们怎么站着，怎样望着、等着，写得很真实、很具体、很感动人。

生：课文虽然写他们的不同动作，但都表现他们急着要看到周总理的灵车，表现他们对周总理无限爱戴和多么悲痛的一样的心情。

师：说得好。课文具体写的这三种人物都是普通群众，他们代表着全国人民，他们的心情正是亿万人民当时的心情。你们看了有关图片可以知道，回家访问长辈你们也可知道当时全国人民悼念周总理的心情。

（要求全班学生有感情地朗读课文）

## 第二课时

【精读第二段】（略）

【精读第三段】（略）

【指导练习】（略）


**课例评析**

对于《十里长街送总理》这篇感人肺腑的课文，丁老师并没有一味地分析和讲解"人们怎样送总理"，而是根据本组读写例话《一真实，二具体》及基础训练8第6项习作，明确了读写训练的目的和要求。所以，在开课伊始，丁老师就把学习课文是"怎样真实具体地描写"作为核心目标，并一以贯之。

的确，学习语言文字，本身有多种层次，既有工具性的一面，又有人文性的一面，这两者都是语文教学应该达到的教学目标。然而，丁老师根据多年的研究与实践，清楚地认识到，阅读是基础，运用才是目的。所以，"咬定青山不放松"，在教学过程中毫不动摇地将教学目标落在"学习语言文字"上面来，并且通过以读教写，读写高度统一来得以落实。

1. 以读促写，相得益彰。丁老师首先通过"拟定课文提纲"来整体感知课文内容，理清文章思路。然后精读第一段，通过提示阅读、评注、交流来深入探讨"课文是怎样描写人们等待灵车的情景的"。最后在理解课文内容的基础上，加强表达形式的提炼，使学生明白课文是采用"总—分"的构段方式，选择了三种代表性人物来进行具体描写，分别抓住了老人、青年、小孩不同的动作与表现，来表达全国人民对总理相同的爱戴。在这样有坡度、有密度的学习中，学生们不仅知道了记叙文该怎样写具体，还能够学以致用，读写迁移，顺利地达成本单元的训练目标。

2. 自主学习，培养能力。丁老师读写结合的课堂，是以学生自主学习为基本特征的。"授之以鱼，不如授之以渔"，丁老师根据年段目标，分层次分梯度提出学习任务。如关注预习，给学生一份"预习提示"，让学生在课前做好充分的学习准备，为课中集中解决读写的问题奠定基础。对于学生完成"预习"中拟定的多种课文提纲，教师则采用"比较学习"的形式进行预习反馈，培养了学生高度概括的语言表达能力。再如在引导学生感受"如何具体描写人们等候灵车"的相关段落时，教师组织学生根据"阅读提示"开展一系列扎实的读书实践活动，既有张力，又有实效，进一步促使学生全员参与，细读课文，边读边画，边读边批注。在阅读中，学生们眼到、口到、心到，加上教师正确的点拨，自然习得了阅读与表达的能力。这个能力不是由教师一味地灌输，而是给足学生充分的自主学习时间，通过学生思考、交流而获得的，这样的学习更有价值。

丁老师将学习语言文字作为核心目标，方向对了，步子就稳，语文课就成了真正的语文课，"读中学写，读中想写、读中会写"，让阅读教学达成事半功倍的效果。


## 三、《草原》教学设计与评析

（精读课文，丁版六年制小学语文第十一册第三单元第二组课文）


【教学目标】

1. 学习文章中如何描写事物与环境的关系。

2. 体会汉蒙情深，民族团结的思想感情，激发学生热爱草原、热爱草原人民的思想感情。

**【教学要点】**

1. 学习本课生字新词，会用"那么……那么……""既……又……"写句。

2. 分清段落，理解课文内容。

3. 掌握环境和感受的联系。

4. 仿写或修改有关习作。

5. 背诵课文第一段。

**【教学重点】**

学习作者如何掌握事物和环境的相互关系和变化的特点，使文章写得生动、具体。

**【教学准备】**

布置预习课文。

**【课时安排】**

三课时。

## 第一课时

**【教学要点】**

学习生字新词，讨论分段，精读第一段。

**【导入新课】**

我们学习的本组课文的读写训练重点是"事物和环境"（板书）。今天学习的课文《草原》（板书课题），是本组课文的示范例文，是我国现代著名作家老舍访问内蒙古草原时写的一篇访问记。学习这篇课文，我们不仅要理解课文内容，而且还要认真学习作者如何掌握事物和环境的相互关系和变化的特点，把自己的文章写得生动而具体。

**【检查预习】**

1. 出示生字新词，正音，正形，讲清词义：渲染、勾勒、迂回、鄂温克、天涯。

比较"渲"与"喧"的音、形，结合图画对"渲染、勾勒"作简单的讲解，结合课文讲解"一碧千里、翠色欲流、迂回、天涯、羞涩"等词语。

2. 让学生自己提出不懂的生字词。（有些词可以让学生互学互帮，教师给予适当的指点；有些词语留到讲读时解释；有些词语课后个别解决）

【理清顺序】

1. 这篇访问记按什么顺序记叙了访问过程？（这篇访问记按地点转换的顺序写了访问过程。板书：初入草原→接近公社→蒙古包外→蒙古包里→告别草原）

2. 按照访问过程，课文可分为几段？为什么？（可以有三种分段方法：A. 按照自然段可以分为五段；B. 按照初见草原景色→访问陈巴尔虎旗的牧业公社，可以分为两段；C. 按照初入草原→途中见闻→蒙古包外、内，可以分为三段。不要给学生下定论）

3. 让学生自己讲学习心得与质疑。

【精读一段】

1. 默读、思考。

课文第一段主要写了什么内容？分几层，先写什么，后写什么？（课文第一段主要写作者初入草原看到草原的景象。课文分两层写，先写看到草原的景象，后写由此产生的感想）

2. 再读、思考。

作者初入草原，看到怎样的景色？作者是抓住哪些景物来写的？为什么要抓住这些景物写？（学生读后讨论。作者看到草原的奇丽景色，抓住天空、空气、小丘、平地、羊群这些景物来写。这些景物有力地显示了草原的特色）

3. 细读、思考、品评。

①作者是按什么顺序写这些景物的？（从天空到地面，从上而下的顺序写）

②作者是怎样从天空到地面，抓住这些景物的特点，运用生动的语言来描绘草原的美丽景色的？（边读边画出重点语句）

③引读、体会重点句子。（教师引读：那里的天＿＿＿；空气＿＿＿；在天底下＿＿＿平地＿＿＿；小丘＿＿＿；羊群＿＿＿；那些小丘的线条＿＿＿。要求学生细心体会，认真想象。随读板书有关词语，重点理解下面三个句子：A. "在天

底下，一碧千里，而并不茫茫。"B．"羊群……像……白色的大花。"C．"那些小丘的线条……轻轻流入云际。"最好用图，以帮助理解）

④假如把上述 B、C 两个句子抽掉，你觉得怎么样，为什么？（让学生理解课文运用生动语言、绘画的术语和形象比喻的妙处）

4．默读、思考、朗诵。

在这种境界里，作者产生了什么样的感情？最后两句表达了作者怎样的感受？（读前理解"境界"一词；读中理解"既……又……"的并列关系句，可运用"美丽"或"壮丽"一词作比较，理解用"奇丽"一词恰到好处。）连骏马和大牛都静立不动，回味无限乐趣，用的是什么修辞方法？（拟人，意在衬托人的感受。指导学生有表情地朗读表达作者感受的两个句子）

5．指导学生朗读。

可以让学生按课文描写顺序和景物特点，边读边想象，把这段课文熟读成诵。

板书：

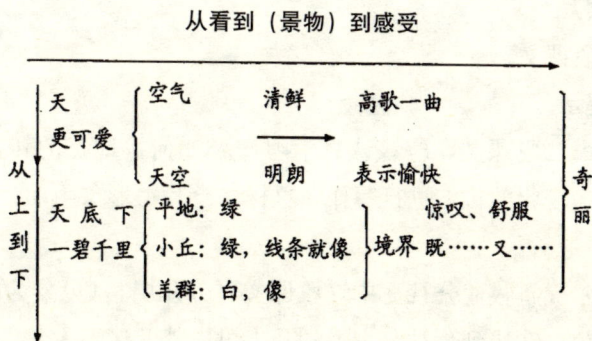

从看到（景物）到感受

6．指导小结。

①思考交流：这段课文由所见到所感，条理清楚，语言优美，读了这段课文你有什么感受？我们读了为什么仿佛亲见其景？（让学生谈各自的看法）

②教师归纳讨论情况。祖国的草原这么美丽，如何表现这种美，作者是动了一番脑筋的。这段课文思路清晰，从看到的到感受到的展开思路，描写景色按照从上到下的观察顺序写，更突出的是作者能从第一次见到草原，抓住草原的特点来写，将对景物的感受联系在一起写，即景生情，情景交融。

这是我们应该学习仿写的一篇课文，请同学们认真背诵，并积累有关词语。

**【作业布置】**

1. 仿学课文第一段的写法，抓住景物的特点，从描写到抒发感受，围绕表达的中心写一个片段。

2. 仔细读课文第2—5段。参考课后第2、3思考题目进行阅读。

## 第二课时

**【教学要点】**

背诵第一自然段，导读第二段，指导学生写片段。

**【检查复习】**

1. 指名背诵第一自然段。

2. 指名说说这段课文，环境与感受是怎样紧密联系在一起的。

3. 品评上节课布置的仿写练习。（选两个片段进行比较品评，找出优点和不足之处）

**【导读课文】**

导读第二段课文。

1. 教师提示。

我们学习第二段课文，应该认真学习作者如何按地点的转换，抓住事物和环境的联系、变化的特点进行写作，这样才会写得形象生动。

2. 阅读思考。

访问陈巴尔虎旗牧业公社途中这段课文可分几层？（可分为两层。①初入草原看到的景色；②快到公社，主人到几十里以外迎接客人）

3. 导读第一层。

①初入草原，作者有什么感觉？（草原十分辽阔）你从哪些词句可以看出草原十分辽阔？（读有关句子）"洒脱"是什么意思？

②"初入草原，听不见……除了些忽飞忽落的小鸟"这句话说明草原环境有什么特点？（十分静寂）

③初入草原，作者感受到的环境特点是辽阔、静寂。后来草原环境有了什么变化？从什么地方开始变化？（草原的环境有了变化，从见到一条迂回的

明如玻璃的河开始发生了变化）

④看见了河，草原的环境发生了什么变化？隐隐有鞭子的轻响说明了什么？（说明有了人）

⑤为什么有了河，草原的环境就有了变化？（有了河流，水草长得丰茂，蒙古族牧民就会把牛、羊、马群赶到这里放牧）

⑥描写河用了什么词语？（迂回的明如玻璃的带子，这是比喻句）

4．导读第二层。

①作者快到公社了，草原的环境有了什么变化？主人是怎样迎接客人的？（要求学生边读课文边回答问题）

②"疾驰""襟飘带舞"各是什么意思？

③作者为什么用一条彩虹来比喻欢迎远客的男女老少？（因为他们突然出现在远处的小丘上，而且都穿着彩色的衣服，这就既恰切又形象地表现了蒙古族牧民欢迎客人的热情）

④当主人见到客人时，草原的环境发生了什么变化？（热闹、响成一片）

⑤这一层次，作者是从哪几个方面写出了草原人民的热情的？（从远迎、快、人多、声音、热闹等方面来写）

⑥这一层次，如果这样写："蒙古族男女老少成群结队地到几十里以外欢迎客人"，你觉得怎样？为什么？（可以让学生比较、体会作者是如何入情入景，如何恰当地运用比喻句的）

⑦引导学生把这段课文熟读成诵。

5．谈话小结。

①思考并回答：这一段课文是怎样按照访问地点的转换与环境的变化，抓住景物的特点进行描写的？这样写有什么好处？

②指导学生归纳本段课文。

（板书略）

【仿写片段】

1．指导学生读下面习作片段。（思考是在路上还是在教室里）

一天中午放学后，雨越下越大，余辉同学看到小明没有带雨具，就急忙上前去，把雨衣披在他肩上，把竹笠戴在他头上，自己冒雨跑了。

2. 设计下面环境和事物的变化关系，要求学生抓住不同特点，选写一个片段。

①在课堂里学习，下课跑到操场上，这两个环境应表现出什么不同特点？

②你在同一个教室里，第一节上的是语文课，第二节上的是音乐课。在这两节课上，课堂的学习气氛有什么不同特点？

【布置作业】

仔细读课文第三、四、五自然段，思考课后第 3 题的有关问题。

## 第三课时

【教学要点】

朗读课文，讲读第三、四、五自然段，比较习作片段。

【导入新课】

同学们，我们已经学习了第一、二自然段。作者抓住访问的经过和草原环境的联系、变化进行描写，使我们读后感受到祖国的草原景物是多么美。现在我们继续学习第三、四、五自然段，会让我们更加了解到草原美，草原的人更美。

【导读课文】

导读课文第三、四、五自然段。

1. 朗诵、思考、回答。

（1）这三个自然段各写什么？

（2）主人热情好客表现在哪些地方？画出表现蒙古族人民热情好客的词句。

2. 讨论、回答。

（1）主人和客人是怎样见面的？作者运用了哪几个动词来表现激情洋溢的气氛？（"握、笑、说"等动词）

（2）主客是怎样握手的？怎样笑的？怎样说的？这些表现了什么？请你用热情的感情朗读课文，你体会到主人客人见面时大家的心情怎样？（高兴、热情）

（3）好客的主人是怎样招待客人的？（从食物、敬酒、唱民歌等方面来表现）从这一自然段中哪些地方可以看出蒙汉两族人民的深厚情谊？（互相敬酒、歌声、微笑……）为什么说"不管唱的是什么，听者总会露出会心的微笑"？

（4）作者是怎样写客人告别的情景的？（学生朗读课文，教师归纳：套马、摔跤、表演舞蹈）

（5）"蒙汉情深何忍别，天涯碧草话斜阳！"诗句中的"何忍别"是什么意思？这句话怎么讲？（蒙汉两族人民的情谊如此深厚，又怎么舍得分别呢。）诗句中的"天涯""碧草"是什么意思？"斜阳"说明是什么时间？（教师指明："话"是互相攀谈，送别的意思。这句话的意思是：在遥远的一望无际的草原上，直到夕阳西下人们还在互相攀谈，依依不舍地告别。）用这一诗句结尾有什么好处？（要求学生有感情地朗读这一自然段。有利于表现蒙汉两族人民的深厚友谊，深化文章主题）

（6）哪些地方体现了蒙古族人民的风俗习惯？（从他们的穿着、马匹、住处、吃的、喝的、表演等方面讲）这些风俗习惯表明了什么？这样写有什么好处？

随着讨论回答，教师归纳板书。

（板书略）

3. 总结谈话。

课文前两个自然段主要讲草原景物之美，后三个自然段主要讲草原人民之美，说明了蒙汉两族人民情深。

【总结讨论】

1. 这篇课文为什么以"草原"为题？

2. 从课文题目和课文内容来看，本课所写的事物和环境是什么？（事物——访问活动，人们的心情；环境——草原）

3. 从各自然段看，有哪些具体环境和事物？这些环境和事物是怎样联系和变化的？

【布置作业】

1. 写一个环境和感受相联系的片段。

2. 试写一篇习作，题目自拟。（参考题目：《到××做客》《访问××》

《参观××》《游××》《冒雨××》)

3. 片段比较，说明好与不好的理由。

片段一：

……春节的街头真热闹，人们都想到街头玩一玩。街上到处人来人往，玩龙灯的地方最热闹了。看吧，龙灯摇头又摆尾，向东摆又向西摆，人们站着观看，都舍不得离开。

片段二：

……只听见敲锣声，看不见里面干什么，到处是人挨人，人挤人的。好不容易我才寻到一个小空隙，就钻了进去。呀！原来是闹龙灯。只见一条红色的长龙，正跟着金光闪闪的大元宝转。你看它，嘴巴张得大大的，眼睛睁得圆圆的，又是摇头，又是摆尾，两只大眼睛死盯着那个大元宝，猛地向大元宝扑去，像要一下子把大元宝吞下去。可是大元宝一滚一滚的，好像在和龙灯捉迷藏，龙怎么也含不到，只好跟着大元宝转着、转着，逗得大家拍手直叫好。"龙灯呀，闹得多好呀，你给人们带来欢乐、生机，能不能让我跟着你玩呀玩，闹呀闹……"我忘记当时有没有说出声来。

附：《草原》板书设计

草原

地点转换：初见草原→初入草原→快到公社→蒙古包外→蒙古包内

表现特点：特有景色　静　动　风俗习惯

主要内容：奇丽　富饶　远地来客　盛情待客

中心思想：赞草原景美物丰，体现蒙汉情深，民族团结。

**课例评析**

《草原》是一篇经典的文章，可圈可点的地方太多，如何让经典充分发挥范文的作用，指引学生的表达，实现"读写结合"的高度契合，丁老师采取了"一文多教"的方法。即在众多学习点中进行纵向横向的剖析，从中抽离出富有梯度、适合学生的"读写结合点"，分三个课时逐一落实。

1. 一文多教，各个突破。课文就是最好的范文。学习课文，不仅在于理解内容，更重要的是学习其独有的表达方法。丁老师依照"读写结合"的理念，在第一课时中，将重点放在突破如何学习"抓住景物的特点，从描写看到的到感受到的"这种"即景生情，情景交融"的写法，并及时进行片段仿写训练；第二课时，则将重点放在了"如何按地点的转换，抓住事物和环境的联系、变化的特点进行写作"，并通过提示，继续要求学生进行片段仿写；第三课时，则注重整体感知，总结提升，让学生通过回顾与梳理，明白整篇课文"有哪些具体环境和事物？这些环境和事物是怎样联系和变化的?"的表达方式，并布置作业：写一个环境和感受相联系的片段。通过"精读多练"的三个回合学习，次次目标明确，课课落实到位，学生的习作能力得到很好的锻炼和提高。

2. 读写结合，讲究有序。丁老师大力主张的"读写结合"，并不是指向读写结合就可以"自然"（文章读多了，自然就会写）、"机械"（读什么写什么）、"随意"（随意学一点就结合一点），而是颇有讲究。纵观三个课时的安排，我们不难发现，这三个"读写结合点"都是从课文入手，从学生实际出发，既注重梯度，又点点关联，每教一次，重点就换一次，前后占用了三个课时，力求层层深入，带领学生充分领会和掌握经典之作的特色，并通过多次"片段仿写"再到"选题作文"的反复训练，来实现学习最佳效果。

3. 注重练笔，形式多样。丁老师的课力求"读中学写"，所以课课有练笔，而且练笔的形式多样，更有利于检测"写法迁移"的效果，及时给予调控和提升。在《草原》的三个课时安排中，就先后出现了"仿写课文第一段，抓住特点学写片段""提供两个场景，学生自选完成片段仿写""写一个环境和感受相联系的片段"，最后全课结尾时，出示多种习作题目，组织学生进行篇章的创作，其中，还穿插了"学生仿写片段的评改""选用文章好坏对比"等。一篇课文就安排了 4 次练笔，3 次评改，而且次次任务不同，却又目标统一，学生在这样大量的读写中，习作能力自然得到提升。

纵观整堂课，恰好凸显了丁有宽老师"乱中求序 分布训练"的主张，体现了"有的、有序、有点、有法"的理念，在精读多练中，让学生成为学习真正的主人。

## 四、《金色的鱼钩》教学设计与评析

（略读课文，丁版五年制小学语文第九册第六单元第一组课文）

《金色的鱼钩》是读写结合实验教材第九册第六单元的一篇略读课文。本单元编排两组文章，训练重点是"人物的综合描写"。前组课文着重训练从人物的外表反映人物内心的写法，后组课文着重训练人物的综合描写和用具体事例表现人物精神品质的写法。《金色的鱼钩》编排在《我的战友邱少云》之后，目的是指导学生进一步学习从人物的外表反映人物的内心世界的写法。

1. 整体着眼，把握课文主要内容。

首先指导学生从"整体着眼"自学课文。

第一步，引导学生根据审题的方法分析题目。课题以什么方式命题？作者为什么要以"金色的鱼钩"为题？课题的重点词是什么？"金色"一词该怎样理解？通过这些问题，为学生设下疑问，激起学生学文解疑的兴趣。

第二步，指导学生初读课文，思考下列问题：①课文写了一件什么事？事情发生在什么时候？什么地方？让学生初步了解课文内容，知道课文是写1935年的秋天，在红军长征途中，老炊事班长为护送三个病号走出草地而英勇献身的事。②事情发展的过程又是怎样？让学生弄清课文记叙的顺序，知道课文是按事情的发展顺序写的，加深对课文内容的理解。课文先讲指导员派老班长照顾三个病号过草地；接着讲在饥饿威胁的时候，老班长想方设法钓鱼给三个病号吃，可是从来没见他吃过一点儿鱼；再接着讲病号小梁发现了老班长不吃鱼的秘密；然后，讲老班长命令三个小战士喝下鱼汤；最后讲快过草地时，老班长耗尽精力，牺牲了。③作者的写作意图是什么？通过这一问题的讨论，让学生明确课文的中心思想。

第三步，在学生理解课文内容后，引导学生回到课题上，根据题文的关系，自我解题。课文用"金色的鱼钩"为题，是因为整篇课文是以"鱼钩"为线索的；"金色"是重点词，它暗指老班长忠于党、忠于人民、舍己救人的崇高思想放射出光芒，也是共产主义思想的表现。

2. 部分入手，掌握读写方法。

课文篇幅较长，各方面知识也比较多，指导训练不可能面面俱到，要紧紧抓住课文的重点部分，进行精读分析。

第一步，指导学生精读第 2 自然段，主要要求学生理解描写老班长外貌的词语（40 岁，高颧骨，布满皱纹，两鬓斑白），并体会这些外貌描写反映了老班长是个怎样的人。（饱经风霜，年岁不大却皱纹满脸，两鬓斑白，和蔼可亲）

第二步，指导学生精读第 8 自然段，找出描写老班长嚼草根和吃鱼骨头的动作（捧、嚼、皱紧、硬咽）。从这些动作描写，体会老班长的内心世界。（为了完成党交给的任务，让三个小战士养好身体，走出草地，老班长宁愿自己吃苦）

第三步，指导学生精读第 20—22 自然段，想想老班长的表情变化过程是怎样的，为什么有这些变化？（老班长表情变化过程是：笑着说—收敛笑容—露出了笑意。因为这一天，鱼汤特别少，几个小同志谁也不想吃鱼汤。此刻，老班长收敛了笑容，严厉地命令小同志吃鱼汤。当三位同志吃下鱼汤时，老班长"嘴边露出一丝笑意"）

第四步，要求学生说说老班长最后说些什么话，表现了老班长什么品质。（结合朗读指导，特别强调"小梁，别浪费东西了"这一句，说明老班长一心想的是完成党的任务。他坚持把鱼汤留给同志们吃，是为了照顾他们，让他们能走出草地。在个人生死关头，老班长还是只想到党的事业，想到别人，充分表现了他舍己为人的高贵品质）

第五步，根据板书，总结本文写作特点，让学生在阅读分析的过程中，掌握通过外表的描写来反映人物的内心世界的写法。

板书设计：

### 《金色的鱼钩》

老班长 ｛ 内心世界
忠于革命
舍己为人

```
                                                外表 ⎫
四十岁      皱纹      斑白        （外貌）⎪
捧 嚼      皱紧      哽咽        （动作）⎬
笑着说      收敛      露出        （神态）⎪
"……别浪费……没完成……"          （语言）⎭
```

从上面的板书可以看出，作者通过对老班长的外貌、动作、神态、语言的具体描写，反映老班长忠于党、忠于革命，舍己为人的内心世界。

3. 读写迁移，提高能力。

运用知识迁移的原理，设置模仿作为中介环节。通过大量仿作的反复练习，形成一种积累性的学习效果，使学生学到和领悟到文学组合的种种规则，促进知识迁移，从而提高学生的读写能力。根据这一设想，在《金色的鱼钩》一课的教学中，为了让学生把学到的通过外表描写来反映人物内心世界这项知识逐渐迁移到写作方面，特提供一篇习作，让学生修改。

### 勤劳的爸爸

我的爸爸今年 40 多岁，中等身材，白皙的脸上嵌着一双不大不小的眼睛。他很勤劳。每逢农忙季节，爸爸更是早出晚归。割稻、种麦、打谷、捆草，甚至挑水、喂猪，他事事都干。

有一天晚上，月亮已经爬上了天空，家家户户都亮了电灯。我吃完晚饭，和几位小邻居在门前玩。此时，已是晚上 8 点多了，爸爸还没有回来吃晚饭。过了一会儿，爸爸回来了，可是，他刚吃完饭又走了。

爸爸就是这样忘我劳动，使我们的家庭生活幸福、美满。

（修改提示：根据上面所学知识，围绕"勤劳"这个中心，想想短文哪些地方未能抓住人物外表特点进行具体描写。该怎样修改，人物的形象才能更感人，中心才能更突出）

4. 课内外结合，扩大学生视野。

第一，把课内阅读同课外阅读结合起来。讲完这篇课文后，围绕本课的训练重点，指导学生阅读相对应的课外读物，并要求学生从文章中画出描写人物外表的句子，同时体会这些描写反映了人物怎样的内心世界。

### 我有一个好爸爸

我的爸爸是县医院的外科主治医生、副院长。他中等身材，有一双不大的眼睛，头发已经斑白，背也有点驼。微笑时，额头上就出现三条皱纹。爸爸虽然才49岁，看上去却好像50多岁的人一样。

爸爸工作非常忙。但是他好像不知道什么是疲劳似地，每天下班回家吃完晚饭，茶也不喝一口，就又忙着写医疗日记。他常常是这样工作到深夜，把周围的一切都忘记了。

有一天，妈妈重病住院了。爸爸托人把我的小妹妹送到乡下奶奶家，自己又走进了手术室。下午放学，我回家煮好了饭菜，就一边做作业，一边等爸爸回来吃晚饭。天渐渐黑了，我的作业也做完了，可是爸爸还没回来。爸爸怎么还不下班？我都饿极了。我埋怨地跑去大门口看，大路上不见爸爸的身影，只见远处医院手术室还亮着灯。我想："爸爸一定还在手术室给病人做手术！他一定也饿了！"我赶忙盛好一大碗饭菜给爸爸送去。我走到手术室外，从窗口往里面瞧，只见手术台旁，爸爸和几位医生、护士正在紧张地工作，大大的口罩上露出一双乌黑又紧张的眼睛。爸爸微微弯着身躯，手在不停地忙碌着，前额和脸上的汗珠在灯下闪着亮光。我不由得浑身一热，禁不住掉下眼泪。

第二，把课文训练同课外活动结合起来。教完《金色的鱼钩》一课之后，可在班级出版"颂美专辑"，并结合"学美、创美、寻美、颂美"活动，运用通过人物外表描写反映人物内心世界的写法，写一篇歌颂新人的文章，参加班级评比。

## 课例评析

有名人说过：文章写了什么，一看就知道；文章是怎么写的，却是一个秘密。丁有宽老师就是站在"学语文就是学表达"的高度，扎扎实实地开展教学活动，逐一落实教学目标，将一切教学设计都围绕"怎样写"，服务于"怎样写"，即指向"语用学习"。

1. 抓题开课，指向表达。丁老师教课文有一个十分显著的特点，那就是一开课，就指向"怎么写"。的确，只有该简洁的地方就简洁，才能将课堂有限的 40 分钟用在"刀刃"上。对于语文课而言，注重培养学生的语言能力，才是至关重要的。所以，丁老师惯用的开课方式就是"开门见山"，以"三问"来带领学生迅速走进课文：①课题以什么方式命题？②作者为什么要以"金色的鱼钩"为题？③课题的重点词是什么？这"三问"，其实就是引导学生在整体感知课文主要内容的同时，学会解题和拟题。丁老师这种指向明确的开课方式，就如同其做人一样，直率、坦荡，让学生清清楚楚地明白这节课的学习任务是什么，大大提高了课堂教学效率。

2. 设计板书，凸显语用。丁老师对板书设计非常讲究。每一课的板书形象直观、独具特色，都是其工具性和人文性的高度凝练，一目了然地传递着"怎么写"的奥秘。如本堂课中，板书就是通过抓取几处重点段落的学习，提炼出老班长的外貌、动作、神态、语言等方面描写的关键词，让学生充分感受老班长忠于革命、舍己为人的精神品质，从而突破了写作知识涉及的知识点：通过形象刻画人物的外表，来折射人物丰富的内心世界。的确，好的板书设计，既是一堂课的精髓，又是一堂课的灵魂，它能够很好地辅助学生的学习，不仅在课文内容上加以呈现，更重要的是能够给学生以启迪、思考，指导学生更好地掌握写作方法，运用到今后的习作中去。

3. 读写迁移，有效拓展。"读"是为了迁移至"写"，而这种知识与能力的迁移，不是一蹴而就的，需要反复巩固与练习。根据儿童心理特征，丁老师在"读"与"写"之间，针对"通过外表描写来反映人物内心世界"这一语言学习点，及时补充有问题的短文，引导学生运用刚刚提炼的写作方法来进行有针对性的修改。同时，加强课内学习向课外的拓展，这个"拓展"可以是精彩之文，如出示的《我有一个好爸爸》，进一步在欣赏中领会写法；也可以是课外活动，因为生活是写作的源泉，只有将习作放置于广阔丰富的课外生活中去，指导学生习作才是有意义的。

总之，整堂课定位明确，围绕"怎么写"，先从题入手，再从文展开，将拟题与表达的技法无痕地渗透在阅读教学中，实现了"读写能力提升"的双赢。

# 附录二

## 一、丁有宽主要著作

1.《小学语文读写结合法》，广东人民出版社，1985 年 11 月版。

2.《小学生记叙文读写结合学习法》，文心出版社，1987 年 1 月版。

3.《小学生记叙文读写结合系列训练法》，辽宁教育出版社，1990 年 1 月版。

4.《我与顽童》，广东人民出版社，1991 年 1 月版。

5.《小学语文读写结合系列训练法》（上下册），广东教育出版社，1992 年 12 月版。

6.《丁有宽读写结合教学教例与经验》，人民日报出版社，1996 年 4 月版。

7.《小学语文读写同步系列训练》（上下册），汕头大学出版社，1999 年 8 月版。

8.《丁有宽小学语文读写结合法》，山东教育出版社，1999 年 11 月版。

9.《丁有宽与读写导练》，北京师范大学出版社，2006 年 4 月版。

## 二、丁有宽主编的教材

五年制：

1.《全日制五年制小学语文读写结合实验课本》（1 至 10 册），丁有宽编著，广西教育出版社，1987 年开始出版。

2.《五年制小学语文单元分组导练教参》（单双册），丁有宽编著，广西教育出版社，1990 年开始出版。

3.《全日制五年制小学语文练习册》（实验本）（1 至 10 册），丁有宽编著，广西教育出版社，1987 年开始出版。

4.《五年制小学语文读写结合实验教材总复习》（一至五年级共 5 本），丁有宽编著，广西教育出版社，1987 年开始出版。

5.《五年制小学语文课本（试用本）》（共 10 册），丁有宽编著，广东教育出版社，1992 年开始出版。

6.《五年制小学语文课本（试用本）教参书》（共 10 册），丁有宽主编，广东教育出版社，1992 年开始出版。

7.《五年制小学语文课本（试用本）练习册》（共 10 册），丁有宽主编，广东教育出版社，1992 年开始出版。

8.《五年制小学语文课本（试用本）课文朗读导练录音带》（一至五年级共 10 册），丁有宽主编，广东音像教材出版社，1992 年开始出版。

六年制：

9.《九年义务教育六年制小学语文试用课本》（共 12 册），丁有宽主编，广东教育出版社，1992 年开始出版。

10.《九年义务教育小学试用课本语文单元分组导练教参书》（共 12 册），丁有宽主编，广东教育出版社，1992 年开始出版。

11.《九年义务教育小学试用课本语文练习册》（共 12 册），丁有宽主编，广东教育出版社，1992 年开始出版。

12.《九年义务教育小学试用课本语文暑假作业》（一至四年级共 4 本），丁有宽主编，广东教育出版社，1992 年开始出版。

13.《九年义务教育六年制小学试用课本语文课文朗读导练录音带》（1 至 12 册），丁有宽主编，广东音像教材出版社，1992 年开始出版。

14.《小学语文读写同步训练》（1 至 5 册），丁有宽主编，汕头大学出版社，2001 年 12 月开始出版。

**三、丁有宽主要论文**

1.《极大的鼓舞》，《广东教育》，1980 年第 2 期。

2.《我怎样教学生写记叙文》，《广东教育》，1980 年第 2 期。

3.《怎样教学生写记叙文》，《语文学习》（小学版），1980 年 12 月。

4.《怎样指导孩子学好"读写例话"》，《广东小学语文教学研究》，1981年第 2 期。

5.《读写结合再试》，《广东小学语文教学研究》，1981 年第 4 期，转载于《小学教学研究》，1982 年第 2 期。

6.《班主任工作的几点做法》，《特级教师笔记》，辽宁教育出版社，1981年 7 月版。

7.《读写结合试验的体会》，《广东小学语文教学研究》，1982 年第 5 期。

8.《读写结合再试》，《小学语文科》，1982 年第 5 期。

9.《读写结合的再试验》，《教育论丛》，1982 年第 1 期。

10.《坚持读写结合，不断改进教法》，《天津教育》，1982 年第 12 期。

11.《培养学生自拟标题初探》，《广东小学语文教学研究》，1983 年第4 期。

12.《培养学生捕捉文章主题和表现主题的能力》，《小学教学》，1983 年第 6 期。

13.《如何让农村后进生也喜读爱写》，《广东小学语文教学研究》，1983年第 6 期。

14.《让后进生也喜读爱写》，《小学语文教师》，1983 年第 6 期。

15.《引导学生通过作文去寻找美》，《小学生作文》，1983 年第 6 期。

16.《小学记叙文写作基本功及其训练和探索》，《小学语文教学研究与教案举例》（下册），北京师范大学出版社，1983 年 10 月版。

17.《文章结尾法的训练》，《天津教育》，1984 年第 1 期，转载于《陕西教育》，1986 年第 12 期。

18.《引导学生寻美作文》，《广东教育》，1984 年第 5 期。

19.《文章开头的训练》，《天津教育》，1984 年第 3 期。

20.《后进生的心理活动是复杂奇的》，《青少年品格形成与教育》，河北人民出版社，1984 年。

21.《让农村差生也喜读爱写》，《中国教育报》，1984 年 3 月 10 日第3 版。

22.《小学语文第六册习作指导》,《云南教育》,1985年第1期。

23.《读写结合培养学生观察能力》,《教育论丛》,1985年第1期。

24.《我偏爱"三类苗"》,《小学德育》,1985年第2期。

25.《丁有宽作文教学经验汇集》(5篇),《小学语文教改通讯》,1985年第2期。

26.《培养学生自改作文能力》,《广东教育》,1985年第3期。

27.《九种句群结构法(三)》,《读与写》(初小版),1985年第4期。

28.《寻美作文,练文炼人》,《小学语文教师》,1985年第6期。

29.《读写结合培养学生观察能力》,《小学语文教学研究》,1985年第6期。

30.《切实提高分段和概括段意的能力》,《云南教育》,1985年第6期。

31.《读写结合教学法》,《陕西教育》,1986年第3期。

32.《让后进生也喜读爱写》,《陕西教育》,1986年第4期。

33.《从一句四素俱全的话练起——谈低年级作文教学的起步》,《陕西教育》,1986年第5期。

34.《句群结构法训练》,《陕西教育》,1986年第6期。

35.《分段,概括段意与拟写作提纲》,《陕西教育》,1986年第9期。

36.《读写结合五步系列训练》,《小学教学改革与实验》,1986年第11、12期。

37.《培养学生自拟标题的能力》,《山东教育》,1985年第6期。

38.《寻美颂美,练文炼人》,《小学语文教学》,1987年第5期。

39.《植物描写法》,《读与写》,1987年第8期。

40.《〈枣米〉〈冀中的地道战〉教案》,《小学语文特级教师教案》(第十册),山东教育出版社,1987年12月版。

41.《读写结合的实验》,《小学语文教改通讯》,1988年第4期。

42.《读写结合是提高小学作文水平的必由之路》,《当代中国小学作文教学风格》,广西人民出版社,1988年6月版。

43.《读写结合的一些具体做法》,《广西教育》,1988年第12期。

44. 《"四素句"的训练》,《小学语文教改通讯》,1989 年第 1 期。

45. 《学会看题作文》,《小学生阅读报》,1989 年 2 月 25 日第 1 版。

46. 《句群结构法的训练》,《小学语文教改通讯》,1989 年第 3 期。

47. 《小学语文读写结合教材简介》,《广东教育》,1989 年第 4 期。

48. 《学会审题方法》,《小学生阅读报》,1989 年 7 月 10 日第 2 版。

49. 《文章中心思想概括和捕捉》,《小学生阅读报》,1989 年 8 月 25 日第 2 版。

50. 《要围绕文章中心选材》,《小学生阅读报》,1989 年 9 月 10 日第 2 版。

51. 《选材要"真""小""新"》,《小学生阅读报》,1989 年 11 月 10 日第 2 版。

52. 《重视学生拟标题能力》,《陕西教育》,1989 年第 12 期。

53. 《学会自己修改文章》,《小学生阅读报》,1990 年 2 月 16 日第 4 版。

54. 《小学作文文章开头法训练》,《小学语文教改通讯》,1990 年第 4 期。

55. 《尽心尽责,教书育人》,《特级教师论教书育人》,广东教育出版社,1990 年 8 月版。

56. 《读写结合教材教法的实验与改革》,《特级教师论教书育人》,广东教育出版社,1990 年 8 月版。

57. 《乡村教坛四十秋》,《广东教育》,1990 年第 9 期。

58. 《努力探索教书育人转化差生的规律》,《精心教学,诚心育人》,广东教育出版社,1990 年 12 月版。

59. 《小学语文读写结合实验教材简析》,《小学语文整体改革研究》,人民教育出版社,1991 年 3 月版。

60. 《扎根土地——回忆我的童年》,《第二课堂》,1991 年第 4 期。

61. 《没有爱就没有教育》,《新疆教育》,1991 年第 11 期,转载于《师道》1990 年 1 月。

62. 《为党的教育事业鞠躬尽瘁》(答谢辞),《广东教育》,1992 年第 1、2 期。

63. 《探索转化差生的规律》,《陕西教育》,1992 年第 8 期。

64.《把爱心奉献给祖国的未来》,《人民教育》,1992 年第 9 期。

65.《读写结合系列训练教材教法撮要》,《广东教育》,1994 年第 7、8 期。

66.《让差生也能健康成长》,《现代教育通讯》,1994 年 12 月。

67.《小学语文读写结合的特色与内容结构》,《小学语文教学》,1994 年。

68.《爱心是根,育人为本》,《中国著名特级教师思想录》,江苏教育出版社,1996 年 7 月。

69.《爱心,献给孩子》,《小学教学》,1996 年第 3 期。

70.《爱心是根,科研为本》,《广东教育》,1996 年第 7、8 期。

71.《读写结合的基本经验及其理论依据》,《小学语文教学改革的理论与实践》,人民教育出版社,1997 年 3 月。

72.《四坚持,出精品》,《中国教育报》,1999 年 4 月 4 日。

73.《读写结合教学中的导练三题》,《广东教育》,1999 年第 7、8 期。

74.《四坚持,四优化,求创新》,《中国小学语文教学论坛》,2000 年创刊号。

75.《努力再探转化后进生的规律》,《黑龙江教育》,2001 年第 1、2 期。

76.《"救救这个不肖子"(一)(二)(三)》,《黑龙江教育》,2001 年第 1—4 期连载。

77.《读写结合导练教学模式之研究》,《当代小学教学模式经典》(上册),开明出版社,2001 年 5 月 1 日版。

78.《谈谈"读写结合教材教法"实验》,《小学语文教学》,2001 年第 2 期。

79.《怎样写读书笔记》,《人民日报》,2002 年 1 月 24 日。

# 主要参考文献

1. 教育部师范教育司. 丁有宽与读写导练［M］. 北京：北京师范大学出版社，2006.

2. 刘达中，李学明. 丁有宽教育思想与实践全二卷［M］. 广州：广东人民出版社，2009.

3. 丁有宽. 丁有宽读写结合教学教例与经验［M］. 北京：人民日报出版社，1996.

4. 丁有宽，戴汝潜，朱作仁. 丁有宽小学语文读写结合法［M］. 济南：山东教育出版社，1999.

5. 朱作仁. 丁有宽的教育思想与教学法［M］. 广州：广东教育出版社，1993.

6. 田本娜. 论丁有宽读写结合导练教学模式［J］. 小学语文教学，1996（9）.

7. 田本娜. 小学语文教学研究［M］. 天津：南开大学出版社，1998.

8. 中华人民共和国教育部. 义务教育语文课程标准（2011版）［S］. 北京：北京师范大学出版社，2011.

9. 崔峦. 语文教学改革的一面旗帜［J］. 小学语文，2015（5）.

10. 朱作仁. 深入学习丁有宽读写结合法［J］. 江西教育，2002（19）.

11. 罗峰. 爱心是根，育人是本［J］. 人民教育，2013（6）.

12. 戴汝潜. 为小学语文教改做贡献［J］. 人民教育. 1999（9）.

# 后　记

　　1985 年，已从师范学校毕业两年的我，有幸得到丁有宽老师撰写的《小学语文读写结合法》一书，如获至宝，用心品读，发现原来阅读教学不仅只教学阅读，还可以结合课文中的表达方法让学生学习写作。于是我便按其中的办法实践，每学一篇课文都会寻找一两个训练点让学生练习：一个感叹号的用法，一篇文章结尾的延续，一段话的仿写，都可成为孩子们练笔的内容。通过小练笔的累积一步步向单元写作教学目标靠拢，向年段语言表达目标迈进。六年下来，我所带班级学生的语文素养还真是与其他班学生不一样。在从事小学语文教学的十几年生涯里，我所教的学生荣获市、省、国家级的写作教学大赛奖项不少，我自己也因此先后获国家级的"伯乐奖""园丁奖"等写作指导奖项。而这一切均缘于丁老师《小学语文读写结合法》一书，缘于丁老师教育思想对我的影响，这种影响让我的教学水平步步提高，个人专业发展日见长进。

　　2005 年 2 月，我调入高校从事教师培训工作，兼任本科生小学语文教学论课程教学。环境的改变并未削减我对小学语文课程改革的思考与实践的热情。我琢磨得最多的是语文教学的走向问题，坚信语文教学应该以提高孩子们的语文能力为终极目标，即听说读写能力的提高。我认为这四种能力中写的能力最能体现一个人的语文综合素养，最为重要，也最难。然而，无论是小学语文课本还是每周语文课课时安排，写作方面的内容并没有引起相关人士的足够重视，或者说被边缘化。也许是早年受丁有宽老师的影响太深，我也认为要突破这一难点，唯有将写作注入到阅读教学当中去，以读促写，以写带读，读写交融，才能提高效率。于是提出"在读写交融中打造写作教学"的课题，并利用教师培训这一平台向一线语文教师传递这种理念。沿着此思路又实践了十余年，我所承担的小学语文教师培训班的培训内容大多以此为突破点，通过集中培训与网络研修等方式，将此种理念向来自全国各地的小学语文骨干教师辐射，诸多省市的骨干教师们运用此方法又实践、辐射，形成了滚动式专业发展态势。学员们普遍反映：运用这样的法宝，学生爱阅读、会写作，教学轻松了，效率提高了，成绩也有了。有一阵子，这一实践还让我有了洋洋得意或者飘飘然之感。

2014年9月，上海师范大学吴忠豪教授拟编写一套研究当代小学语文名师教学艺术的系列丛书，选取了九位名师作为研究对象。我有幸受邀参加此次会议，会上我当即报名表示要写丁有宽老师。接受任务后便开始系统地研读有关丁老师读写结合的资料，越靠近丁老越觉得他的伟大，发现他就是一座蕴藏着巨大能量的宝库，他对语文教学的贡献、对语文教学研究的深度高度以及他对孩子们的用情用心的程度不是一般人可以比拟的。丁老师作为一名经历了人生多种磨难的乡村教师，数十年如一日，紧紧围绕读写结合法潜心研究，"咬定青山不放松"，提出"读写一体化的语文课程结构""读写结合'五步系列训练'""记叙文读写结合五十法""小学生作文从一年级起步"等教学主张，形成了系统的、科学的、具有前瞻性的研究成果，这些成果主要以教材形式呈现。五年制、六年制两套教材在全国超过28个省市和自治区的基础教育课堂使用，惠及的学生高达50万名以上。他的改革顺应了语文教学的核心——让学生学习运用祖国的语言文字，提高学生语文能力的改革潮流，他是乡村语文教育课程改革路上的一面旗帜。

沿着丁老师走过的路，苦苦追寻他老人家的足迹，历时两年，几易其稿，终于在2016年8月完成初稿。此时的我自认为对丁老师教育思想的挖掘已是比较深入了，想不到初稿送给总主编吴忠豪教授后，得到的反馈意见是三个字：不满意。主要原因是此稿还未最大限度地彰显丁有宽老师的教育思想，其教育改革的精华还未完全挖掘到位，也就是说，此稿还不足以说明丁老师对语文教学的贡献。吴教授又花了近半年时间，搜集了大量有关丁老读写结合方面的资料及他主编的实验教材，进行了更加深入细致的研究，并对全书进行了较大幅度的修改，尤其是对第三章教学主张、第四章教学艺术、第五章教材这三个章节，几乎全盘推翻，重新梳理，在原稿基础上既突出丁有宽教育思想的精髓，又针对现在语文教学的弊端进行剖析，努力从课程与教学理论层面上研究丁有宽的教育思想、教学艺术和教材特点，从中探寻对当下小学语文课程与教学改革和教材编写的借鉴意义，大大增强了这本著作的现实价值。因此，我认为本书对丁有宽教学思想和教学艺术的研究，无论是研究的层次，还是研究的深度和高度上，都在前人研究成果的基础上有所突破。

在本书编撰之初，湖南师范大学余同生教授对编写框架、体例及对丁有宽老师教育思想的提炼等方面，都提出了建设性的意见和建议，在此深表谢意。

本书第一章由刘亚雄编写，第二章由黄朝霞编写，第三章由吴忠豪、黄朝霞编写，第四章由黄朝霞、熊社昕、李虹编写，第五章由吴忠豪、黄朝霞编写，第六章由郭湘辉、黄朝霞编写，第七章由黄朝霞编写。全书由黄朝霞统稿。

本书编写时参考了大量文献资料和前人的研究成果，在此我们向所有曾经为研究丁有宽教育思想和语文教学艺术做出贡献的教师、学者、编辑、领导表示衷心的感谢。我们在引用文献资料包括教学案例时尽可能标明出处，但是因为年代久远，当然主要因我们的工作还不够细致，还有不少资料由于作者不详没有标明出处，在这里我们也向这些作者表示歉意。

课程改革还在继续，遗憾的是接受本书编撰任务之初，丁有宽老师就已病重，于 2015 年仙逝。未能现场采访到他，本书难免还有许多疏漏和不当之处，诚挚地希望得到各位专家和老师的批评指正。

本书为湖南省重点建设学科"课程与教学论"及湖南省高等学校哲学社会科学重点基地"小学教师教育研究基地"成果。

黄朝霞

2017 年 1 月 27 日于桃花源